D1926821

Peter Sandmeyer/Michael Stark
Nimm dein Herz in die Hand

Peter Sandmeyer
Michael Stark

Nimm dein Herz in die Hand

Wege aus der Angst

Ullstein

Wichtiger Hinweis

Die Ratschläge in diesem Buch sind von den Autoren und dem Verlag sorgfältig erwogen und geprüft. Sie bieten jedoch keinen Ersatz für kompetenten medizinischen Rat. Jede Leserin und jeder Leser ist für sein eigenes Handeln selbst verantwortlich. Alle Angaben in diesem Buch erfolgen daher ohne jegliche Gewährleistung oder Garantie seitens des Verlages oder der Autoren. Eine Haftung der Autoren bzw. des Verlages und seiner Beauftragten für Personen-, Sach- und Vermögensschäden ist ausgeschlossen.

Ullstein Verlag
Ullstein ist ein Verlag der Ullstein Buchverlage GmbH

ISBN 3 550 07544 8

© 2004 by Ullstein Buchverlage GmbH, Berlin
Alle Rechte vorbehalten. Printed in Germany
Gesetzt aus der 10/12p Sabon bei hanseatenSatz-bremen, Bremen
Druck und Bindung: Clausen & Bosse, Leck

INHALT

Sein Herz in die Hand nehmen!

Dieses Buch schildert ein Abenteuer. Keins von der Sorte »Als Frau allein durch die Antarktis« oder »Gegen den Wind um Kap Hoorn«. Aber auch keins, das nur im Kopf stattfindet. Wir erzählen von einem realen Abenteuer, das gleichzeitig ein geistiges ist. Das Abenteuer eines Arztes und Therapeuten, der seine Praxis verlässt, um ungewöhnliche Wege zur Therapie von Ängsten zu gehen – ungewöhnliche Fußwege, denn er wandert gemeinsam mit seinen Patienten durch die Alpen; und ungewöhnliche Wege der Angstbewältigung, denn auf dieser Wanderung zeigt er seinen Mitwanderern Wege, wie sie besser mit sich und dem umgehen können, was ihren Alltag belastet und ihre Lebensfreude bedroht. So wird diese Wanderung zu einem Abenteuer für alle, die sich auf das Wagnis dieses Weges einlassen und etwas Neues ausprobieren. Und vielleicht auch für den Leser.

Bei den Teilnehmern dieser besonderen Wanderung waren bewusste und unbewusste Ängste, die sie oft nicht einordnen konnten, zu einer erheblichen Belastung ihres Lebens geworden. Sie spürten zwar einen Druck, konnten seine Ursachen aber nicht erkennen. Bei dem einen äußerte sich Angst in der Form körperlicher Symptome wie Schwindel und Herzrasen, beim anderen als krankhaftes Kontrollverhalten und Misstrauen, beim Nächsten in der Form defätistischer Katastrophenerwartung oder verdrängt und bekämpft mit Abwehrmitteln wie Arbeitswut oder der unverzichtbaren Flasche Rotwein.

All das sind heute massenhaft verbreitete Warnzeichen. Angst ist die große Volkskrankheit unserer Zeit. Die Pest des neuen Jahrtausends. Und ihre Erscheinungsformen sind so vielfältig wie ihre Wurzeln.

In der Theorie unterscheidet die psychologische Forschung verschiedene Angststörungen.

Die *traumatische* Angst, die auf ein schockhaftes Erlebnis zurückgeht, das nicht verarbeitet und überwunden wurde und in Angstzuständen wiederkehrt.

Die *generalisierte* Angst, die Folge eines hoch belasteten Lebens ist, das schließlich von schweren Sorgen um jedes und alles und ständiger innerer Unruhe beherrscht wird.

Auch *Panikgefühle* – gewissermaßen die Wellengipfel im Ozean der Angst – sind meist die Folge lang andauernder Überbelastungen, bei denen dann irgendwann ein Tropfen zu viel das Fass zum Überlaufen bringt und eine Panikattacke auslöst.

Phobien sind im Unterschied zur gegenstandslosen Angst Furchterscheinungen, die sich auf ganz bestimmte Objekte oder Situationen beziehen; sie können Tieren gelten, aber auch sozialen Situationen wie dem Aufenthalt auf öffentlichen Plätzen, in Kaufhäusern und Verkehrsmitteln oder der Anwesenheit bei Tischgesellschaften und Sitzungen.

In der Praxis sind die Grenzen zwischen diesen Formen der Angst unscharf, sie überlappen sich oft und sind obendrein meist überlagert von körperlichen Symptomen. Eine Angsterkrankung muss nicht primär als psychische Störung auftreten, sondern kann sich in scheinbar rein physischen Attacken wie Migräneanfällen, Schwindel, Herzrasen, Schweißausbrüchen, Kopf- oder Magenschmerzen äußern. Betroffenen bleiben deswegen die wahren Ursachen häufig verborgen, sie halten sie für die unvermeidlichen Begleiterscheinungen von Alltagsstress, beruflicher Anspannung oder einfach der Anfälligkeit ihres Organismus. Und selbst dann, wenn sie ein hohes Anspannungsniveau, innere Unruhe und Angst als belastende Alltagsgefühle wahrnehmen, werden diese oft nur als plausible Konsequenz ihrer Lebensführung empfunden. Die Reaktion darauf ist dann Resignation, das Sich-Abfinden mit einem belasteten Leben, dessen Spielraum immer enger, dessen Qualität immer geringer wird.

Statistiken, die keine zehn Jahre alt sind, gehen noch davon aus, dass etwa jeder zehnte Erwachsene an einer ernsthaften Angststörung erkrankt ist und doppelt so viele Menschen mindestens einmal in ihrem Leben während längerer Zeit unter Angst gelitten haben. In den letzten Jahren aber sind diese Zahlen dramatisch gestiegen. Hausärzte und Psychiater geben an, dass die Zahl von Patienten mit Angststörungen um bis zu einem Drittel höher geworden sei – und die Dunkelziffer dürfte dieses Drittel noch weit übersteigen.

Die Ursachen für diese alarmierende Zunahme von Ängsten und Angststörungen sind vielfältig. Zu ihnen gehören die sehr persönlichen, individuellen Belastungen wie der wachsende Verlust von Verlässlichkeit und Geborgenheit, die Unbeständigkeit von sozialen Bindungen in Familien und Lebensgemeinschaften, die Unsicherheit von Arbeitsplatz und sozialem Status, die Bedrohung durch Konkurrenz und Entlassung im Beruf. Zu diesen persönlichen Ursachen kommen dann noch die übergreifenden Themen: der brennende Irak, Selbstmordattentate, Terrorismus und Wirtschaftskrise, die Erosion der Sozialsysteme, ein sich anbahnender Krieg der Generationen und eine entfremdete Wirtschaft, die den Shareholder-Value höher ansetzt als die gesellschaftliche Verantwortung. Alles zusammen führt zu einem Empfinden von Halt- und Heimatlosigkeit, das zum beherrschenden Lebensgefühl unserer Zeit geworden ist und Existenzangst als einen natürlichen Reflex darauf erscheinen lässt. Verstärkt werden diese Empfindungen noch durch die modernen Kommunikationstechniken, vor allem durch das Fernsehen; wenn Zuschauer sich den Bildern von Krisen, Katastrophen, Kriminalität und Krieg aus allen Teilen der Welt jeden Tag in ihrem Wohnzimmer aussetzen, wirkt die Mattscheibe als dramatischer Angstbeschleuniger.

So liegt es für viele Menschen nahe, Angst für ein zeitgemäßes und unvermeidliches, ja vernünftiges Gefühl zu halten. Doch belastende, einschränkende, leidvolle und schmerzhafte Gefühle dürfen niemals als unveränderbar hingenommen werden. Für Arzt wie Patient gilt der alte Satz:

Lerne alles zu ertragen, was du nicht ändern kannst, aber ändere alles, was du nicht ertragen kannst! Und lerne vor allem zu entscheiden, was was ist!

Also keine Resignation, sondern eine Aufforderung zum Handeln.

Um aber richtig handeln zu können, muss man die Angst verstehen, und zwar nicht nur als lästiges Symptom, sondern im gesamten Kontext des Betroffenen. Erst dann wird man auch den richtigen Weg finden, um Ressourcen zu mobilisieren und Erlebnisse zu schaffen, durch die wieder ein Zugang zur positiven Bewertung des Lebens möglich wird. Also, weg von der Orientierung auf Krankheit – hin zur Gesundheit! Die Einschränkung des Lebens thematisieren, um seine Fülle wiederherzustellen! Nicht in dunklen Tälern verharren, sondern die hellen Gipfel erobern! Das ist, kurz gesagt, die Idee dieser Wanderung und damit des Buches.

Möglich wurde dieses Projekt, das als Protokoll eines ungewöhnlichen Experimentes geschrieben ist, durch die Freundschaft zwischen uns: Michael Stark, dem Psychiater und Psychotherapeuten, und Peter Sandmeyer, dem Reporter und Autor, sowie durch die Anteilnahme und kritische Begleitung unserer Frauen Jasmin und Martina.

Selbstverständlich wurden bei der Bearbeitung alle Namen und Persönlichkeitsdetails zum Schutz der Beteiligten so verändert, dass keine Rückschlüsse auf ihre wahre Identität möglich sind.

Tag eins. Ankunft

Ich sah aus dem Zugfenster und fühlte mich beklommen. Worauf hatte ich mich eingelassen?

Grau türmten sich draußen die Berge, staffelten sich zu schroffen Pyramiden, deren Spitzen sich in dunklem Himmelsgrau verbargen. Manchmal blitzten zwischen den Wolkenfetzen die Reste weißer Schneefelder auf.

Es war warm im Abteil. Bei der Abfahrt in München hatte ich geschwitzt und versucht, den Temperaturregler herunterzudrehen. Vergeblich. Jetzt war ich dankbar für die wohlige Wärme.

Noch einmal zog ich den Brief des Doktors heraus und las ihn.

Hallo Peter, alter Junge, ich würde Dir gern Appetit auf eine kleine Wanderung im September machen! Es geht durch die Berge und wird eine Woche dauern. Du kennst das Thema der Tour. Es heißt: Angst. Ich brauche jemanden, der eine Art Logbuch schreibt, und hatte als professionellen Schreiber und alten Wanderer an Dich gedacht. Kommst Du mit? Ich bin sicher, Du wirst selbst auch etwas lernen und auf Deine Kosten kommen. Gib mir bald Bescheid. Herzlich Dein Michael.

Vier Monate war es jetzt her, dass ich diesen Brief erhalten und spontan mit einer Zusage beantwortet hatte – nicht ahnend, welche Zeiten ich danach erleben würde. Zu viele Kämpfe, zu viele Niederlagen; ich war müde.

Das Telefonat mit meinem kleinen Sohn am gestrigen Abend ging mir nach. Er lebt bei meiner geschiedenen Frau und hatte von mir zu seinem sechsten Geburtstag ein Aquarium bekommen – zum Unwillen seiner Mutter. Das Kind hatte sich unglaublich gefreut und war selig, als wir zusammen in die Zoohandlung gegangen waren und seine Fische ausgesucht hatten. Gestern rief er an, weil zwei der fünf Neon-Fische, die zu seiner neuen Unterwasser-Familie gehörten, tot an der Wasseroberfläche schwammen, und die anderen drei ebenfalls Anzeichen von Schwäche zeigten. Der kleine Junge war untröstlich, und dass seine Mutter damit gedroht hatte, das ganze Aquarium ins Klo zu kippen, machte es noch schlimmer.

Da war es, das Thema, das mir in den nächsten Tagen bevorstand: Angst.

Mein Sohn hatte Angst. Angst vor Verlust. Angst vor Verlassenwerden. Eine klassische Menschheitsangst. Man hat sie zum ersten Mal, wenn Brust, Wärme und Geruch der Mutter sich entfernen; man hat sie später, wenn das Kaninchen krank wird, die Eltern sich trennen, der beste Freund in eine andere Stadt zieht, die Neon-Fische eingehen, die Freundin sich einem anderen zuwendet, die Lieblingsoma stirbt, der Partner das gemeinsame Schlafzimmer verlässt, die Kinder erwachsen werden, die eigenen Kräfte schwinden. Man hat sie ein Leben lang und wird sie nicht los. Der Mensch ist ein nackter Affe, fell- und hilflos. Angewiesen auf die Wärme und Unterstützung anderer, ein soziales Wesen und darum voller Angst, wenn er ihren Beistand verliert.

So bildet sich die Ur-Angst, die Mutter aller Ängste. Von seinen Eltern bekommt der Mensch die Orientierung für das Leben; erfährt, was gut und schlecht, was richtig und falsch, was harmlos und gefährlich ist. Er lernt es durch Belohnung und Lob und durch Strafe und die Androhung des Entzugs von Liebe und Beistand. So bildet sich allmählich ein inneres Normensystem, das ihn automatisch auf Lügen mit Rotwerden, auf Schmutz mit Ekelgefühlen und auf Unpünktlichkeit oder fehlenden Fleiß mit Bauchgrimmen reagieren lässt.

Aber die Bewertungen, die er in seinem Unbewussten speichert, sind nicht nur solche, die sich den nützlichen Tugenden, also Sauberkeit, Ordnung, Pünktlichkeit usw. zuordnen lassen. Auch die besonderen Lebenserfahrungen und Persönlichkeitsprägungen der Eltern nehmen Einfluss. Die Wertung der ängstlichen

Mutter – »wenn du auf den Baum kletterst, fällst du runter und bist tot« –, dass Höhe gefährlich ist; die Wertung des ehrgeizigen Vaters – »wer es zu etwas bringen will, muss Leistung zeigen« –, dass eine Fünf auf dem Zeugnis eine charakterliche Katastrophe ist; die Wertung der verlassenen Mutter – »alle Männer sind Schweine« –, dass auf Männer und Partnerschaft kein Verlass ist.

Wenn dann gegen diese unterbewusst verankerten Normen gehandelt wird, eine Steilwand erstiegen, ein Examen verhauen, ein Mann geliebt wird, dann reagiert das System entsprechend den Ekelgefühlen beim Anblick von Schmutz. Es werden Schuldgefühle ausgelöst, ein schlechtes Gewissen hervorgerufen, Ängste freigesetzt. So stößt die eine Angst, die Ur-Angst vor Verlust und Verlassenwerden, das Tor weit auf für andere Lebensängste.

Welche davon sind verständlich? Unvermeidlich? Vielleicht sogar vernünftig?

War die Angst, die mein Sohn wegen des Verlustes seiner Fische empfand, vernünftig? Oder war seine Angst um die Fische möglicherweise nur ein Reflex meiner Angst, ihm nicht mehr beistehen zu können, ihn nicht mehr um mich zu haben, ihn wegen der Scheidung zu verlieren? Erzog ich ihn durch mein Vorbild zur Angst? Würde er am Ende so werden wie eine Frau aus meinem Bekanntenkreis, die Unsummen in ihr altes Auto steckt, statt sich ein neues zu kaufen – nicht weil sie ein Oldtimer-Fan ist, sondern weil sie die Trennung nicht erträgt? Wo verläuft die Grenze zwischen »vernünftiger« und »unvernünftiger« Angst? Ich wusste es nicht.

Immerhin glaubte ich zu wissen, was Angst ist: ein ganz normales Gefühl – wie Trauer, Freude, Zorn oder Wut. Ein sinnvolles Gefühl, denn zunächst schützt es uns. Jeder Mensch macht in spontaner Angstreaktion einen Satz zur Seite, wenn ein Auto auf ihn zurast. Dazu mobilisiert die Angst im Bruchteil von Sekunden Atem, Puls, Herzschlag. Angst sichert uns, Angst warnt uns. Jeder Mensch hat Angst vor Schmerzen – also hält uns die Angst von gefährlichen Situationen ab, in denen wir uns verletzen könnten. Aber – da meldet sich schon wieder Zweifel: Ist es denn gut, alle gefährlichen Situationen und jeden Schmerz zu vermeiden?

Angst macht uns vorsichtig. Aber wann sind wir zu vorsichtig? Welches Maß an Angst ist richtig? Wann schützt sie, wann schadet sie? Wann ist sie überhaupt kein Schutz mehr, sondern eine Belastung unseres Lebens?

Natürlich gibt es die klaren Fälle. Jemand, der seine Wohnung nicht mehr verlassen oder keinen Supermarkt betreten kann, weil er sofort Platzangst bekommt, ist nicht mehr im Stande, ein normales Leben zu führen. Er ist krank. Er braucht Hilfe. Ebenso jemand, der kein Würstchen an einem Imbiss-Stand essen kann, weil er sich von allen beobachtet fühlt. Es gibt lange Listen der massiven Angststörungen, Phobien und Panikattacken, von denen man in den einschlägigen Büchern nachlesen kann, wie sie Menschen das Leben zur Hölle machen. Aber daneben und dazwischen gibt es auch eine weite Grauzone.

Ich dachte an einen Kollegen, der in unserem Bürogebäude vor zwei Jahren mal in einem Fahrstuhl stecken geblieben war und dort über eine Stunde ausharren musste, bis er endlich befreit werden konnte. Seitdem betrat er den Aufzug nicht mehr. »Ich tue was für meine Fitness«, sagt er immer nach dem Mittagessen in der Kantine und steigt die Treppen zum dritten Stockwerk zu Fuß hoch. Das ist akzeptabel und für niemanden ein Problem. Aber ich frage mich oft, was er tun würde, wenn sein Büro im 28. Stock eines Hochhauses läge. Irgendwo da zwischen dem dritten und dem 28. Stockwerk verlaufen die Grenzen dieser Grauzone, die ich meinte. Die Grenze zwischen einer Angst, die das Leben beschäftigt, und der Angst, die das Leben belastet – so belastet, dass es seine Qualität verliert.

Der Blick aus meinem Zugfenster gab die Sicht frei auf ein Bergmassiv, das bedrohlich schroff anstieg. Ein paar kümmerliche Föhren klammerten sich unten noch an die magere Erde der Felsvorsprünge, dann folgte nacktes Gestein. Oben gab es nur noch baumlose Ödnis, steile Hänge, gefährliche Weglosigkeit und Steinschlag. Wind und Kälte, Gewitter, Schnee und Lawinen. Ein Reich der Schmerzen. Dennoch waren unsere Vorfahren vor ein paar tausend Jahren in diese Lebensräume vorgedrungen und hatten sie für sich erobert, zuerst als umherstreifende Jäger, dann als Hirten, die regelmäßig wiederkamen, schließlich als Bauern, die blieben. Von Angst hatten sie sich dabei nicht aufhalten lassen. Hatten sie Recht? Sollte man es ihnen gleichtun? Jede Angst ignorieren? Sich nur auf ein Ziel konzentrieren? Immer stur weitermachen? Andererseits: Wer weiß, wie viele der Steinzeit-Pioniere jämmerlich umgekommen sind in den Schneestürmen, in den armseligen Hütten, die dem Wetter nicht standhielten? In den endlosen Wintermonaten, für die ihre Vorräte nicht reichten?

Wo also verläuft die Grenze zwischen »schützender« und »lähmender« Angst? Wann ist Angst ein guter, wann ein schlechter Ratgeber?

Der Zug passierte die Vororte eines Städtchens, das sich lang in einem schmalen Tal hinzog, er verlangsamte seine Geschwindigkeit und blieb schließlich rumpelnd stehen. Die Lok heulte wütend auf, aber nichts passierte. Man sah in die Fenster der hübschen Häuser, in denen gerade das Licht angemacht wurde, wie in Puppenheime. Kinder spielten; Frauen deckten den Tisch; Männer lasen die Zeitung; bläulich zuckte der Schimmer der laufenden Fernseher, dampfend standen Kochtöpfe auf Herden und sorgten für beschlagene Küchenfenster. Geruhsame Feierabend-Welt, geordnetes Leben im gleich bleibenden Rhythmus der Wochen und Jahreszeiten, gefüllt von Alltagen, Feiertagen, Verwandtenbesuchen, Kaffeetafeln, Kindergeburtstagen und roten Schleifen. Aber war dem Frieden dieses Eindrucks zu trauen? Hatte ich nicht selbst vor kurzem noch in so einer heilen Welt gelebt mit hübschen Möbeln, frischen Blumensträußen, niedlichen Kindern, gepflegter Gastlichkeit – und hatte darin jeden Tag mein rasendes Herz gespürt, das keine Ruhe mehr fand, meinen Magen, der kein Essen mehr mochte, meine eingeschnürte Lunge, die nicht mehr genug Luft aufzunehmen schien, meine Augen, die flimmerten, meine Finger, die kribbelten, kurz: meine Angst – panische Angst –, dies alles zu verlieren, was noch wie heile Welt aussah, aber schon längst nicht mehr stimmte, nur noch Kulisse und fauler Zauber war? Angst, die ein miserabler Ratgeber gewesen war, die mich paralysiert und handlungsunfähig gemacht hatte, bis ich schließlich zum Handeln gezwungen, ja geprügelt wurde und – endlich – das eintrat, was ich mit jeder Faser gefürchtet hatte – das Ende eines falschen Lebens. Das gleichzeitig das Ende der Angst war.

»Alles, was ich am meisten fürchtete, geschah mir«, heißt es im Buch Hiob der Bibel, und ich hatte das immer für die Zusammenfassung eines grauenhaften Schicksals gehalten. Jetzt aber erschloss sich mir dieser Text auch als Heilsbotschaft. Das neue Leben war nicht annähernd so schmerzhaft wie die alte Angst. Nicht nur reale Ereignisse und Gefahren lösen unsere Ängste aus und machen uns zu ihren Sklaven, sondern auch unsere Fantasien. Mein inneres Alarmsystem hatte sie nicht unterscheiden können. Ich hatte durch meine Einbildung ebensolche Schmerzen gelitten wie durch eine gefährliche Infektion.

Wie viel dieser unbegründeten Angst mochte dort drüben herrschen, in dieser Goldfolien-Welt hinter den Puppenstubenfenstern? Wie viel allnächtliche Schlaflosigkeit – wegen der Furcht, im Beruf oder im Bett zu versagen, den Job oder den Partner zu verlieren, die Abzahlungen oder den Alltag nicht mehr zu schaffen, den Kindern keine guten Chancen oder kein gutes Vorbild zu bieten? Und wie viele dieser Ängste mochten genau das schaffen, was sie sich ständig ausmalten: Energieverlust, Kraftlosigkeit, körperliche Erschöpfung, seelische Verkrampfung, soziales Versagen?

Ruckelnd fuhr der Zug wieder an und riss mich aus meinen Gedanken. Wir waren inzwischen auf der Südseite der Alpen, das Tal verbreiterte sich, Obstplantagen und Weingärten säumten die Schienenstrecke.

Der Bahnhof, an dem ich zwanzig Minuten später ausstieg, besaß nur einen schmalen Bahnsteig, keinen Zeitungskiosk und noch nicht einmal eine Cafeteria. Wenige Menschen verließen mit mir den Zug. Sie strebten eilig zum Parkplatz am Ende des Bahnsteigs oder zum Bus, der mit laufendem Motor vor dem Bahnhof wartete. Ich sah mich um und suchte den Doktor. Er war nicht da.

Ein drahtiger Mann um die fünfzig mit einem Oberlippenbart und einem grünen Lodenhut trat auf mich zu.

»Ich bin Toni. Der Doktor schickt mich. Kommen Sie.« Er nahm meinen Rucksack und trug ihn zu einem großen Renault-Kombi. Wir stiegen ein, und Toni fuhr los. Er nahm zunächst eine breite Landstraße in Richtung Süden, auf der dichter Feierabendverkehr herrschte. Toni fuhr konzentriert. Ich fragte ihn, ob schon alle Teilnehmer der Gruppe eingetroffen wären.

»Bis auf uns beide«, antwortete er lakonisch.

Ich war überrascht. »Sie wandern mit?«

»Ja.«

Wieder eine einsilbige Antwort. »Wie viele sind wir denn?«

»Neun.«

Der Mann schien nicht zur Geschwätzigkeit zu neigen. Nach 20 Kilometern nahm Toni den Fuß vom Gas, blinkte nach rechts, tippte ein paar Mal aufs Bremspedal, um den nachfolgenden Fahrer zu warnen, bremste dann scharf ab und bog vorsichtig auf eine sehr schmale Straße ein, die auf eine steile Felswand zuzuführen schien. Im Näherkommen erkannte ich, dass ein Gebirgsbach eine enge Schlucht in den Fels gefräst hatte. Am Rand dieser Schlucht, zum Teil auf Betonstützen, verlief jetzt die Straße. Kurve um Kurve wand sie sich aufwärts, die meiste Zeit einspurig mit gelegentlichen Ausweichstellen. Doch es gab keinen Gegenverkehr, unser Auto schien das einzige Fahrzeug zu sein, das hier unterwegs war. Toni kannte die Strecke offenbar gut. Er fuhr zügig, wusste genau, mit welchem Tempo man in welche Kurven gehen konnte. Nach einem Dutzend Kilometern wurde das Tal breiter, die Straße zweispurig. Wiesen lagen links und rechts, und im letzten Licht der Dämmerung sah man einfarbige Kühe.

»Tiroler Grauvieh«, sagte Toni.

Beachtlich viele Worte für ihn. Immer weiter führte die Straße nach oben. Schließlich tauchte im Scheinwerferkegel vor uns eine große graue Betonmauer auf, die quer durch das ganze Tal zu verlaufen schien. Die Straße folgte dem Verlauf der Mauer und führte an ihrem Ende in einem großen Bogen um sie herum und weiter nach oben. Jetzt sah ich den See, der dahinter aufgestaut wurde. Still und schwarz.

»Da bin ich geboren.« Toni zeigte auf den See. »Mein Heimatdorf.«

Am anderen Ende des Stausees fuhren wir noch einmal ein kurzes, steiles Stück bergauf und hielten dann vor einem hell erleuchteten Hotel im alpenländischen Stil. Zweistöckig, flaches Steindach, hölzerne Läden, Geranien vor den Fenstern. Als ich ausstieg, spürte ich, wie kalt es hier oben war.

Toni nahm wortlos den Rucksack, stapfte zum Eingang und dann gleich weiter die Treppe hinauf in den zweiten Stock. Er schloss eine Zimmertür auf, knipste das Licht an, stellte den Rucksack ab und warf einen Blick auf die Uhr. »In 15 Minuten gibt es Abendessen«, bemerkte er und ließ mich allein.

Eine Viertelstunde später betrat ich frisch geduscht den Speiseraum. An drei Tischen saßen einzelne ältere Männer, die an ihren Kniebundhosen leicht als Wanderer zu erkennen waren, an zweien Paare, eins davon jung und sehr mit sich beschäftigt. Doch ein großer Ecktisch war voll besetzt. Von dort sprang der Doktor auf, als er mich sah, kam auf mich zu und schüttelte lebhaft meine Hand. »Schön, dass du da bist. Danke.« Er geleitete mich zum Tisch und stellte mich den anderen vor. »Alle sind heute angekommen«, erklärte er mir dann, »wir sind gerade dabei, uns kennen zu lernen.«

Der Salat wurde aufgetragen. Toni schenkte allen Rotwein ein, sich selbst aber nur Wasser. Nach der Vorspeise gab es Risotto mit Steinpilzen. Wir aßen schweigend. Die meisten konzentrierten sich auf ihren Teller und sahen nur flüchtig hoch, um einen schnellen Blick auf die Mitesser am Tisch zu werfen. Keiner schien einen der anderen zu kennen. Als der Doktor gegessen hatte, nahm er sein Glas: »Ich trinke mit Ihnen auf den Erfolg dieser Wanderung.«

Wir hoben unsere Gläser, prosteten uns zu und tranken einen Schluck. Es hatte auch etwas von »Mut antrinken«, denn die Stimmung am Tisch schien mir mehr bänglich als erwartungsvoll.

Der Doktor fuhr fort: »Jeder von Ihnen hat irgendwann in letzter Zeit meine Hilfe gesucht, und mit jedem habe ich lange Gespräche geführt. Ich habe versucht, Ihnen ein Spiegel zu sein, in dem jeder seine besonderen Verhaltensmuster erkennen konnte. Durch unsere Gespräche weiß ich, dass jeder von Ihnen sich selbst helfen kann, wenn er lernt, sich selbst wie in einem Spiegel zu beobachten und zu erkennen. Dazu aber muss man zuerst lernen, genau wahrzunehmen: sich selbst, die anderen und die Umwelt. Deswegen habe ich mich entschlossen, die engen weißen Wände meiner Praxis zu verlassen und mit Ihnen dorthin zu gehen, wo unsere Wahrnehmung besonders gefordert und besonders belohnt wird – in die wunderbare Natur der Berge. Toni wird uns führen und uns Dinge zeigen, die wir ohne ihn nicht wahrnehmen würden. Während der nächsten Tage wollen wir auch füreinander Spiegel sein, und am Ziel dieser Wanderung werden Sie feststellen, dass Sie gelernt haben, sich so genau zu beobachten, wie es notwendig ist, um sich selbst helfen zu können. Vermutlich wird es unterwegs Schwierigkeiten geben. Nicht nur Regenschauer, Blasen an den Füßen und Muskelkater. Aber weil wir ein gemeinsames Ziel haben, werden wir die Schwierigkeiten überwinden.«

Nach dem Essen setzten wir uns in einen separaten Raum, in dem ein Kaminfeuer brannte. Der Doktor nahm einen Stein vom Kaminsims und betrachtete ihn. »Feuerstein?«

Toni nickte: »Ich habe ihn am Rande eines Gletschers gefunden und untersuchen lassen. Er hat Gebrauchsspuren, die ungefähr fünftausend Jahre alt sind. Mit Hilfe dieses Steins haben unsere Vorfahren überlebt.«

Der Doktor gab mir den Stein. Er lag glatt in meiner Hand und fühlte sich gut an. Eine besondere Energie schien von ihm auszugehen. Sie erwärmte meine Hand.

»Wir lassen diesen Stein jetzt von Hand zu Hand gehen«, sagte der Doktor. »Wer ihn hält, erzählt etwas über sich. Wer nicht mehr reden will, gibt den Stein an den Nächsten weiter.«

Langsam wanderte der Feuerstein durch die Runde, und ich lernte meine Mitwanderer kennen.

Carola, eine gut aussehende Chefsekretärin, die offenbar viel dafür tat, dass man ihr die fast fünfzig Lebensjahre nicht ansah.

Alexander, Familienvater, Typ Kuschelbär, Anfang vierzig, mittleres Management bei der Telecom.

Stefan, Mitte dreißig, PR-Mann eines großen Verlagshauses, blass, schmal, Vater von Zwillingen. Einer, der brillant formulierte und konzentriert redete, bei dem man sich aber fragte, wann er zum letzten Mal gelächelt haben mochte.

Annabel, Ende vierzig, die sich selbst als »Ehewitwe« bezeichnete, Mutter eines erwachsenen Sohnes und Frau eines Mannes, der in ihrem Leben wenig Bedeutung zu haben schien.

Norman, Ende dreißig, Single, Immobilienmakler und notorischer Witzereißer, der den Stein gar nicht wieder hergeben mochte und Anekdoten aus seinem Leben aneinander reihte.

Schließlich *Bea,* die Jüngste, die gerade ihren 34. Geburtstag gefeiert hatte. Sie erzählte mit Wärme von ihrer süßen kleinen Tochter und ihrem liebevollen Mann, aber mit einem so melancholischen Unterton, als sei ihr Glück ständig bedroht.

Sie und der blasse PR-Mann waren die Einzigen, denen man etwas von der Angst anmerken konnte, die unser gemeinsames Thema war und uns hier in diesem abgelegenen Winkel der Alpen zusammengeführt hatte. Die anderen wirkten sachlich und souverän wie Interessenten an irgendeinem Info-Stand einer Computermesse.

Bevor der Stein bei Toni ankam, machte der sich am Kamin zu schaffen und ging dann leise aus dem Raum. Blieb also ich als Letzter. Ich drehte den Stein langsam in meiner Hand. Die Gruppe sah mich erwartungsvoll an. Ich dachte an meine Gedanken im Zug und suchte nach Worten. »Das mit dem Engel möchte ich gerne verstehen«, begann ich dann. »Die Hirten sehen einen Engel, und das Erste, was er ihnen sagen muss, ist: ›Fürchtet euch nicht!‹ Warum fürchten sie sich? ›Die Klarheit des Herrn leuchtete um sie‹, heißt es in der Erzählung von Jesu' Geburt, aber ›sie fürchteten sich sehr‹. Warum fürchteten sie sich so sehr? Warum haben wir so viel Angst vor Neuem, Unbekanntem, sogar vor einem Engel und der göttlichen Klarheit? Warum ist die Angst vor dem Neuen oft größer als die vor dem Alten, obwohl wir genau wissen, dass es schlecht ist? Ist es der schützende Fremdel-Reflex des Kleinkindes, den wir ein ganzes Leben lang nicht loswerden? Ist es die Angst vor dem Tod und dem Unbekannten danach, was in alle Tage unseres Lebens ausstrahlt? Würde ich einem Engel trauen, wenn ich ihm begegne und er mir sagt, ich müsse mich nicht fürchten, oder würde ich weglaufen? Wie oft in meinem Leben bin ich vielleicht schon vor einem Engel davongelaufen?« Es fiel mir zu schwer, weiterzusprechen. Ich gab den Stein zurück an den Doktor.

Er nahm ihn und erläuterte den anderen meine Rolle. »Peter wird aufschreiben, was passiert. Man vergisst so schnell. Jeder von Ihnen bekommt hinterher das Protokoll dieser Wanderung und hat damit die Gelegenheit, sich genau zu erinnern, wenn die Zeiten für ihn mal wieder schwierig sind. Die Erinnerung ist notwendig, denn eine Erkenntnis allein ändert nichts. Die Wiederholung hat uns geprägt, die Wiederholung von Erfahrungen, die wir als Kinder gemacht haben, von Wertungen, die wir übernommen, von Reaktionen, die wir gelernt haben. Wir sind das, was wir sind, durch Wiederholungen. Also brauchen wir auch Wiederholung, wenn wir uns und unsere Muster verändern wollen. Peters Bericht wird uns allen helfen, uns an die Erfahrungen dieser Wanderung zu erinnern und sie beim Nachlesen zu wiederholen. Deswegen kommt er mit und wird protokollieren, was passiert. Ist irgendjemand nicht damit einverstanden?«

Niemand sagte etwas.

Das Kaminfeuer war fast heruntergebrannt. Der Doktor sah auf die Uhr. »Wir brechen morgen früh um acht Uhr auf. Ich wünsche eine gute Nacht.« Dann gab er jedem noch ein kleines Notizheft und einen Kugelschreiber. »Für Hausaufgaben und als Erinnerungsstütze.«

Die eine Aufgabe war, am Morgen unsere Träume zu notieren. »Auch sie sind Spiegel, in die wir blicken können.« Die andere Aufgabe war eine Eintragung, die wir heute Abend noch machen sollten: Ein stichwortartiges Protokoll unserer Gefühle, unserer Befindlichkeit am heutigen Abend, dem Vortag des Aufbruchs.

»Wie belastet fühlen Sie sich? Welche Hoffnungen haben Sie? Welche Zweifel? Wie viel Kraft? Wie viel Zuversicht?

Schreiben Sie alles auf, kurz, assoziativ, stichwortartig! Malen Sie ein Bild, wenn Ihnen die Worte fehlen, ein Gesicht. Lächelt es? Sind die Mundwinkel herabgezogen? Die Augen halb geschlossen? Oder offen und geradeaus schauend? Horchen Sie in sich hinein und schreiben oder zeichnen Sie schnell, ohne lange nachzudenken.«

Als die Gruppe gegangen war, schenkte der Doktor mir und sich selbst den Rest aus der Flasche ein. »Es ist ein Experiment«, sagte er. »Diese Menschen sollen ab morgen früh lernen, die alte Geschichte ihres Lebens hinter sich zu lassen und eine neue zu entdecken. Sie sollen lernen, die Verantwortung für ihr Leben selbst zu übernehmen, statt sich der Angst hilflos ausgesetzt zu fühlen.«

»Die meisten kommen mir ganz stabil vor«, wandte ich ein, »sie scheinen doch mit beiden Beinen im Leben zu stehen und einen ziemlichen Packen Verantwortung geschultert zu haben.«

»Aber ihre Seelen sind nicht stabil. Keiner von ihnen ist in seinem Herzen fröhlich. Es sind drei zentrale Dinge, die ihnen fehlen: Glaube, Hoffnung und Liebe. Ohne dieses Fundament kann kein Mensch auf die Dauer leben, sonst nistet sich Angst in seinem Leben ein. Und es ist nur eine Frage der Zeit, wann der Mensch auch physisch zusammenbricht. Besser, er begegnet vorher dem Engel, von dem du gesprochen hast – vielleicht ja auf dieser Wanderung.«

Das Kaminfeuer war fast erloschen.

»Was ist mit Toni?«

»Sprich mit ihm. Er redet nicht gern, aber er hat viel zu sagen. Vielleicht wird er dir seine Geschichte erzählen. Es ist die Biografie von einem, der einiges besessen, viel verloren und dadurch alles gewonnen hat.«

Wie aufs Stichwort war Toni leise zurückgekommen und kehrte die Asche zusammen.

Ich war müde und verabschiedete mich. Im Bett nahm ich mir mein Notizheft vor. Ich schlug die erste Seite auf und starrte auf das leere Blatt. Ich fühlte etwas wie eine Hemmung, darauf zu schreiben, doch dann dachte an die Mahnung des Doktors, nicht lange nachzudenken und schrieb *Unruhe*. Dann darunter *Hoffnung* und *Skepsis* und *Neugier.* Mehr gab es eigentlich nicht zu sagen. Ich klappte das Heft zu.

Bis zum Aufbruch blieben noch neun Stunden. Draußen hatte es zu regnen begonnen.

Tag zwei. Aufbruch

Ich erwachte davon, dass es leise an meine Tür klopfte. Der Zeiger meiner Uhr stand auf sechs. Wer war das? Ich zog mir rasch eine Hose über und öffnete die Tür. Bea, die scheue junge Frau, die am Abend so traurig gewirkt und so rührend von ihrer Familie erzählt hatte, stand davor und erschrak, als sie mich sah.

»Entschuldigung«, wisperte sie, »ich dachte, das sei das Zimmer des Doktors.«

»Eine Tür weiter«, sagte ich, »aber was um Himmels willen wollen Sie um diese Zeit von ihm?«

»Ich muss mit ihm reden.« Sie flüsterte. »Ich kann nicht mitkommen, ich schaffe es nicht. Tut mir Leid, dass ich Sie geweckt habe.«

»Ich schaffe es nicht,
ich habe noch nie etwas geschafft,
ich werde nie etwas schaffen …«
BEA

Bea zitterte und wirkte so, als würde sie gleich in Tränen ausbrechen oder auf dem Flur zusammensinken. Ich wollte sie in diesem Zustand nicht allein lassen, fasste sie um die Schulter, führte sie an die Tür des Doktors und klopfte.

Zu meiner Überraschung machte er sofort auf und wirkte wenig erstaunt, als er Bea sah. Er winkte uns herein und schob Bea und mir Stühle hin. Er selbst setzte sich auf das Bett und betrachtete sie: »Sie haben Angst.«

Bea nickte. »Ich schaffe es nicht. Ich habe die halbe Nacht wach gelegen und gegrübelt. Es hat keinen Zweck. Ich brauche gar nicht erst aufzubrechen, ich komme sowieso nicht an.« Sie verschränkte ihre Arme, als wollte sie sich selbst in den Arm nehmen.

Der Doktor sah sie ruhig an. »Ängste wachsen auf einem Boden, der lange gedüngt worden ist. Versuchen Sie, sich zu erinnern: Wie oft ist Ihnen als Kind gesagt worden ›Lass das, das schaffst du sowieso nicht!‹? Wie oft ist Ihnen der größere Bruder oder die ältere Schwester vorgezogen worden? Wie oft haben Sie Anerkennung für eine Leistung erwartet, aber Gleichgültigkeit erfahren? Das ist der Boden, die Grundlage für ein Muster, das sich eingebrannt hat in Ihrem Kopf und Ihrer Seele. Haben Sie mal gesehen, wie Wassertropfen eine schmutzige Scheibe hinunterrinnen? Der erste bahnt sich mühsam einen Weg durch den Staub, läuft langsam, stockend, im Zickzack; der zweite folgt ihm auf genau diesem Weg schon viel schneller; der dritte und der vierte und der zwanzigste und fünfzigste jagen mühelos und immer schneller die vorgezeichnete Spur entlang. Genauso geht es Ihren Gedanken. Irgendwann vor langer Zeit gab es einmal die Idee: Ich schaffe nichts, ich bin nichts wert. Vielleicht war es eine Schnapsidee, vielleicht lag ihr gar keine Erfahrung zugrunde. Aber dieser Gedanke bahnte sich seinen Weg durch Ihr Gehirn und Ihre Psyche, fräste sich ein und bereitete den Verlauf für viele ähnliche Gedanken, die folgten und die alle in die gleiche Richtung gelenkt wurden. Am Ende sind Sie gefangen in einem Teufelskreis von negativen Gedanken und Gefühlen, die Sie lähmen.«

Bea hatte aufmerksam zugehört, ihre Haltung aber nicht verändert. »Und was kann man dann tun?«, fragte sie leise.

»Sie müssen den Teufelskreis verlassen. Überlegen, was Sie hierher gebracht hat! War das nicht ein spontanes Gefühl von Hoffnung und Zuversicht? Die Intuition, dass Ihnen diese Wanderung helfen wird? Ein gutes, starkes Gefühl. Aber heute Nacht ist es überwältigt worden von einem anderen Gefühl, dem des Zweifels, der Hoffnungslosigkeit, dem Kindheitserbe. Es ist stärker als die guten Gefühle, weil es auf besondere Empfänglichkeit trifft – es ist ein vorgeprägtes Muster. Man kann nicht zwei widersprüchliche Gefühle gleichzeitig haben. Deswegen müssen Sie jetzt herausfinden, welchem der beiden Gefühle Sie wirklich trauen können, der Hoffnung oder der Hoffnungslosigkeit, der Zuversicht oder dem Zweifel. Sie können das auf dem Weg des Herzens versuchen oder auf dem Weg des Kopfes. Wir probieren zunächst den Weg des Herzens.«

Ich notierte, was geschah und welche Anweisungen der Doktor Bea bei dieser Übung erteilte.

Der Weg des Herzens

Lehnen Sie sich zurück, schließen Sie die Augen, kreuzen Sie Ihre Arme über dem Bauch.
Atmen Sie gleichmäßig.
Beginnen Sie, die Muskeln Ihres linken Beines anzuspannen und die Spannung etwa fünf Sekunden lang zu halten.
Entspannen Sie jetzt das Bein langsam und lassen Sie es fünf Sekunden entspannt.
Nun machen Sie das gleiche mit dem rechten Bein – anspannen, Spannung halten, entspannen, Entspannung halten.
Dann mit dem linken Arm.
Danach mit dem rechten Arm.
Halten Sie die ganze Zeit die Augen geschlossen und konzentrieren Sie sich auf Ihre Körperwahrnehmung.
Die Entspannung wird allmählich von den Muskeln auf Ihren ganzen Körper übergreifen, auch auf Ihr Gehirn und Ihre Seele.
Setzen Sie diese Übung mindestens fünf Minuten fort. Wenn Sie das Gefühl von Ruhe, Entspannung und Leere in Ihrem Kopf haben, erinnern Sie sich an den Moment, in dem es um eine wichtige Lebensentscheidung ging.
Wo geschah es?

In welchem Raum?
Wie war das Wetter draußen?
Was für ein Mensch war ihr Gegenüber?
Wie wirkte er auf Sie? Vertrauenswürdig? Warm oder kalt? Lächelte er oder war er ernst?
Wie war Ihre erste Reaktion? Was geschah mit Ihrem Körper? Wurde er heiß? Spürten Sie Gänsehaut? Fühlten Sie Ihr Herz schlagen? War es Aufregung? Eine freudige Aufwallung?
Welche spontanen Gefühle wurden in Ihnen ausgelöst?
Welche Gedanken stiegen auf?
Welche Hoffnungen spürten Sie in diesem Moment?
Welche Erwartungen?
Welche Entscheidung hielten Sie, Ihr Kopf, Ihr Bauch, Ihre Seele in diesem Augenblick für die richtige?

Bea war den Anweisungen des Doktors scheinbar getreulich gefolgt. Aber jetzt schlug sie die Augen wieder auf und schüttelte den Kopf.

»Ich spüre nur mein Chaos im Kopf.«

»Gut, dann gehen wir den anderen Weg.«

Der Weg des Kopfes

Schreiben Sie auf ein Blatt Papier oben auf die linke Seite »Pro« und auf die rechte Seite »Kontra«. Ich stelle die Fragen, und Sie tragen immer ein Kreuz links oder rechts ein, je nachdem, ob eine Antwort für oder gegen die Wanderung spricht.
Macht man die Übung in einer entsprechenden Situation allein, geht es genauso: Man nimmt das Blatt Papier mit »Pro« und »Kontra« und beginnt dann mit sich selbst einen inneren Dialog und stellt sich alle möglichen Fragen im Zusammen-

hang mit der anstehenden Entscheidung – möglichst auch abgelegene, abwegige, schräge.
Lassen Sie Ihrer Fantasie freien Lauf, umkreisen Sie die Entscheidung von allen Seiten, betrachten Sie sie von oben und unten, von hinten und vorn und stellen Sie sich immer wieder Fragen. Und die Antworten rubrizieren Sie dann unter »Pro« oder »Kontra«.
Der Doktor begann. Er wollte wissen, ob Bea jünger oder älter sei als der Durchschnitt der Gruppe; jünger, antwortete sie und musste ein Kreuz bei Pro machen. Ob sie zu Hause regelmäßig Sport mache; ja, antwortete sie und machte wieder ein Kreuz bei Pro. So ging es weiter. Aber je weiter der Doktor fragte, desto verdrehter und komischer wurden seine Fragen. Er erkundigte sich nicht, ob sie Höhenangst empfinde, wenn sie auf einem Turm stehe, sondern ob sie Höhenangst empfinde, wenn sie sich über ein Turmgeländer beuge und ihr dabei ein Hustenbonbon aus dem Mund rutsche und in die Tiefe stürze; Bea lächelte schwach. Ob sie Angst vor Erniedrigung habe, weil sie für ein paar Tage auf Pumps verzichten und flache Wanderschuhe tragen müsse. Pro und schwaches Lächeln. Ob es sie peinige, nicht alle halbe Stunde in einem Spiegel Frisur, Augenbrauenstrich und Lippenstift kontrollieren zu können. Pro und schwaches Lächeln. Ob sie Angst vor schnarchenden Männern im Nebenzimmer hätte. Pro und schwaches Lächeln. Als er sie fragte, ob sie befürchte, von brünstigen Murmeltieren vergewaltigt zu werden, war das Eis gebrochen. Sie lachte.
»Gut«, feuerte er sie an, »sehr gut! Lachen ist unvereinbar mit Sorgen und Angst. Und jetzt zählen Sie Ihre Kreuze zusammen!« Sie waren natürlich alle auf der Pro-Seite.

»Ich habe verstanden«, Bea wirkte entspannt, »es gibt keinen vernünftigen Grund, nicht mitzugehen.«

»Richtig!« Der Doktor lächelte sie aufmunternd an. »Es gibt

nur den Teufelskreis der alten Gedankenmuster und Ängste, der bremst. Tricksen wir ihn aus und ermöglichen unserem Verstand eine eigene Entscheidung, sagt er ganz klar: Ja.«

Bea erhob sich. »Ich werde darüber nachdenken«.

Ich ging zurück in mein Zimmer und legte mich wieder ins Bett. Doch an Schlaf war nicht mehr zu denken. Der Gedanke an das, was ich gerade miterlebt hatte, beschäftigte mich. Wie oft war ich wohl mit einer wichtigen Lebensentscheidung nicht der Klarheit meines Herzens und Verstandes gefolgt, sondern eingefrästen Gedankenmustern und alten Ängsten? Und vor wie vielen Engeln mag ich dadurch weggelaufen sein?

Schließlich stand ich auf, duschte, zog mich an und ging hinaus.

Der Regen hatte aufgehört. Nebel war aus dem See aufgestiegen und hatte die Welt um unser Hotel in weiße Unwirklichkeit gehüllt. Die Luft war klamm, ich fröstelte. Aber ich blieb noch draußen, weil der Anblick der unterschiedlich dichten Nebelschwaden faszinierend war. Mit der Geschwindigkeit eines Liftes sausten sie am Berghang hinauf, hüllten Bäume und Felsen ein, gaben sie wieder frei und verhüllten sie erneut. Ab und zu riss der Wind größere Löcher in den Nebel, und der Blick auf den See wurde frei. Leblos und glatt lag er unter mir, eine schwärzliche Grabplatte.

»Solange Wasser darin ist, geht es«, sagte plötzlich eine Stimme hinter mir.

Ich fuhr zusammen. »Toni!« Ich hatte ihn nicht kommen hören.

»Aber am Ende des Winters«, fuhr er fort, »ist die Talsperre leer, und dann kommt mein Dorf wieder zum Vorschein, oder das, was davon noch übrig ist.« Er schwieg.

»Ich habe mich vergiftet
und war schon tot,
und dann habe ich eine Wiedergeburt
erlebt …«
TONI

»Warum bleibt man, wo man gequält wird«, fragte ich, »warum geht man nicht weg?«.

Toni schüttelte den Kopf und lächelte. »Je höher die Berge, desto tiefer die Wurzeln«, sagte er und fügte dann leise hinzu: »Aber ich war ja fort. Weit weg, obwohl ich da war. Als mein Dorf ersäuft war, habe ich anfangs immer nur auf den See gestarrt, den Feind in meinem Leben, das Böse. Ich habe ihn verflucht und mich von ihm vergiften lassen. Dabei war ja eigentlich nicht der See mein Feind, sondern die Behörden, die beschlossen hatten, dass der Stausee gebaut und mein Dorf unter seinem Wasser begraben wurde. Man hat uns Geld als Ersatz gegeben, so als ob man Heimat einfach kaufen und verkaufen könnte. Ich habe nichts mehr wahrgenommen außer dem See, diesem Satan. Nicht meine Frau, nicht meinen Sohn, nicht die Schönheit des Frühlings oder die Farben des Herbstlaubs. Ich hätte ihn am liebsten in die Luft gejagt und bin tatsächlich nachts an der Staumauer entlang geschlichen und habe mir überlegt, wo man die Sprengladungen anbringen müsste. Und dann bin ich wieder nach Hause gegangen und habe die nächste Flasche aufgemacht und den See verflucht und meine Feigheit. Statt der Mauer habe ich dann meine Ehe und Familie in die Luft gesprengt. Und danach noch mehr getrunken. Ich wollte mich tot trinken. Einmal dachte ich, es wäre so weit. Aber dann bin ich doch wieder aufgewacht. Irgendwo da oben in den Bergen. Und an diesem Morgen, als ich eigentlich schon tot war, sah ich plötzlich alles wieder, was ich lange nicht wahrgenommen hatte: die Sonne, die mich wärmte, die Blumen, die Gipfel. Seit diesem Tag kann ich wieder sehen, was es alles gibt in meinem Leben, und nicht nur das, was es nicht mehr gibt.« Er räusperte sich.

»Seit diesem Tag weiß ich, dass ich reich bin. Jetzt weiß ich, dass meine Heimat nicht nur das Stück Talboden ist, das jetzt auf dem Grund des Sees liegt, sondern all das, was ich hier sehen, fühlen, riechen, schmecken kann. Ich weiß, dass ich gefunden habe, was viele suchen. Dass ich hierher gehöre, zu dieser vollkommenen Natur, dass ich ein Teil von ihr bin. Sie beantwortet mir meine Fragen. Sie erfüllt mich. Jeden Tag bin ich dankbar dafür, hier leben zu dürfen.«

Wieder machte er eine Pause, doch dann sprach er weiter: »Übrigens ist das Frühstück fertig.« Abrupt drehte Toni sich um und ging ins Haus.

Nachdenklich folgte ich ihm. Noch vor zehn Minuten hätte ich mich mit meiner luxuriösen Großstadtexistenz, meinem interessanten Beruf, meinem polyglotten Leben für viel reicher gehalten als Toni; aber wann hatte ich zum letzten Mal das Gefühl von Dankbarkeit für meinen Alltag empfunden?

Im Frühstücksraum sah ich zu meiner Überraschung Bea in Trekkinghosen und Wanderschuhen. Sie hatte eine Tasse mit Tee und einen Teller mit Obst vor sich, rührte es aber kaum an. Ich setzte mich zu ihr. »Schön, dass du doch mitkommst.«

Sie sah mich an, lächelte verlegen und entschuldigte sich noch einmal für die Störung am Morgen. Dann seufzte sie: »Der Doktor hat mich rumgekriegt.«

Die Gruppe versammelte sich kurz vor acht am Ausgang des Hotels. Sieben Grad Außentemperatur, trübes Nebelwetter, und die Mienen meiner Mitwanderer sahen kaum anders aus. Bevor wir aufbrachen, gab es noch eine Auseinandersetzung wegen der Schuhe. Manche hatten bequeme Joggingschuhe aus weichem Leder an, aber Toni bestand auf Wanderschuhen. Es gab Widerspruch, doch den ließ er nicht gelten. »Sicherheitsfrage.«

Mürrisch wurden die harten Schuhe aus festem Leder aus den Rucksäcken geholt.

Ich staunte darüber, welche Last sich einige aufgebürdet hatten. Besonders schwer schien mir der Rucksack von Carola, der Chefsekretärin, zu sein – ein dreifarbiges Monstrum, aber nagelneu und bestimmt vom teuersten Outdoor-Hersteller. Toni musterte die Gruppe skeptisch, aber er sagte nichts.

Wir gingen los. Toni an der Spitze, der Doktor, der müde wirkte, als Letzter. Der Weg führte durch Mischwald bergan. Der Boden war weich, die Steigung mäßig, ein Weg zur Eingewöhnung. Dennoch spüre ich schon nach einigen Minuten, wie die an der Fortbewegung beteiligten Teile meines Körpers ein merkwürdiges Eigenleben entwickelten. Füße, Waden, Knie, Muskeln und Herz verhielten sich wie Musiker zu Beginn einer Orchesterprobe: Jeder musste sich erst einmal einspielen und den richtigen Ton finden, bevor das Zusammenspiel beginnen konnte. Vermutlich empfanden die anderen etwas Ähnliches. Alle schienen mit sich beschäftigt. Keiner sprach.

Es war vielleicht eine Stunde vergangen, als ich spürte, wie meine Körperempfindungen sich allmählich veränderten. Der Dirigent musste nicht mehr ständig mit dem Taktstock aufs Pult klopfen, das Orchester begann, miteinander zu spielen und entwickelte mehr und mehr seinen eigenen Rhythmus. Es kam mir vor, als ob das Blut jetzt anders durch meine Gefäße kreiste, leichter, freier. Und auch das Mahlwerk im Kopf kam zur Ruhe. Eine sanfte Euphorie breitete sich darin aus.

Als wir die Baumgrenze erreichten, begann der Nebel sich aufzulösen. Erste Sonnenstrahlen brachen sich Bahn, und der Blick drang immer weiter vor in die Welt aus grauen Felsen und grünen Moos- und Blumenpolstern, die jetzt vor uns lag. Von Sekunde zu Sekunde veränderte sich das Bild. Hier blitzte ein Schneefeld auf, da segelte eine weiße Wolke vorbei, dort leuchtete ein blaues Blütenkissen. Allerdings sah ich jetzt auch, wie lang der Anstieg noch war.

Plötzlich warf Carola ihren schicken, aber schweren Rucksack ab und sackte zu Boden. Die Gruppe stoppte. »Mir reicht‘s«, verkündete sie. Ein paar andere setzten ihre Rucksäcke ebenfalls ab.

»Wo wollen wir überhaupt hin?« Carolas Stimme klang erschöpft, aber ihre Frage hatte einen aggressiven Unterton.

»Wir gehen zu einem kleinen Dorf, das oben in den Bergen liegt«, antwortete der Doktor ruhig, »Toni kennt den Weg«.

»Angst ist nicht mein Problem,
ich will nur alles unter Kontrolle behalten ...«
CAROLA

»Ich will wissen, wo dieses Dorf ist.« Carola öffnete den Reißverschluss einer Seitentasche ihres Rucksacks und begann alles Mögliche auszupacken: einen Kompass, Verbandszeug, eine Stabtaschenlampe, schließlich einen Satz Wanderkarten, Maßstab 1:50 000. Carola, die perfekte Sekretärin, hatte sich ausgerüstet, als müsste sie sich allein in der Wildnis zurechtfinden. »Zeigt mir jetzt, wo wir sind und wo dieses Dorf ist!«

Toni lächelte.

»Okay, wir machen eine Pause.« Der Doktor nahm seinen Rucksack von der Schulter und probierte das Gewicht von Carolas Rucksack. »Er ist schwer, sehr schwer. Man schleppt viel mit sich herum, wenn man immer alles unter Kontrolle haben will. Heben Sie mal meinen, Carola.«

Zögernd folgte Carola seiner Aufforderung. Schon beim Zusehen war deutlich, um wie viel leichter er war. Der Doktor sah sie freundlich an. »Nicht nur ein Rucksack, auch das Leben ist viel leichter, wenn man anderen vertrauen kann. Vertrauen Sie mir, vertrauen Sie Toni, dann brauchen Sie keine Signallampe, keinen Kompass, keine eigenen Karten. Ich wette, dass die Hälfte dessen, was Sie in Ihrem Rucksack haben, überflüssig ist. Ballast. Sie schleppen es nur mit sich herum, weil Sie Angst haben, es könnte irgendeine Situation eintreten, über die Sie keine Kontrolle mehr haben. In Ihrem Leben ist es nicht anders. Sie gehen in die Knie von all dem Ballast, den Sie mit sich herumschleppen. Nur aus Angst vor einer Situation, die sich Ihrer Kontrolle entziehen könnte. Aber lassen Sie sie doch kommen! Sie können sowieso niemals alle und alles kontrollieren. Lernen Sie loszulassen! Lernen Sie, Vertrauen zu haben! Und fangen Sie mit dem Lernen heute an. Jetzt! Ich schlage Ihnen vor, dass Sie die Hälfte Ihres Rucksacks auspacken und wir die Sachen auf unsere Rucksäcke verteilen. Geben Sie ab von Ihrer Last! Heute Abend stecken wir alles in ein Paket, tragen es zur Post und schicken es zu Ihnen nach Hause.«

Carola schien zu schwanken, ob sie sich auf den Vorschlag des Doktors einlassen oder ihren Protest aufrecht erhalten sollte. Sie entschied sich für eine Art Mittelweg, um ihr Gesicht zu wahren. »Gut, ich mache, was Sie vorschlagen, aber vorher will ich sehen, wo dieses Dorf liegt.«

Toni setzte sich zu ihr, musterte den Stoß Wanderkarten, zog eine heraus, schlug sie auf und wies auf einen Punkt.

»Und wo sind wir jetzt?«, fragte Carola. Toni zeigte es ihr.

»Was«, sagte sie entsetzt, »diesen ganzen Weg sollen wir noch gehen?«

»Man kann Wege auch verlassen«, antwortete Toni, »und verkürzen – mit einem Führer.«

Wir verließen den Weg nach zwei Kilometern. Toni bog nach rechts ab und begann einen steilen Hang voller Felsbrocken und Geröll hinaufzusteigen. Jetzt wurde ich unruhig. Wo sollte das hinführen? Außerdem waren wir inzwischen mehr als drei Stunden unterwegs, und ich hatte nicht gesehen, dass irgendjemand so etwas wie Proviant eingepackt hatte. Ich hatte Hunger und fragte mich, wann und wie er gestillt würde. Mürrisch folgte ich Toni auf dem mühseligen Aufstieg. Auch die anderen kämpften sich ohne Begeisterung den steilen Hang hinauf, wo wir immer wieder auf kleinen Steinen und Geröllbrocken wegrutschten. Besonders schwer war es für Alexander, den freundlichen Kuschelbären, denn er hatte darauf bestanden, sich den Großteil von Carolas Last in den Rucksack packen zu lassen.

Der Hang war eine Herausforderung und nahm kein Ende. Wieder einmal erfuhr ich, wie sehr man sich verschätzt, wenn man die Länge eines Aufstiegs im Gebirge beurteilt. Anfangs hatte ich höchstens fünfzehn Minuten kalkuliert; jetzt waren wir schon doppelt so lange unterwegs, und der Kamm lag noch immer hoch über uns. Die Zunge klebte mir am Gaumen, ich hatte furchtbaren Durst und verfluchte Toni und den Doktor und diese Plackerei und die ganze Wanderung.

Endlich, endlich oben, sank ich keuchend neben Toni auf die Steine.

Auf der anderen Seite des Grates erstreckte sich ein weites grünes Hochplateau, das von einem mäandernden Bach durchzogen war. In der Mitte des Plateaus lag ein kleiner flacher See, und auf einem Hügel neben dem See stand ein Haus aus behauenen Holzbalken, das bewohnt wirkte. Vor den Fenstern waren Blumentöpfe aufgereiht, auf einer Leine flatterte Wäsche. In der Nähe des Hauses sah man Schafe, und von einem fernen Hang hörte man das Geräusch eines Balkenmähers.

»Eine Sommeralm«, kommentierte Toni, als die ganze Gruppe auf dem Kamm versammelt war, »dort gehen wir hin.«

Zu meiner Überraschung wurden wir offenbar erwartet. Als wir uns dem Haus näherten, kam eine Frau heraus und begann Becher, Teller und große Bretter auf den Holztisch zu stellen, der vor dem Haus stand. Ein kleiner Junge half ihr. Toni begrüßte die Frau, die dann auch uns willkommen hieß und zum Essen aufforderte. Auf dem Tisch standen ein Laib Brot, Bergkäse und Speck.

»Gelobt sei das Handy, mit dem man heute auch einsame Höfe erreichen kann.« Der Doktor seufzte wohlig, schnitt sich ein Stück Käse ab und stopfte es in den Mund.

Die Frau schickte den Jungen mit einem großen Krug zum Bach, er schöpfte Wasser und stellte den Krug auf den Tisch. Danach versteckte er sich sofort wieder hinter seiner Mutter. Toni schnitt das Brot und den Speck auf, alle füllten ihre Becher und Teller, ließen sich nieder, tranken und aßen. Ich schenkte mir zweimal aus dem Wasserkrug nach, nicht nur aus Durst; das kühle frische Wasser des Bergbaches war besser als Bier aus dem Zapfhahn.

»Wir sprachen gestern Abend vom Wahrnehmen.« Der Doktor wandte sich an die Gruppe: »Ich möchte, dass ihr versucht, dieses Wasser bewusst wahrzunehmen. Schmeckt es und benennt dann den Geschmack.«

Alle nahmen einen neuen Schluck. Stefan, Alexander und Norman spielten Gourmets. Sie rollten das Wasser des Gebirgsbaches im Mund hin und her wie alten Bordeaux und notierten dann Wörter in ihre Notizhefte. Ich schaute ihnen über die Schulter. »Frischwürzig«, las ich, »erdig-fruchtig«, »kräftig-kristallig«, »blauweiß« und »stahlklar«.

Carola beteiligte sich nicht daran. Sie hatte sich abseits von der Gruppe auf ihren Anorak gesetzt. Wenn man genau hinsah, erkannte man, dass sie nicht aß. Ich gesellte mich zu ihr und ließ mich neben ihr nieder. »Hast du das wunderbare Wasser probiert?«, fragte ich. »Sind das Essen und der Empfang hier nicht wie eine Weihnachtsbescherung?«

Sie wandte sich langsam zu mir und nickte. Tränen standen ihr in den Augen.

»Liebe zeigen, Vertrauen schenken –
wie denn, wem denn …?«
CAROLA

»Entschuldigung.« Carola wischte sich mit dem Handrücken über die Augen: »Es ist der Junge. Er ähnelt meinem Sohn. Als Sven klein war, hat er sich auch immer hinter mir versteckt.« Sie schluckte. »Heute muss ich mich manchmal vor ihm verstecken.«

»Alkohol?«

Sie schüttelte den Kopf. »Haschisch, LSD, Ecstasy, was weiß ich.«

»Er lebt bei dir?«

»Ja, Hotel Mama. Aber Mama hat ihn nicht mehr unter Kontrolle, schon lange nicht mehr. Der Doktor hat ja Recht. Nichts habe ich unter Kontrolle, außer dem Terminkalender meines Chefs. Und der wird auch nicht mehr lange warten, bis er sich seine Termine und seinen Kaffee von einer Jüngeren, Hübscheren machen lässt. Dann habe ich keinen Job mehr, keinen Sohn mehr, und einen Mann habe ich schon lange nicht mehr.« Sie lachte bitter. »Vertrauen soll ich, sagt der Doktor. Aber wem denn? Es ist ja gar keiner da!«

»Gibt es keinen Mann in deinem Leben?«, fragte ich, »keinen Partner, keinen Freund, keine Affären?«

»Nein, nichts, gar nichts. Ich habe auch gar keine Zeit dafür. Bis 19 Uhr bin ich im Büro, oft länger. Danach kümmere ich mich um meinen Haushalt, meinen Sohn, meinen Kater. Im Büro will ich keine Affären, und sonst lerne ich keine Männer kennen, weil ich niemals irgendwohin gehe. Ich mag eben keine unvorhersehbaren Situationen. Außerdem könnte ich keinen Mann zu mir nach Hause einladen, es wäre mir peinlich vor meinem Sohn.«

»Das klingt so, als ob es in deinem Leben niemanden gibt, der dich liebt.«

»Doch.« Carola stieß wieder dieses bittere kleine Lachen aus. »Mein Kater. Ich mache ihm ja seine Dosen auf.«

»Es muss schwer sein, zu lieben, wenn man nicht geliebt wird.«

»Das ist es.« Es war der Doktor, der hinter uns getreten war und den letzten Teil der Unterhaltung gehört hatte. »Es ist schwer. Aber notwendig.«

Das Gesetz der Resonanz

Der Doktor setzte sich zu uns. »In unserem Leben gibt es ein Gesetz, von dem viele nichts wissen: das Gesetz der Resonanz. Stellen wir es uns so ähnlich vor wie in der Physik – jede Welle, die auf ein Hindernis stößt, wird von ihm reflektiert und kehrt zu ihrem Ausgangspunkt zurück. Genauso werden Emotionen und Energien, die wir aussenden, von den Menschen, auf die sie treffen, reflektiert und zu uns zurückgeschickt. Aber es gibt einen wichtigen Unterschied zum Bereich der Physik: Dort treffen die Wellen immer in abgeschwächter Form wieder an ihrem Ausgangspunkt auf; bei Menschen aber können solche Wellen, die emotionale und mentale Botschaften transportieren, in gleicher Stärke oder sogar noch verstärkt zu ihrem Absender zurückkehren. Wir erleben das, wenn wir einem Menschen begegnen, der sehr stark liebt. ›Alle lieben den Liebenden‹, hat Rilke geschrieben. Richtig. Der Liebende verströmt dieses Gefühl von Liebe an alle Welt, er verteilt es großherzig an jeden, dem er begegnet – und bekommt es von ihm verdoppelt zurück, so dass er wirklich ganz und gar von der Kraft der Liebe getragen wird und unerschütterlich wirkt. Die großen charismatischen Führer, Menschen wie Jesus, Gandhi, Nelson Mandela haben daraus ihre Kraft bezogen, dass sie diese Liebe besaßen und diese Liebe verhundertfacht zurückgegeben wurde und verstärkend zurückfloss. Umgekehrt gilt übrigens das Gleiche: Menschen, die in sich selbst eingesperrt sind und sich anderen gegenüber abweisend bis feindselig verhalten, beispielsweise weil sie in einer tiefen Depression stecken, lösen anfangs Beistands-, bald aber nur noch Ablehnungsreaktionen aus und werden vom Rückfluss ihrer eigenen negativen Energie noch tiefer in die Krise gestürzt. Das Gesetz ist gültig für alle Menschen und alle ihre emotionalen Botschaften.

Wenn du also geliebt werden willst, gilt ein ganz einfaches Rezept: Liebe! Wenn du angelächelt werden möchtest, lächele! Wenn dir geholfen werden soll, hilf! Wenn die Menschen gut von dir denken sollen, denke gut über die Menschen!«

Der Doktor trank einen Schluck Wasser. »Carola, überlegen Sie genau, was Sie wirklich möchten. Sicherheit, Schutz vor Bedrohung, Freiheit von Angst? Sie suchen sie, indem Sie jeden Millimeter Ihres Lebens und am liebsten auch des Lebens Ihrer Umgebung unter Kontrolle zu bringen suchen. Jeden Morgen der Gang zum gleichen Bäcker, wo Sie die gleichen Brötchen kaufen, in jedem Urlaub der gleiche Ferienort, jedes Wochenende die gleichen Rituale. Sie wehren alles ab, was neu, unbekannt und anders ist, weil Sie es als Bedrohung empfinden. Dabei sind Sie einsam geworden, denn Ihre Botschaft an die Menschen lautet: Ich kenne euch nicht, ich fühle mich bedroht, bleibt mir vom Leib. Menschen greifen die Botschaft auf und schicken sie zurück. Sie spüren, dass Sie sie nicht lieben, sondern fürchten. Also finden sie Sie und Ihre Angst zum Fürchten. Auf dieser Wanderung können Sie neue Erfahrungen machen. Menschen helfen Ihnen und nehmen Ihnen Ihre Last ab. Neues bedroht Sie nicht. Unbekanntes öffnet andere Seiten in Ihnen. Das Wagnis, neue Wege zu gehen und die alten zu verlassen, macht Sie reicher. Wenn Sie möchten, zeige ich Ihnen eine Übung, die Sie immer wieder daran erinnern und darauf vorbereiten wird, dass Sie in eine universelle Kommunikation mit anderen Menschen eingebunden sind und sie Ihr Leben bereichern können.«

Vom Senden und Empfangen

Setzen Sie sich bequem ins Gras oder auf einen weichen Teppich.
Legen Sie die Hände in den Schoß und schließen die Augen.
Stellen Sie sich jetzt vor, Sie seien nackt, unterkühlt und leicht verwundbar, und jeder Ihrer Gedanken könnte, wenn er auf einen Gegenstand oder einen anderen Menschen trifft, von ihm auf Sie zurückgeworfen werden und Sie entweder wärmen und schützen oder verletzen und noch weiter auskühlen. Jeder kalte Gedanke führt dazu, dass Sie stärker frieren, jeder verletzende Gedanke verletzt Sie selbst.
Denken Sie jetzt an verschiedene Menschen, zuerst an Freunde, an Verwandte, an Menschen, die Sie mögen und die Ihnen in einer Krise beistehen würden.
Denken Sie mit Wärme an sie – und Ihnen wird warm. Denken Sie voll Dankbarkeit an sie – und Sie fühlen eine Decke, die um Sie gelegt wird.
Und nun kommt der schwierigere Teil:
Denken Sie jetzt an Menschen, die Ihnen gleichgültig sind und dann an solche, die Sie gekränkt, gedemütigt, beleidigt haben – an Ihren geschiedenen Mann, einen bösen alten

Lehrer, Ihren cholerischen Chef, einen Partner, der Sie betrogen hat. Auch jetzt gilt: Wenn Sie verletzend denken, werden Sie selbst verletzt.
Also denken Sie das Positive, fragen Sie sich, was gut war an den Erfahrungen, die Ihnen solche Menschen vermittelt haben, wie sie Ihr Leben bereichert haben.
Hat Sie der cholerische Chef nicht auch angetrieben zu Leistungen, die Sie sich sonst nicht abverlangt hätten? Haben die Quälereien Ihres geschiedenen Mannes nicht auch dazu geführt, dass Sie sich von Lebenslügen verabschieden konnten?
Versuchen Sie, die Übung so lange fortzusetzen, bis Sie sich nicht mehr nackt, schutzlos und kalt fühlen, sondern eingehüllt in Decken, geborgen und warm.

Toni drängte zum Aufbruch. Die Sonne stand schon deutlich jenseits ihres Zenits, und die Septembertage waren nicht mehr sehr lang. Wir verabschiedeten uns von der freundlichen Gastwirtin, überquerten das Hochplateau und gingen dann auf einem schmalen, kaum erkennbaren Pfad durch einen Irrgarten von kniehohen Latschenkiefern. Danach schien der Weg ganz aufzuhören, vor uns lag abermals ein steiler Schotterhang, den wir diesmal abwärts zu bewältigen hatten. Wer hier einmal stolperte oder ins Rutschen geriet, würde sich nicht halten können. Toni befahl uns strikte Einhaltung einer Gänselinie, er ging langsam tastend voraus und fand immer wieder feste Trittsteine. Wie in einer einstudierten Choreographie stieg die Gruppe den Hang hinab, jeder machte exakt die gleichen Schritte und Bewegungen wie sein Vordermann, und dieses kollektive Gehen schuf ein merkwürdiges Gefühl von Zusammengehörigkeit.

Der Hang schwang in einen schmalen Talkessel aus, in dessen Mitte wieder ein flacher See lag. Tausende von Blumen standen dort in dichten Gruppen zwischen den Steinbrocken, in ausladenden gelben und blauen Polstern; weiter unten am Wasser wuchs Moos in einem dicken grünen Teppich, der von weißen Blütensternen überragt war. Bea blieb plötzlich stehen. »Seht ihr das nicht«, rief sie und zeigte auf den Boden.

»Was«, fragte Norman, unser ewiger Witzbold, ungeduldig.

»Die unglaubliche Pracht dieser kleinen Blumen«, antwortete die sonst so scheue Bea, »die verschwenderischen Farben inmitten dieser Steinwüste. Hier oben wächst kein Baum, noch nicht mal ein ordentlicher Strauch, und dann diese Farb-Orgie.«

Erst jetzt schienen die anderen die kleinen bunten Pflanzen wahrzunehmen. Sie verschnauften und betrachteten den botanischen Tuschkasten.

Auch der Doktor studierte die Pflanzen. »Ja, schauen Sie die Blumen genau an, das ist ein schönes Beispiel für bewusstere Wahrnehmung. In der Mittagspause haben wir Brot gegessen, aber der Mensch lebt nicht vom Brot allein. Die Seele bekommt ihre Nahrung von den Sinnen. Je offener wir für sinnliche Eindrücke sind, je mehr wir sehen, fühlen, schmecken, hören, riechen, desto satter und zufriedener wird unsere Seele, desto gelassener und widerstandsfähiger werden wir.«

Dann wandte sich der Doktor an Toni. »Wie kommt es, dass sich gerade hier oben, in dieser rauen, kalten Bergwelt so wunderbare Farben entwickeln?«

Toni zuckte die Schultern. »Der Sommer ist kurz in den Bergen, der Schnee schmilzt spät und fällt früh, und die Schmetterlinge sind rar. Wer hier überleben will, muss kämpfen. Die kleinen Blumen kämpfen mit ihren Farben um Beachtung, das heißt Bestäubung, Vermehrung und Fortbestand.«

Man sah die Blumen plötzlich mit anderen Augen. Ihre Farben waren nicht mehr einfach nur schön, sondern so etwas wie ein Ausdruck von Mut, Entschlossenheit, Energie.

Die Gruppe setzte sich wieder in Bewegung. Der Weg verlief jetzt neben dem plätschernden Abfluss des Sees ins Tal. Toni, Bea und ich gingen nebeneinander.

»Kämpfen« sagte Bea, sah mich an und fragte: »Liegt es dir, zu kämpfen?«

»Es kommt auf die Situation an«, antwortete ich, »manchmal ja.«

»Wozu kämpfen, es nützt ja doch nichts,
ich habe mich abgefunden,
das Schicksal ist unabänderlich …«
BEA

»Mir liegt Kampf nicht«, erwiderte Bea, »und wozu auch? Meine Mutter hat mit allen Mitteln gekämpft, mit Medikamenten und Bestrahlungen und Chemotherapie; es hat alles nichts genützt, sie ist trotzdem an Krebs gestorben, mit 48 Jahren. Genau wie ihre Mutter. Ich werde nicht kämpfen. Ich habe mich abgefunden. Ich habe nur Angst um meinen Mann und meinen Sohn. Er ist dann 16, mitten in der Pubertät. Ein schwieriges Alter, in dem man seine Mutter ganz besonders braucht.«

Ich verstand sie zuerst nicht. »Dann? Wann?«

»Dann, wenn mein Sohn 16 ist und ich sterben werde wie meine Mutter.«

Mir fiel nichts ein, was ich dazu sagen sollte. Aber Toni fand eine Antwort. Er erzählte Bea eine Legende aus seiner Heimat:

»In dem Tal, durch das wir gleich kommen, stand früher eine Burg. Sie ist bis auf die Grundmauern verschwunden, aber ich kann dir die Stelle noch zeigen, wo sie gestanden hat. Die Legende erzählt, dass der letzte Herr auf dieser Burg ein Ritter war, der große Furcht vor einer Eroberung durch Feinde hatte. Eines Tages hörte er, dass in einem entfernten Tal eine alte Frau lebte, die sich auf die Kunst verstand, die Zukunft vorherzusagen. Der Burgherr schickte Reiter los, um diese Frau zu suchen. Sie fanden sie nach langem Suchen schließlich in einer abgelegenen Berghütte und brachten sie auf die Burg. Der Ritter befahl, ihr ein weiches Bett zu bereiten und Wein und köstliches Essen zu servieren. Dann ließ er sie zu sich bringen und bat sie, ihm die Zukunft vorherzusagen. Die alte Frau blickte lange in die Kristallkugel, die sie mitgebracht hatte. Dann befragte sie ihr Pendel, und schließlich legte sie noch die Karten. Dabei sah sie immer sorgenvoller aus. Endlich sagte sie: ›Herr Ritter, ich habe lange nicht so weich geruht wie in eurem Bett, ich

habe niemals besseren Wein und köstlicheres Essen gekostet. Deshalb tut es mir Leid, mich für eure Gastfreundschaft nicht mit einer besseren Vorhersage bedanken zu können; aber meine Kristallkugel, das Pendel und die Karten sagen alle dasselbe: Eure Burg wird heimlich von einem mächtigen Feind erobert werden.‹

Der Ritter erschrak bis ins Mark, belohnte und entließ die Wahrsagerin und begann sofort Vorkehrungen gegen die drohende Eroberung seiner Burg zu treffen. Die Wachen wurden am Tag verdoppelt, bei Nacht verdreifacht. Alle Bauarbeiter der umliegenden Täler wurden zusammengeholt, um die Gräben um die Burg zu vertiefen und ihre Mauern zu erhöhen. Kaum waren diese Arbeiten erledigt und die Arbeiter in ihre Dörfer heimgekehrt, ließ der Burgherr sie abermals holen und die Mauern noch einmal aufstocken. Und auch das genügte ihm noch nicht. Als der nächste Winter vorbei war, mussten die Arbeiter noch einmal neue Steine heranschaffen und auf die Burgmauern setzen. Die Mauern waren inzwischen so hoch, dass kein einziger Lichtstrahl mehr in die Wohnräume der Burg drang, wo es jetzt immer finster, kalt und feucht war, obwohl bei Tag und Nacht die Feuer in den Kaminen brannten. Nachts loderten auch draußen überall Fackeln, weil der Burgherr Angst hatte, ein Gegner könnte sich die Dunkelheit zunutze machen. Und da der Ritter seit der Prophezeiung der Wahrsagerin seinen eigenen Wachen nicht mehr traute, stand er jede Nacht mehrfach auf und kontrollierte sie. Im Sommer hatten die Knappen und Knechte der Burg früher bei der Ernte geholfen und die Keller der Burg für den Winter mit Vorräten gefüllt. Doch jetzt fürchtete der Burgherr, ein Feind könnte sich die Abwesenheit der Knechte für einen Überfall zunutze machen, und verbot die Mithilfe bei der Ernte. Zum Ersatz forderte er von den Bauern höhere Abgaben, aber die hatten selbst nicht genug und begannen den Burgherrn zu hassen. Im zweiten Winter gab es in der Burg keine vollen Vorratskeller und keine trockene Wand mehr, ihre Bewohner hatten ständig Erkältungen und Gelenkschmerzen, die ersten Knappen begannen zu fliehen, es fehlte an Wachen, und der Burgherr war zu Tode erschöpft, weil er selbst die halbe Nacht auf den Mauern verbrachte und nach dem prophezeiten Feind ausspähte. In einer kalten Regennacht im frühen März hörte er plötzlich ein scheppherndes, klirrendes Waffengeräusch von der östlichen Burgmauer; er war sicher, dass dies der Angriff war, schrie Alarm, riss sein Schwert aus der Scheide und rannte zu der Treppe, die von der Mauer hinab auf den Burghof führte. Aber das Geräusch, das er gehört hatte, rührte daher, dass der Regen, der in dieser Nacht fiel, auf den eiskalten Steinen sofort gefroren und auf diesem Eis eine der gepanzerten Wache ausgeglitten und drei Stufen der Treppe hinuntergefallen war. Als der Burgherr jetzt mit gezogenem Schwert die Treppe hinunterstürmen wollte, rutschte er ebenfalls aus, stürzte die Treppe hinab und brach sich das Genick.

Nachdem die Knechte ihn beigesetzt hatten, befahl seine Witwe ihnen, die Wahrsagerin zu holen. Zornig stellte sie die alte Frau zur Rede. ›Was hast du uns für einen Unsinn prophezeit‹, rief sie, ›kein Feind hat die Burg betreten, aber mein Mann ist tot, weil er an deine Vorhersage geglaubt hat. Du bist eine Hexe, ich sollte dich in das tiefste Burgverlies werfen lassen.‹

Aber die alte Frau erwiderte ruhig: ›Alles, was ich vorhergesagt habe, ist eingetroffen. Eure Burg ist heimlich von einem mächtigen Gegner erobert worden. Ich habe nicht gesagt, dass dieser Gegner ein Ritterheer sein würde. Der Feind war eure eigene Angst. Sie hat euch belagert, besiegt und jetzt deinen Mann getötet.‹

Dann drehte sich die Wahrsagerin um und verließ die Burg. Niemand hielt sie auf. Die Witwe des Burgherrn schwieg betroffen. Sie trat bald danach eine Wallfahrt zum Grab des Heiligen Jakob an, von der sie nie zurückkehrte. Die hohen Mauern der Burg begannen nach wenigen Jahren einzustürzen, die Burg verfiel. Heute ist sie nur noch an einem Hügel erkennbar, auf dem die Brombeeren wuchern.«

Bea hatte Toni zugehört, ohne ihn ein einziges Mal zu unterbrechen. Jetzt wandte sie sich an mich. »Was hältst du von der Geschichte?«

»Viel. Auf einer meiner Reisen habe ich bei den Papuas in Neuguinea erlebt, dass ein Mann, der sich gegen die Gesetze seines Dorfes vergangen hatte, von den anderen verflucht wurde. Er wurde krank und ging sogar noch in ein Krankenhaus mit europäischen Ärzten und westlicher Medizin. Sie konnten ihm nicht helfen. Organisch fehlte dem Mann nichts. Aber nach einer Woche war er tot. Er glaubte, zum Tod verurteilt zu sein, und starb. Wir sind, was wir zu sein glauben. Glücklich oder unglücklich, gesund oder krank. Du verhältst dich wie dieser arme Mann in Neuguinea. Du glaubst, mit 48 Jahren zu sterben, und du glaubst es aus Angst: Wenn du von der schlimmstmöglichen Erwartung ausgehst, kann dich nichts Unangenehmes mehr überraschen. Aber damit ziehst du die Erfüllung dieser Erwartung an – so wie der Burgherr die Erfüllung der Prophezeiung. Du könntest ja auch ganz fest erwarten, dass dich dein Sohn beim Abschlussball nach bestandenem Abitur zum ersten Walzer auffordert. Dann würdest du die Erfüllung *dieser* Erwartung anziehen. Wäre das nicht eine nette Alternative?«

»Ist es wirklich so einfach?«, Bea war skeptisch.

»Sprich mit dem Doktor darüber«, sagte Toni, »er ist der Experte. Aber glaube mir: Alles ist so schwer und so einfach, wie wir es uns machen. Und das Machen beginnt im Kopf.«

Unser Weg hatte kontinuierlich abwärts geführt, und wir sahen jetzt, dass ein paar hundert Meter unter uns der Bergwald wieder begann. Noch schaute man über die Baumwipfel hinweg weit in den Lauf eines windungsreichen Tales hinein, das sich im Licht der tiefen Sonne blau zu färben begann. Auf einem fernen Bergsattel hoch über der Talsohle erkannte man, streichholzschachtelgroß, eine Ansammlung von Häusern. Toni wies darauf. »Unser Ziel.«

Es kam mir noch verdammt weit weg vor, und ich war froh, dass unter den Bäumen wenigstens der Weg wieder weicher wurde. Mein Rücken meldete mir Ruhebedarf, und auch die Füße begannen, kleine stechende Schmerzen die Beine hinaufzusenden. Aber dafür, dass es der erste Tag der Wanderung war, war ich ganz zufrieden mit mir. Und diese Zufriedenheit schien bei allen in der Gruppe vorhanden zu sein, je stärker desto näher wir unserem heutigen Etappenziel kamen.

Die Glocke auf dem Turm der kleinen Kirche schlug sechsmal, als wir die ersten Häuser des Dorfes erreichten. Grob gefügte Steinhäuser mit aufgesetztem schwerem Balkenwerk und Dächern aus Steinplatten. Links und rechts der Fenster hingen hölzerne Läden, und vor den Fenstern blühten Sommerblumen in kleinen Keramiktöpfen. Die Häuser standen Schulter an Schulter, und die Gasse zwischen ihnen war so schmal, dass gerade zwei Menschen aneinander vorbeigehen konnten. Das Dorf wirkte ausgestorben, die Schritte unserer Gruppe hallten auf dem Kopfsteinpflaster. Wir kamen an zwei alten Waschhäusern vorbei, einem Dorfladen, der geschlossen war, der Kirche und dem Friedhof. Nur auf dem Friedhof sah man Menschen – zwei alte Frauen mit schwarzen Kopftüchern, die sich an Gräbern zu schaffen machten.

Toni lotste uns zu einem kleinen Gästehaus, das oberhalb der Kirche am Dorfrand lag und den Blick aus seinen Fenstern zum Tal und der Staffel der es begrenzenden Bergketten freigab. Sie hatten jetzt die Farbe tiefen Blaugraus angenommen, aber an ihren Spitzen brach sich noch das letzte Rot des Sonnenuntergangs. Die Zimmer waren kaum mehr als Kammern, alle holzgetäfelt und mit einem schmalen Bett und einem einfachen Waschbecken ausgestattet. Toilette und Dusche gab es pro Stockwerk nur einmal. Ich verzichtete auf die Abenddusche, legte mich aufs Bett und ruhte mich aus, bis unten im Haus ein Gong geschlagen wurde, der uns zum Abendessen rief.

Wir aßen im Erdgeschoss in einem kleinen Raum, der gerade Platz genug bot für den langen Holztisch, an dem wir saßen. Eine ebenso rundliche wie freundliche Frau in blauer Schürze servierte uns Minestrone, dann Ravioli mit Pilzfüllung, dazu Wasser und Landwein. Alles war köstlich. Aber vielleicht hätten uns auch schlichtes Schwarzbrot und einfacher Apfelsaft geschmeckt, denn Quelle unseres Wohlgefühls war nicht nur der Gaumen, sondern jede Faser des Körpers, der nun seiner Last ledig war und sich ausruhen konnte. Das Essen war eine wunderbare Unterstützung dieses tiefen Gefühls von Entspannung und körperlichem Wohlbehagen. Zum ersten Mal seit Wochen empfand ich keine innere Unruhe.

»Ist es nicht merkwürdig«, fragte der Doktor, »dass der Mensch das Bedürfnis verliert, sich zu spüren? Kinder haben noch diesen elementaren physischen Trieb, zu spielen, zu toben, ihren Körper zu empfinden. Aber die meisten Erwachsenen leben mit ihrem Körper zusammen wie mit einem entfernten Bekannten. Sie essen, sie trinken, sie verdauen. Und dann haben sie manchmal noch Sex oder Kopfschmerzen. Frag sie, wann sie zum letzten Mal ihre Wadenmuskeln, ihre Füße, ihre Schultern, ihre Bizepse gespürt haben, und sie werden keine Antwort wissen. Dabei ist Reichtum an Empfindungen bereichernd – unser Körper spürt sich wieder in jeder Faser, und dieses Gefühl, sich selbst zu spüren, strahlt positiv auf unsere Seele aus. Die meisten von Ihnen werden das heute Abend schon merken. Körper und Seele sind über eine Vielzahl von Nervenzellen miteinander verbunden, die ihre gemeinsame Schaltzentrale im Gehirn haben, wo die Hormonproduktion gesteuert wird. Wer seinen Körper fordert, löst andere Hormonkaskaden aus – heilsame, wohltuende. Er stärkt sein Immunsystem. Ich will Sie jetzt nicht mit wissenschaftlichen Vorträgen langweilen, nur so viel: Wenn Sie etwas für Ihren Körper tun, tun Sie auch etwas für Ihre Seele. Beide arbeiten zusammen wie Dirigent und Orchester. Profitiert der eine, profitieren beide. Und profitieren bedeutet immer einen Zugewinn an innerem Reichtum, an Gelassenheit, an Widerstandsfähigkeit.«

Die fünf Säulen unseres Lebens

Der Doktor entdeckte plötzlich Marmeladengläser, die auf einem kleinen Ecktisch für das Frühstück bereit standen, und platzierte fünf von ihnen in die Mitte unseres Esstisches. Oben drauf stellte er die leere Ravioli-Platte. »Das«, begann er, »ist Ihr Leben. Und das da drunter sind die Säulen, auf denen es steht: die physische Existenz, also der pflegliche Umgang mit dem Körper durch angemessene Bewegung, Ernährung und Erholung; der Beruf; die Familie und Partnerschaft; das weitere soziale Netz der Freunde, Klubkameraden und Vereine; der Bereich der geistigen Sinnerfüllung – sei es durch spirituelle Erfahrungen als Erweiterung der eigenen Existenz, sei es durch Meditation, Gespräche, Austausch mit Gleichgesinnten oder Ähnliches.

Wenn alle diese fünf Säulen vorhanden und stabil sind, ruht Ihr Leben auf einem soliden Fundament und Ihnen kann wenig passieren. So, und nun zeige ich Ihnen, was die Angst macht. Zuerst greift sie unseren Körper an, wir bekommen Atemprobleme, die Brust wird eng, das Herz sticht, der Magen verkrampft sich. Wir haben keinen Appetit mehr, wir schlafen schlecht ein, wir schrecken aus dem Schlaf auf, wir haben Albträume, wir sind kaputt und wollen uns nicht mehr bewegen. Das sind die Folgen!«

Der Doktor nahm eins der Marmeladengläser weg. Jetzt ruhte die Platte noch auf vier Gläsern. »Aber wir sind ja nicht dumm«, fuhr der Doktor fort. »Wir spüren, dass etwas nicht in Ordnung ist, dass wir uns vor der Angst schützen müssen, und entwickeln Abwehrstrategien. Zum Beispiel die, alles zu vermeiden, allem auszuweichen, was uns Angst machen kann – uns nur noch auf kontrolliertem Terrain zu bewegen und nichts Unbekanntes, Neues, Bedrohliches in unserem Leben mehr zuzulassen. Das führt dann dazu, dass wir uns immer weiter zurückziehen und sich unsere sozialen Kontakte mehr und mehr reduzieren. Irgendwann knickt dann die zweite Säule ein.«

Der Doktor nahm ein weiteres Marmeladenglas weg. Die Platte stand jetzt noch auf drei Gläsern.

»Noch sieht das ja ganz stabil aus«, sagte der Doktor, »viele Schemel stehen auf nur drei Beinen. Aber die Angst ist nichts Statisches, sie hält sich nicht an Grenzen, sie ist imperialistisch, sie besetzt fremdes Territorium, und das zuerst in unserem Kopf. Denn dort beschäftigen wir uns mehr und mehr mit unserer Angst, mit ihren Gründen, ihren Folgen, ihrer Macht. Wir verlernen es allmählich und sozusagen hinterrücks, Positives wahrzunehmen und Positives zu denken. Wir denken nicht mehr: Gott oder Liebe oder Vertrauen oder Hoffnung. Wir denken: Angst. Und dann bekommen wir Angst. Angst vor der Angst. Da hilft auch nicht eine andere beliebte Art der Abwehrstrategie: die, schon immer die schwärzeste Perspektive vorwegzunehmen. Wenn ich stets davon ausgehe, dass die Katastrophe unvermeidlich ist und ganz gewiss eintreten wird, dann habe ich selbst ja keine Verantwortung mehr. Das Schicksal übernimmt sie, aber in Wahrheit die Angst, die zum Schicksal wird. Und die Angst nimmt sich genau den Raum, den wir ihr einräumen. Und damit«, der Doktor nahm ein weiteres Glas weg, »bricht dann die dritte Säule unseres Lebens.« Er schob jetzt die beiden Gläser so hin, dass die Schale auf ihnen noch einigermaßen sicher lag.

»Okay«, sagte er, »zwei Säulen sind uns geblieben, der Beruf und die Partnerschaft. Aber wie lange werden sie stehen? Werden wir nicht Angst bekommen, unseren Partner zu verlieren und wird diese Angst nicht umso stärker werden, desto mehr wir auf ihn angewiesen sind – und ihn vielleicht gerade deswegen von unserer Seite vertreiben? Wird die Angst nicht im Büro auf uns lauern, wenn wir es, kaputt von einer weiteren schlaflosen Nacht, betreten? Wird sie nicht hinter uns stehen, wenn wir versuchen, uns auf unsere Arbeit zu konzentrieren, uns keine Sekunde verlassen, uns über die Schulter schauen, uns immer wieder daran erinnern, dass es sie gibt? Wie lange werden wir gut arbeiten unter solchen Bedingungen? Ein solches Leben, das nur noch auf zwei Säulen ruht, ist extrem gefährdet. Eine einzige Erschütterung, und es bricht zusammen.«

Dabei schlug er einmal kräftig auf den Tisch, die Gläser klirrten, die Bestecke schepperten und die Schale rutschte, fiel auf den Tisch und warf dabei eins der Marmeladengläser um. »Was ich hiermit demonstriert habe. Und deswegen wandern wir. Morgen früh wieder ab acht Uhr. Und nun eine gute Nacht.«

Er nickte der Runde freundlich zu, schob seinen Stuhl zurück, gähnte, stand auf, reckte sich und ging. Ich folgte ihm und war zehn Minuten später eingeschlafen.

Tag drei. Aufstieg

Ich erwachte früh. Ein Traum hatte mich geweckt. Ich stand wieder in meinem alten Kinderzimmer im Haus meiner Eltern und blickte in den Garten. Doch er sah ganz anders aus, fremd, ein französischer Ziergarten voll getrimmter Buchsbaum-Kugeln und gestutzter Hecken. Auch mein Kinderzimmer war völlig verändert, andere Tapeten, andere Möbel. Wo waren meine Eltern? Waren sie nicht auf dem Friedhof? Und das Haus? War es nicht schon lange verkauft?

Ich lag auf dem Bett und dachte nach. Die alte Trauer des Kindes fiel mir wieder ein, wenn ein Geburtstag vorbei war oder Weihnachten. Man hätte alles so gerne festgehalten, den Geruch des Weihnachtsbaumes im Wohnzimmer, die festliche Stimmung im Haus und den Frieden in der Familie. Aber die Feiertage gingen vorüber, der Baum wurde abgeschmückt und auf den Müll geworfen, es gab Gänseklein und Tauwetter, die Schule fing wieder an, man wurde älter. Nichts konnte man halten, alles verging. Nur die Wolken, die am Himmel vorüberzogen, blieben, der Wind, der Wechsel.

Die Luft des niedrigen Raumes war vom harzigen Duft des Nadelholzes erfüllt, mit dem er verkleidet war. Durch das kleine Fenster fiel ein Bündel strahlenden Lichts wie durch ein Kirchenfenster. Trotzdem kostete es mich Überwindung, aufzustehen. Mein Kreuz tat weh, ebenso eine Reihe von Muskeln, von denen ich gar nicht wusste, dass ich sie hatte. Als ich das Bett verließ, zuckte es stechend durch meine Waden. Ich streckte und reckte mich, versuchte ein paar halbherzige Kniebeugen, gab aber schnell wieder auf und sah aus dem Fenster. Das Tal unterhalb des Hauses und die Berge gegenüber wirkten im Schein der flachen Morgensonne so klar, als wären sie in Kristall eingeschlossen. Ein paar frühe Wolken waren auf Wallfahrt und bekamen ihr Licht von der tief stehenden Sonne, so dass ihre Ränder safranfarben leuchteten wie die Kutten buddhistischer Mönche. Es war ein Bild, das die Augen dankbar machte und hinter ihnen eine tiefe wortlose Beruhigung ausbreitete. Die Berge besitzen wie das Meer eine besondere Faszination, weil sich so vieles ständig verändert – Licht, Wetter, Wolken, Temperatur; es ist das Zusammenspiel von Ruhe und Wechsel, das uns stundenlang ohne Ermüdung in eine Berglandschaft blicken lässt und dabei in eine meditative Stimmung versetzt; irgendwann fällt uns auf, dass wir gar nicht mehr auf die Berge, sondern in unser eigenes Inneres schauen.

Im kleinen Speiseraum war noch niemand. Aus der Küche drang das Geklapper von Besteck und das Zischen einer Kaffeemaschine. Eine schwache Aromafahne wehte über den leeren Holztisch. Ich spürte, wie Appetit in mir aufstieg, und eine Vorfreude auf das Frühstück. Wann hatte ich so etwas zum letzten Mal empfunden?

Ich trat ins Freie und holte tief Luft. Luft! Frisch und kühl, ein Energiestrom, den man atmet.

Ich dachte an die Aufgabe des gestrigen Tages, den Geschmack des Wassers aus dem Bergbach zu benennen. Wie beschreibt man den einfachsten Geschmack der Welt, der aber auch der köstlichste ist? Biete jemandem, der wirklich Durst hat, die Wahl zwischen Wasser und Champagner – er wird das Wasser nehmen. Ich hatte Durst und Lust auf einen Schluck dieses wunderbaren Wassers und ging zum Rand des kleinen Plateaus, auf dem das Haus stand, um zu schauen, wie weit entfernt der Bergbach war, dessen Rauschen man deutlich in der Morgenstille hörte.

Unterhalb des Plateaus sah ich einen Mann. Er saß auf einem Stein, blickte ins Tal und wandte mir den Rücken zu. Ich erkannte ihn trotzdem. Es war Alexander, der Kuschelbär. Ich ging das kurze Stück zu ihm hinunter und begrüßte ihn. Er sah kurz zu mir auf, lächelte und antwortete »Guten Morgen«. Dann blickte er wieder ins Tal. »Da hinten«, sagte er dann und wies auf einen Bergsattel, »das Haus. Es muss wunderbar sein, dort zu wohnen.

Es strahlt so eine Ruhe und Geborgenheit aus.« Erst jetzt wurde ich auf das Bauernhaus aufmerksam, das sich mit tief herabgezogenen Dachtraufen an den Berghang schmiegte. Es war ein Haus aus dunklem Holz, und die kleinen Fenster im Schatten des Daches waren kaum zu erkennen. Fast senkrecht stieg Rauch aus dem schmalen Schornstein in den ruhigen Morgenhimmel. Silbriggraue Kühe grasten vor dem Haus, und bis hier oben hörte man leise das Bimmeln der Glocken, die sie um den Hals trugen. Ein Bild tiefen Friedens.

»Alles muss in Betrieb sein,
Radio, Fernseher, PC,
ohne Bewegung werde ich unruhig,
dann treibt es mich aus dem Bett
und ich muss joggen ...«
ALEXANDER

»Was für ein beneidenswertes Leben«, sagte Alexander. »Bei mir zu Hause bewegt sich immerzu alles. Autos, Fernseher, Computerbilder, selbst meine Kinder sitzen schon vor ihren Gameboys und lassen Bilder zappeln. Wenn sich nichts bewegt, werde ich nervös. Deswegen bin ich aufgewacht: ich habe gespürt, dass sich nichts bewegt.«

»Ist dir das Aufstehen nicht schwer gefallen?«, fragte ich.

»Doch, aber die Unruhe war stärker.« Er machte eine kleine Pause. »Zu Hause stehe ich dann auf und schalte alles an, Radio, Fernseher, PC. Ich halte es nicht aus, wenn sich nichts bewegt.«

»Wie lange sitzt du schon hier?«

»Seit zwei Stunden. Zu Hause überfällt es mich manchmal schon um drei, dann stehe ich auf, ziehe mir Laufschuhe an und jogge eine Stunde. Aber danach ist es auch erst vier und an Schlaf leider nicht zu denken.« Wir schwiegen.

»Was machst du beruflich?«

Alexanders Hand erhob sich zu einer abwehrenden Bewegung,

aber dann ließ er sie wieder sinken. »Post«, antwortete er, »mittleres Management. Wir sind ja privatisiert worden. Alle paar Tage neue Direktiven, Strukturen, Programme. Man muss mitmachen, nach oben schwimmen oder untergehen. Aber oben wimmelt es von Haifischen. Man überlebt nur, wenn man selber einer wird.« Er sprach nicht weiter, begann aber zu summen; ich erkannte die Melodie, es war der Mackie-Messer-Song aus der Dreigroschenoper. Alexander sang leise: »›Ach es sind des Haifischs Flossen rot, wenn dieser Blut vergießt ...‹« Plötzlich sprach er weiter: »Was das wohl für ein Gefühl sein wird, wenn man eines Morgens aufwacht und sieht, dass man Blut an den Händen hat? Und wie rasiert man sich eigentlich, wenn man sich nicht mehr in die Augen gucken kann?« Er zeigte wieder auf das Haus. »Es war genau fünf Uhr, als der Rauch aus dem Schornstein gestiegen ist. Kurz darauf kam ein Mann aus dem Haus und hat eine Weile vor der Tür gestanden und in alle Richtungen geschaut. Jetzt frühstückt er wahrscheinlich gemütlich mit seiner Familie. Beneidenswert.«

»Er ist allein.«

Weder Alexander noch ich hatten bemerkt, dass Toni zu uns gekommen war. Er stand hinter uns und hatte anscheinend die letzten Sätze gehört. »Ein alter Bauer wohnt in dem Haus. Allein. Seine Frau ist schon vor Jahren gestorben, der Sohn bei einem Unfall umgekommen. Und die Tochter lebt in der Stadt. Im Winter ist der alte Mann manchmal wochenlang von der Außenwelt abgeschnitten.«

»Mein Gott«, Alexander war erschüttert. Für ihn hatte sich das Bild beschaulichen Friedens, das er wahrgenommen hatte, offenbar mit einem Schlag geändert.

»Der Mann ist allein«, fuhr Toni fort, »aber nicht einsam. An jedem Sonntag, wenn das Wetter es zulässt, geht er ins Tal zur Messe. Anderthalb Stunden hin, anderthalb Stunden zurück. Auf dem Rückweg nimmt er geweihtes Wasser aus der Kirche mit. Und an jedem Morgen tritt er vor seine Hoftür und sprengt etwas von diesem Weihwasser in die vier Himmelsrichtungen.«

»Das war es, was ich heute Morgen gesehen habe.«

»Ja. Es ist seine Art von Gottesdienst. Der Glaube schützt und stärkt ihn. Er glaubt ganz fest an den lieben Gott und vertraut darauf, dass er nach seinem Tod in den Himmel kommen und dort seine Frau und seinen Sohn wiedersehen wird.«

»Vertrauen«, murmelte Alexander leise. Es klang wie ein exotisches Reiseziel, von dem er seit seiner Kindheit träumte.

»Man kann es lernen.« Toni lächelte. »Aber eigentlich bin ich gekommen, um euch zum Frühstück zu holen.«

Als wir eine Stunde später aufbrechen wollten, kam es zu zwei Zwischenfällen. Der erste wurde durch unsere nette Wirtin ausgelöst, die uns mit der Rechnung hinterherkam, weil es anscheinend eine Unstimmigkeit gab. Eine Flasche Wein war nicht bezahlt worden.

Toni und der Doktor sahen sich stirnrunzelnd die Rechnung an, als Alexander sich plötzlich einmischte. Er war ein wenig verlegen. »Das ist schon in Ordnung«, brummte er, »die Flasche geht auf mich. Ich musste gestern Abend noch einen Schluck haben.«

»Einen *Schluck?*«, fragte der Doktor mit hochgezogenen Augenbrauen, gab aber keinen weiteren Kommentar ab.

Alexander zahlte, wir gingen.

Die Gruppe passierte gerade das kleine Nebenhaus unserer Unterkunft, in dem unsere Wirtin wohnte, als es zum zweiten Zwischenfall kam. Aus der Gartenpforte kam ein Hund mit wahnsinnigem Gekläffe und gefletschten Zähnen auf uns zugerannt. Es war eher ein Hündchen, ein Terrier, halb so groß wie mein Rucksack, aber Annabel, die ihm am nächsten war, bekam einen furchtbaren Schreck, schrie auf und begann dann laut zu schluchzen. Toni war mit zwei Schritten neben ihr und vertrieb den Kläffer, der sich nach den energischen Tönen still hinter den Lattenzaun des Gartens zurückzog.

Der Doktor kümmerte sich um Annabel, führte sie zu einer Bank, nahm ihr den Rucksack ab und hielt ihren Kopf. Sie weinte hemmungslos. Wir warteten. Schließlich nahm der Doktor ihr

Gesicht in seine Hände und sagte: »Es ist vorbei. Wir wollen weitergehen.«

»Ich kann nicht.« Annabel wollte im Dorf bleiben, zurück ins Tal, nach Hause. Die Hundeattacke hatte sie völlig verstört. Es kam mir vor, als sei bei ihr mit einem Ruck der Schorf von einer alten Verletzung abgerissen worden – falls da überhaupt je Schorf gewesen war. Sie setzte sich auf die Eingangsstufe eines Hauses und zitterte so stark, als habe sie Schüttelfrost.

Der Doktor bat uns, die Rucksäcke noch einmal abzusetzen. Wir müssten Geduld haben.

Dann ging er zurück zu Annabel und setzte sich neben sie. Wir sahen, dass er auf sie einredete, aber zunächst schien er keinen Erfolg zu haben. Mit leerem Blick starrte sie auf den Boden, bebend, teilnahmslos, ohne Reaktion. Der Doktor gab nicht auf, gestikulierte, redete immer weiter. Irgendwann hob sie den Kopf und sah ihn an. Er schien sie anzufeuern. Endlich antwortete sie ihm. Ein Dialog begann, anfangs mit langen Pausen, dann etwas lebhafter.

Als ihr Verhalten wieder normal wirkte, zeigte ihr der Doktor Atemübungen, die sie endlich nachmachte. Man sah, wie Annabel langsam und tief einatmete, den Atem anhielt und dann langsam wieder ausatmete.

Der Doktor erhob sich und kam zu uns.

»Sie sind alle hier«, begann er, »weil jeder von Ihnen ein Bündel von Problemen mit sich herumschleppt. Es sind schwere Probleme, und sie sind deswegen schwer, weil Sie keine Lösungen finden. So geht es auch Annabel. Jeder Mensch, der mit einem Problem kämpft, egal ob es die Trennung von einem Partner ist oder die Lösung einer Mathematikaufgabe, geht in den eigenen Innenraum und umkreist sein Problem. Mit vollkommener Konzentration und höchster Anspannung. Diese Anspannung lässt normalerweise nach, wenn das Problem gelöst wird: Man trennt sich vom Partner, man löst die Mathematikaufgabe. Wird das Problem aber nicht geklärt, steigt die Anspannung weiter an; denn unser innerer Computer forscht unablässig alle Erinnerungen und alten Erfahrungsfelder nach Problemlösungsmöglichkeiten durch. Jeder weiß, wie schreckhaft oder auch aggressiv Menschen reagieren, die in einer solchen Phase höchster innerer Anspannung plötzlich von einem Außenreiz gestört werden, einem klingelnden Telefon, einer knallenden Tür, einem schreienden Kind. Sie haben das Gefühl, nur hermetische Abschottung nach außen und Konzentration auf ihren Innenraum kann zur Lösung ihres quälenden Problems führen. Doch das Gegenteil ist richtig. Immer mehr werden sie zu Gefangenen ihres eigenen Inneren. Die Gedanken laufen nur noch im Kreis, werden zu Zwangsgedanken, und aus Hilflosigkeit werden Angst, Wut und Hoffnungslosigkeit. Die Wahrnehmung der Außenwelt ist dann gestört und hört irgendwann ganz auf. Das ist einer der Gründe für unsere Wanderung: Ich habe Sie dazu eingeladen, um unsere verengten und verschütteten Wahrnehmungskanäle wieder zu öffnen und dann die Öffnung zur Außenwelt in ihrem ganzen sinnlichen Reichtum wieder möglich zu machen.«

Der Doktor sah hinüber zu Annabel, die immer noch ihre Atemübungen machte, jetzt aber ruhiger wirkte. »Bei unserer Mitwanderin ist vorhin leider etwas anderes passiert. Die Hundeattacke, dieser für sie brutale, überfallartige Außenreiz hat ihr mühsam stabil gehaltenes Abwehrsystem zusammenbrechen lassen. Dadurch ist sie völlig in die Zelle ihrer inneren Angst eingesperrt worden, unfähig, noch irgendetwas von der Außenwelt wahrzunehmen. Man erlebt das häufig, dass ein Mensch unter extrem hoher Anspannung einfach zusammenklappt, wenn ihn noch irgendeine zusätzliche Erschütterung trifft. Oft verkriechen sich diese Menschen dann in ihre Wohnung, ins Bett, in sich selbst; sie sind wie Schnecken, schließen ihr Häuschen und sind für andere unerreichbar.«

Stefan, der ernste PR-Mann, nickte. »Ich habe so was schon erlebt«, sagte er und ließ dabei offen, ob bei sich oder anderen. »Was kann man in einer solchen Situation tun?«

»Man muss unterscheiden lernen«, antwortete der Doktor. »Nur langfristige Hilfe schafft die Lösung des Problems. Aber als kurzfristige Erste-Hilfe-Maßnahme muss man solche Menschen aus ihrem Gefängnis herausholen, das heißt den Kontakt zur Außenwelt wieder herstellen. Dadurch werden andere Bereiche des Gehirns aktiviert als die, in denen das Krisengewitter tobt, und das führt zu Spannungsabbau und einer Normalisierung der Gefühle. Ich habe mit Annabel etwas gemacht, was mir mein Doktorvater beigebracht hat. Er hat es die ›Übung des kahlköpfigen Psychiaters‹ genannt. Der alte Professor hatte nämlich eine Glatze mit nur noch ein paar spärlichen Resthaaren darauf und hat bei Patienten wie Annabel behauptet, dass er unbedingt die Kontrolle über ihre Anzahl behalten wollte; dann ließ er sie seine Haare zählen.«

»Und das hilft?« In Stefans Stimme hörte man Skepsis.

»Alles hilft, was die Außenwahrnehmung wieder anschaltet. Das Zählen von Autos, die auf der Straße vorbeifahren; das Suchen von allem, was im Blickfeld eine rote Farbe hat. Noch besser ist es, wenn man mit einem solchen in sich selbst eingesperrten Menschen das alte Kinderspiel Ich-sehe-was-was-du-nicht-siehst spielt. Macht er mit, hat er die Krise schon halb überwunden. Der Rest ist dann Stabilisierung durch einfache Atemübungen, damit sich die innere Anspannung auch körperlich lockert.«

Beruhigungsatem

Setzen Sie sich bequem hin, richten Sie Ihren Oberkörper gerade auf, recken Sie den Kopf nach oben, so dass sich Ihre Wirbelsäule gut streckt.
Lassen Sie jetzt den Kopf nach unten sinken und den Oberkörper locker in sich zusammensacken. Konzentrieren Sie sich auf Ihren Atem.
Atmen Sie langsam und tief ein und zählen Sie beim Einatmen innerlich »einundzwanzig, zweiundzwanzig, dreiundzwanzig«.
Dann halten Sie den Atem an, machen eine kurze Pause und atmen langsam und kräftig aus. Dabei zählen Sie wieder »einundzwanzig, zweiundzwanzig, dreiundzwanzig«.

Nach dem Ausatmen machen Sie wieder eine kurze Pause und beginnen von vorn.
Versuchen Sie, das Ein- wie das Ausatmen schrittweise zu vertiefen und zu verlangsamen, indem Sie jeweils einen Zähler dazu nehmen. Viele Menschen kommen bis sechsundzwanzig, manche sogar bis achtundzwanzig.
Durch die Konzentration auf das Atmen und das gleichzeitige Zählen werden Sie mental fokussiert und abgelenkt von angstauslösenden Gedanken. Sie gewinnen Abstand zu dem Ereignis oder der Situation, die den Spannungsanstieg in Ihnen hervorgerufen hat. Das langsame und konzentrierte Atmen wirkt entspannend und hilft, die angestiegene Anspannung abzubauen.

Tatsächlich schien das Erste-Hilfe-Programm bei Annabel funktioniert zu haben. Sie stand auf und kam zu uns. »Ich glaube, es geht jetzt wieder«, sagte sie leise.

Stefan nahm sie in den Arm. »Bestimmt geht es, wir helfen dir.«

Alle schulterten ihre Rucksäcke, und die Tagesetappe begann. Unser Weg führte anfangs bergab, in ein schroffes braunes Hochtal, das nur aus Stein und Geröll zu bestehen schien. Flechten und Moos waren die einzigen Pflanzen. Die Gruppe ging stumm. Wir folgten auf der Talsohle einem markierten Weg, der sich bald wieder nach oben wand und dann steil wurde. Das Gehen war beschwerlich. Immer wieder rutschten die Füße weg, wenn sie auf Geröllbrocken traten, manchmal stolperte man mehr als man ging. Die Sonne schien inzwischen kräftig in das steinige Tal. Alle schwitzten, und ich sah, dass Annabels Gesicht unter dem Schweiß weiß war. Schließlich waren wir so hoch gestiegen, dass neben dem Weg erste Flecke und dann Felder von Schnee auftauchten, alt, verharscht und grau. Toni folgte dem Weg noch ein gutes Stück weiter nach oben und ließ uns dann stoppen. »Fünf Minuten Pause! Dann gehen wir den Hang hinauf.«

Ich betrachtete den Hang und erschrak. Es war ein Nordhang,

der im Schatten des Berggipfels lag. Er war steil, und der größere Teil von ihm lang unter einer festen Schneedecke. Dort hinauf?

Ich spürte den Unmut in der Gruppe, die Mischung aus Ärger und Angst. Annabel sah verzweifelt aus, und auch Stefan und Alexander wirkten, als wollten sie auf dem Absatz kehrtmachen; vielleicht hätten sie es getan, wenn der Weg zurück nicht so weit gewesen wäre. Ich bin sicher, dass auch Toni und der Doktor die Stimmung der Gruppe spürten. Aber Toni schwieg und der Doktor sagte zunächst nur: »Ich versichere Ihnen, dass es nicht gefährlich ist.« Und dann fügte er mit Nachdruck hinzu: »Haben Sie Vertrauen!«

Toni wandte sich an Alexander, der immer noch wie ein Bär wirkte, obwohl dieser Bär seit der Wein-Episode am Morgen auf etwas wackligen Beinen zu stehen schien, und bat ihn, unmittelbar hinter ihm zu gehen und sorgfältig auf seine Fußstapfen zu achten. Die anderen sollten wieder in Gänsemarschformation folgen, also genau in den Spuren ihres Vordermannes.

Wir setzten uns in Bewegung, der Doktor bildete den Schluss.

Es war leichter, als ich gedacht hatte. Der Schnee bildete nur eine dünne, verharschte Schicht, die leicht zu durchtreten war und dann sicheren Stand bot. Toni schien die Senken, in denen sich tieferer Schnee gesammelt hatte, genau zu kennen und wich ihnen geschickt aus. Das Tempo, das er anschlug, war moderat. Keiner kam außer Atem, und nach den ersten zwanzig Metern begann dieses langsame Steigen Schritt für Schritt richtigen Spaß zu machen. Mit jedem Meter gewann man spürbar mehr an Höhe und Überblick. Jetzt zeigte sich aber auch, wie richtig die Entscheidung unseres Führers gewesen war, darauf zu bestehen, dass wir alle feste Bergschuhe trugen; die bequemen Jogging-Schuhe, die manche gestern nur unwillig ausgezogen hatten, hätten im harten Schnee keine Sicherheit geboten.

Es dauerte fast eine Stunde, bis wir den Kamm erreicht hatten. Toni führte uns ein Stück auf ihm entlang und dann auf der anderen Seite ein paar Meter hinab auf ein kleines Hochplateau. Hier auf der Südseite hatte die Sonne allen Schnee geschmolzen, wir ließen uns im dürren Gras und auf großen Steinen nieder und schauten hinaus in die Berglandschaft. Der Blick war überwältigend. Fern die weißen Zinnen einer Hochgebirgskette, davor, tief gestaffelt, Bergmassive, Gipfel, Höhenzüge in den unterschiedlichsten Farben, unterteilt von den dunklen Furchen der Täler. Auf einem flachen Bergsattel tief unter uns sah man das Dorf und das Haus, das wir heute Morgen verlassen hatten.

Toni holte dunkles Brot aus seinem Rucksack, Äpfel, ein großes Stück Tiroler Speck und ein noch größeres Stück Bergkäse. Er brach das Brot, schnitt den Speck in Scheiben, den Käse in Stücke und breitete das Mahl auf einem Regenponcho aus. Alle hatten Hunger und griffen zu. Das Brot schmeckte mir so würzig wie lange kein Brot mehr. Woher hatte es sein besonderes Aroma? Wer hatte es gebacken? Toni lachte nur. »Es ist das gleiche Brot, das ihr zum Frühstück gegessen habt. Nicht das Brot ist anders, ihr seid es. Das Steigen und der Hunger haben euren Geschmack verändert.«

»Als Kind musste ich einmal in der Geisterbahn fahren, danach sah ich in jeder dunklen Ecke Gespenster und Skelette und konnte lange nicht ohne Licht schlafen ...«
ANNABEL

Nach dem Essen legte der Doktor seinen Arm um Annabel und führte sie an den Rand des Plateaus. »Sehen Sie, da unten ist das, was Ihnen heute Morgen so viel Angst gemacht hat. Aber es ist ganz klein geworden. Sie haben es weit hinter sich gelassen.« Annabel nickte. »Man kann auf alte Ängste zurückblicken wie auf diesen lächerlichen Kläffer da unten«, fuhr er fort, »und man wird feststellen, dass sie überwunden und Vergangenheit geworden sind.« Dann fragte er, wovor sich Annabel als Kind am meisten gefürchtet hätte.

»Vor Dunkelheit«, antwortete sie. Ihr älterer Bruder hatte sie als kleines Mädchen mal auf einem Jahrmarkt in eine Geisterbahn mitgenommen, wo sie vor Angst fast gestorben war. Danach sah sie in jeder dunklen Ecke die Gruselgestalten und Skelette aus der Geisterbahn und konnte monatelang nicht mehr ohne ein Licht neben ihrem Bett schlafen.

»Das Licht hat die Angst gebannt«, bemerkte der Doktor, »es war das sichtbare Zeichen dafür, dass Sie Vertrauen haben konnten. Vertrauen in Ihre Eltern, die nebenan schliefen und Sie hörten, wenn Sie gerufen haben. Irgendwann hatten Sie dann genügend Vertrauen zu sich selbst und brauchten das Licht nicht mehr. Wer unter Angst leidet, muss als Erstes lernen, wieder Vertrauen zu entwickeln. Wir hatten alle Angst vor dem Aufstieg in den verschneiten Hang. Aber wir haben Toni vertraut und unsere Angst überwunden. Der heutige Tag steht unter dem Thema des Perspektivenwechsels. Ein Hund, der unten im Tal furchterregend erschien, ist von hier oben betrachtet lächerlich klein. Eine große fürchterliche Angst in der Kindheit ist aus der Sicht des Erwachsenen lächerlich. Jede Angst ist eine Frage der Betrachtung. Sie nimmt genau den Raum ein, den wir ihr geben. Nicht wir sind von ihr abhängig, sie ist es von uns.«

Der Doktor schwieg, und wir hingen unseren Gedanken nach. Ich dachte an die zurückliegende Trennung von meiner Familie und wusste: Es stimmt. Was hatte ich vorher für Ängste ausgestanden! Mein erster Sohn war gestorben, als er fünf Jahre alt war. Danach hatte ich panische Angst davor gehabt, noch einmal ein Kind zu verlieren. Als meine Ehe dann düsterer und düsterer wurde, ertrug ich alles aus Furcht davor, bei einer Trennung meine Kinder zu verlieren. Ich wusste genau, in welch skandalöser Weise Väter bei der gerichtlichen Entscheidung über Kinder benachteiligt werden, und gab allen Anmaßungen meiner Frau nach, nahm alle Demütigungen hin, sogar den neuen Mann in ihrem Leben, den »guten Kollegen«, der sie abholte und nach Hause brachte und sogar auf Reisen begleitete – alles schluckte ich aus Angst. Bis mein Leben so bitter war wie die Miene meiner Frau, wenn sie mich sah. Manchmal kam mein kleiner Sohn nachts, wenn er einen Albtraum gehabt hatte, in mein Bett gekrochen;

dann schmiegte er sich an mich und schlief beruhigt wieder ein, während ich mit hämmerndem Herzen wach lag und versuchte, mir einen Alltag ohne ihn vorzustellen; es zerriss mein Herz. Also wartete ich voller Angst auf den Morgen und die nächsten Gemeinheiten meiner Frau. Immer enger wurde mein Herz, mein Atem, mein Leben. Am Ende nahm ich selbst diejenigen kaum noch wahr, derentwegen ich so große Angst hatte: meine Kinder. Nur die Angst selbst nahm ich wahr, sie war der König, ich ihr Vasall; ich war der Untertan eines absolutistischen Herrschers, der nichts mehr neben sich duldete. Alles tat ich diesem Herrscher zuliebe, alles duldete ich, um die Trennung zu vermeiden. Aber dann kam sie doch. Und es war eine tiefe Talsohle, in der ich dachte, die Panik würde mich überwältigen. Doch sie tat es nicht. Die Trennung selbst war die Wende. Gelähmt hatte mich die Angst, die befürchtete Katastrophe befreite mich. Ich konnte wieder nach vorne schauen und die Zukunft ins Auge fassen. Die Nächte ohne Schlaf gingen vorüber, und die Tage ließen den Atem wieder freier werden. Der Kopf hob sich, der Stolz kehrte zurück. Und als ich dann endlich meine Kinder wiedersah, wusste ich, dass ich sie nicht verloren hatte und nicht verlieren würde.

Meine Frau ersparte mir nichts. Es gab noch viele Momente von Mutlosigkeit und Niedergeschlagenheit. Aber die Angst war verschwunden. Und heute blicke ich auf sie zurück wie auf die Hütte dort unten im Tal und den widerwärtigen Kläffer, der sie bewachte: eine ferne, unangenehme Erinnerung. Nicht mehr.

Toni hatte mit dem Fernglas das gegenüberliegende Bergmassiv beobachtet und eine Gruppe Gämsen entdeckt. Er zeigte sie uns. Wenn sie auf Schneefelder kamen, konnte man sie auch mit bloßem Auge erkennen, braune Flecken, die gemächlich die Bergflanke querten. Sie näherten sich einem Steilhang, der unter einer geschlossenen Schneedecke lag. Davor verharrten die Tiere. »Passt auf, was jetzt geschieht«, sagte Toni. Die Gämsen beäugten die Schneefläche. Dann löste sich ein Tier aus dem Rudel, sprang in den Hang und sofort mit einem großen Satz wieder zurück auf den Felsen. Die Tiere warteten, und dann wiederholte sich der

Vorgang noch dreimal. »Sie ist die älteste und erfahrenste des Rudels«, erläuterte Toni. »Sie testet die Festigkeit des Schnees. Wenn sie die Passage für sicher hält, gehen alle.«

Tatsächlich setzte sich das Rudel Gämsen jetzt in Bewegung, querte den Hang, die alte Ricke voran, und verschwand um eine Felsnase.

»Lernen wir von den Gämsen«, forderte der Doktor uns auf. »Sie haben Angst davor, mit einem Schneebrett abzurutschen und abzustürzen, aber da sie ihren Weg fortsetzen wollen, lassen sie sich nicht von dieser Angst lähmen. Sie haben Vertrauen, und Vertrauen schlägt Angst. Lassen Sie uns gemeinsam eine Übung machen, die beides beinhaltet, Perspektivenwechsel und Vertrauenstraining.«

Wo Dunkel war, wird Licht

Schließen Sie Ihre Augen fest und stellen Sie sich vor, dass Sie in einem absolut dunklen Raum sind. Einem Raum ohne Fenster, Tür oder Glühbirne, ohne irgendeine Lichtquelle.
Sie haben keine Vorstellung davon, wie groß der Raum ist, ob Sie allein in ihm sind oder gemeinsam mit anderen.
Sie haben auch keine Vorstellung davon, wie lange Sie schon in diesem Raum sind, und verlieren schnell jedes Gefühl für Zeit.
Lassen Sie sich Zeit.
Lassen Sie die Schwärze des Raums auf sich wirken, bis Sie sie körperlich spüren. Die Dunkelheit fasst Sie an, umklammert Sie regelrecht, und es kostet Sie Anstrengung, nicht die Augen zu öffnen. Doch Sie tun es nicht.
Stellen Sie sich jetzt vor, dass ein Loch von außen in die Wand des Raums gebohrt wird, ein winziges Loch nur, aber es fällt plötzlich ein Lichtstrahl hinein; er ist sehr dünn und ganz schwach, aber er genügt, um Sie den Raum erkennen zu lassen.

Stellen Sie sich den Raum vor, seine Möbel, seine Wände.
Und dann stellen Sie sich vor, wie Sie zu dem Loch gehen und es erweitern: mit einem Werkzeug, das Sie gefunden haben, einem Küchenmesser oder Ihren Händen. Sie kratzen und stoßen und meißeln, und das Loch wird größer und größer, und immer mehr Licht kommt herein.
Dann können Sie hinaussehen. Sie sehen eine weite, lichtüberflutete Landschaft. Und jetzt spornen Sie alle Kräfte an und reißen Steine aus der Mauer, bis das Loch so groß ist, dass Sie hindurchkriechen können.
Und nun sehen Sie die Person, die Ihnen geholfen und das Loch von außen gebohrt hat.
Stellen Sie sich ihr Gesicht vor. Wie sieht es aus? Ähnelt es Ihrem Vater? Ihrer Mutter? Einem Bruder? Einem Freund? Die Person lächelt Sie an. Und verweist Sie auf die Landschaft, die Ihnen zu Füßen liegt. Die Welt, die Ihnen gehört.
Und jetzt öffnen Sie die Augen und schauen sich um. Mit neuen Augen in einer neuen Welt.

Der Wechsel war überwältigend. Obwohl es die gleiche Gebirgslandschaft war, vor der wir erst vor ein paar Minuten die Augen verschlossen hatten, leuchtete sie jetzt lichtüberglänzt mit einer Strahlkraft, die manchen von uns Tränen in die Augen trieb.

»Ich rate Ihnen, diese Übung immer dann zu machen, wenn das Dunkle in Ihrem Leben überhand nimmt. Ein einziger winziger Lichtstrahl verändert alles. Schauen Sie sich um, es gibt immer jemanden, der für diesen Lichtstrahl sorgt und uns damit das Ziel weist, wie wir uns wieder ans Licht kämpfen.«

Toni drängte jetzt zum Aufbruch. Wir stiegen einen schmalen gewundenen Pfad hinab, kamen an einem tosenden Wasserfall vorbei und gelangten nach anderthalb Stunden auf eine Senke, die von dem Bach, in den sich der Wasserfall verwandelt hatte, durchströmt wurde. Das Gras dort wuchs üppig, und eine Felsformation überragte die Wiese zum Tal hin und schützte sie gegen scharfen

Wind. In der Mitte erkannte man einen Kreis aus großen Steinen. Toni führte uns zu einem mächtigen Solitärstein am Rand der Wiese. Er zeigte auf eine deutliche, lang gezogene Vertiefung, die sich oben auf dem Stein befand, und sagte: »Ein Schalenstein. Der Fels besteht aus Gneis, die Vertiefung ist wahrscheinlich mit einem Quarzstein gebohrt oder geschabt – vor ungefähr fünftausend Jahren. Es gibt etliche von diesen Schalensteinen hier oben, aber niemand kennt ihre Bedeutung. Manche geben ihnen eine rituelle Bedeutung, andere glauben an steinzeitliche Markierungen oder Wegweiser. Sicher ist nur, dass Menschen diese Orte hier oben schon vor Tausenden von Jahren erschlossen haben, für sich und die Schafe, die sie im Sommer auf solchen Wiesen weiden ließen. Auch die Menschen, die damals wahrscheinlich noch eine bessere Intuition für Naturkräfte hatten, schöpften hier neue Kraft.«

In der Mitte der Wiese lag der Steinkreis, ein Rund aus unregelmäßig großen Felssteinen, das ungefähr einen Durchmesser von fünf Metern hatte. Toni forderte uns auf, darin Platz zu nehmen, und riet uns, die Schuhe auszuziehen; es war eine Wohltat, die schmerzenden Füße ins kühle Gras zu stellen. So verharrten wir. Schweigend.

Ich schloss die Augen und wartete. Es war absolut still. Kein Wind, kein Vogel, keine Biene war zu hören. Es vergingen vielleicht zwei, drei Minuten – dann passierte etwas. Aber was? Irgendetwas breitete sich vom Bauch aus langsam im Körper aus, ein Gefühl von gelassener Schwere und entspannter Ruhe, ja auch eine Empfindung von Stärke, ähnlich dem Gefühl zufriedener Sättigung nach einem köstlichen Essen oder der wollüstigen Entspanntheit nach gutem Sex, wenn man ganz eins und einig ist mit sich und der Welt. So, als ob man von innen gestreichelt würde und alle Anspannung abklingt. Ich weiß nicht, wie lange ich so sitzen blieb und dieses Gefühl genoss.

Als ich die Augen wieder öffnete, sah ich, wie Toni lächelte. »Unsere Vorfahren sind vor langer Zeit zum ersten Mal hier hochgekommen«, erzählte er. »Wahrscheinlich waren es Jäger, die den Gämsen und Steinböcken folgten und dann die Weiden entdeckten, die wir heute Almen nennen. Sie brachten ihre Schafe hinauf, und irgendwann beschlossen sie, im Herbst nicht mehr hinunterzugehen in die Täler, sondern dem Winter hier oben standzuhalten. Es muss ein hartes Leben gewesen sein, bedroht von Kälte, Hunger, Lawinen, Bergrutschen, wilden Tieren, und es gab gute Gründe, große Angst zu haben. Die Kultplätze, deren Reste wir heute noch finden, sind Zeugen dieser Angst; Versuche, die bedrohlichen, Angst einflößenden Mächte der Natur gnädig zu stimmen. Denn die Natur war bedrohlich. Aber sie bot auch Plätze wie diesen, und unsere Vorfahren fanden sie: Orte voll urtümlicher Kraft, die der Mensch spüren und aufnehmen konnte. Nicht nur der Mensch übrigens, auch die Tiere. Schafe sammeln sich bis heute an Plätzen wie diesem und verharren hier viele Stunden. Die Natur bietet uns solche Möglichkeiten, innere Ruhe und neue Kraft zu sammeln. Wir müssen sie nur finden und nutzen.«

***»Wenn ich meine Wohnung verlasse,
bin ich in jeder Richtung
von zwei Millionen Menschen umgeben.
Natürliche Ruhe-Oasen kommen da nicht vor,
und der Ratschlag, sie zu nutzen,
ist einfach lächerlich ...«***
STEFAN

»Wissen Sie, wo ich wohne? Haben Sie eine Ahnung, wie es da aussieht?« Es war der ernste und fürsorgliche Stefan, der sich jetzt zu Wort meldete, unüberhörbaren Protest in der Stimme – der blasse PR-Mann, der bisher so wenig gesagt hatte. Als er jetzt mit spürbarer Erregung sprach, wusste ich sofort, woher er kam. Stefan war Berliner. »Wenn ich meine Wohnung verlasse, bin ich in jeder Himmelsrichtung von zwei Millionen Menschen umgeben, die auch alle in Häusern aus Stein und Beton wohnen. Wo soll ich einen Platz wie diesen finden? Ja, ich habe auch gespürt, dass hier eben etwas Besonderes mit mir geschehen ist. Aber ich habe keine

Chance, es in mein Alltagsleben einzubauen. Ein solcher Ratschlag ist doch lächerlich.«

Der Doktor sah ihn ruhig an und entgegnete dann: »Warum? Er ist überhaupt nicht lächerlich. Sie werden etwas von der gleichen Kraft spüren, wenn Sie in Ihrer Stadt in den nächstgelegenen Park gehen, sich barfuss ins Gras stellen und auf die Empfindungen in Ihren Fußsohlen konzentrieren. Noch besser, Sie legen sich ins Gras. Es ist sicherlich ein Riesenfortschritt für die Menschheit gewesen, als sie den aufrechten Gang entwickelt hat. Aber wir haben uns dabei auch sehr weit von der Erde entfernt und kaum noch direkten Kontakt zu ihr. Das hat uns eine wichtige Quelle kreatürlicher Kraft versperrt. Warum machen Menschen Picknicks? Warum nehmen sie die Unbequemlichkeit auf sich, auf einer Wiese zu liegen und dort in hockender und gebückter Position Brot zu brechen und Käse zu schneiden, statt das alles an einem bequemen Tisch zu tun? Weil sie tief in ihrem Unbewussten wissen, dass sie sich immer wieder ›erden‹ müssen, und dass es nicht die Energie von Brot und Käse allein ist, die sie beim Picknick aufnehmen. Gewiss ist hier auf dieser Hochgebirgswiese eine ganz besondere Kraftquelle wirksam, wie wir sie nicht in städtischen Parks finden. Aber das Erlebnis, das Sie hier hatten, wird Sie in den Alltag begleiten und ermöglichen, dass Sie sich auch dort die Erde als Kraftquelle zunutze machen. Auch das kann ein wichtiges Stück Perspektivenwechsel sein, sich die Lederschuhe auszuziehen und barfuss durch das warme Gras einer Sommerwiese zu gehen. Sie werden dabei feststellen, welch unmittelbaren Einfluss diese Körperempfindung auf Ihre Gedanken und Gefühle hat. Denn Denken, Fühlen, Wahrnehmen und Verhalten sind in einem Erlebenskreislauf mit Wechselwirkung angeordnet. Und wenn sich Gedanken zwanghaft im Kreis drehen oder Gefühle sich ausweglos in Richtung Angst und Verzweiflung bewegen, dann kann schon die Wirkung einer elementar anderen Wahrnehmung Befreiung aus diesem inneren Gefängnis bewirken. Das werden Sie als Erfahrung und als Anwendungsmöglichkeit mit in Ihren Alltag nehmen und in Ihr Buch der ›Hausaufgaben‹ eintragen. Eben haben Sie eine besondere Wahrnehmung über die Haut und den Kontakt zur Erde gemacht. Gestern haben Sie schon gelernt, Ihre Augen für andere Dinge zu öffnen als bisher. Und in den nächsten Tagen werden Sie Gelegenheit haben, auch die Wahrnehmungskanäle Ihrer Ohren und Nase weiter zu öffnen. Und dass das Brot hier oben anders schmeckt und die Wahrnehmung des Geschmacks eine andere ist, haben Sie ja auch schon selber festgestellt. Nach dieser langen Rede nehmen wir uns nun wieder Zeit, der Stille der Berge zu lauschen. Und dabei kann jeder die Erfahrung, die er eben gemacht hat, in seinem ›Hausaufgabenbuch‹ festhalten.«

Annabel, Bea und Carola begannen zu schreiben. Die Männer lauschten der Stille. Und es war dabei so ähnlich wie beim bewussten Trinken des Quellwassers und beim Einatmen der Bergluft. Das, was eigentlich nur dadurch benennbar war, dass es nicht vorhanden ist, Geschmack, Geruch und jetzt Geräusch, gewann plötzlich sinnliche Wahrnehmbarkeit. Stille, die man hören konnte. Wie Luft, die man streicheln kann. Aber dann war da plötzlich ein Geräusch, leise und sehr fern, ein Ruf, den man kaum beschreiben kann, selig und selbstbewusst und sehr erhaben. Norman, der Immobilienmakler und Witzbold, der den ganzen Tag so still gewesen war, entdeckte als Erster die beiden Punkte, die auf der Höhe des gegenüberliegenden Bergkamms am westlichen Himmel langsame Kreise zogen.

»Adler«, erklärte Toni, »Steinadler, ein Pärchen.«

Fasziniert beobachteten wir sie.

»Sie suchen nach Beute. Eine verletzte Gämse, ein Murmeltier, das nicht aufpasst.«

Die wunderbare Schwerelosigkeit und Mühelosigkeit ihres Flugs vor dem unendlichen Himmelsblau besaß eine beeindruckende kraftvolle Leichtigkeit.

»Da schwebt mein Traum«, murmelte Alexander, der Bär, halblaut. »Fliegen können. Mich einfach über alle Niedrigkeit erheben und sie unter mir lassen, bis sie ganz klein und bedeutungslos geworden ist. Gott, wie oft habe ich das geträumt als Kind. Heute macht mich der Anblick nur noch traurig.«

»Ich träume nicht mehr, ich bin erwachsen,
ich werde jetzt zum Hai befördert
und soll anderen das Fleisch aus dem Leib reißen –
und meine Angst liegt vor mir wie ein Dreitausender
und ist jeden Morgen um ein paar hundert Meter gewachsen ...«
ALEXANDER

»Warum«, fragte der Doktor. »Warum haben Sie aufgehört, Ihren Traum zu träumen? Träume sind Nahrung für die Seele. Sie verhungert, wenn Sie nicht mehr träumen.«

»Aber ich bin erwachsen«, erwiderte Alexander. »Man muss sich mit Realitäten abfinden. Der Mensch kann nicht fliegen.«

»Aber er kann sich über Niedrigkeit erheben, bis sie klein und bedeutungslos geworden ist.«

»Ja, ja, ich weiß, Gedankenspiele, schöne Worte. Sie helfen mir nicht.« Alexander starrte weiter auf die beiden Punkte, die noch immer ihre Kreise drehten und sich dabei höher und höher in den Himmel schraubten. »Ich muss mich damit abfinden, dass ich nicht zu den Adlern gehöre, sondern zu den Haien, die sich auf andere stürzen und ihnen das Fleisch aus dem Leib reißen.«

Alle schwiegen und warteten ab. Auch Alexander schwieg. Er schien gar nicht die Absicht gehabt zu haben, weiterzusprechen, aber dann tat er es doch. Und nachdem er einmal begonnen hatte, wirkte er unendlich erleichtert; froh, sich endlich etwas von der Seele reden zu können.

»Ich sollte eigentlich zufrieden sein«, begann er, »ich habe eine nette Frau, zwei niedliche Kinder und Arbeit. So was ist ja heute nicht mehr selbstverständlich. Ich habe auch den Veränderungen in meinem Job ganz gut standgehalten und weine den alten Zeiten der Post, bei der ich einmal angefangen habe, nicht nach. Aber manchmal ist das Tempo der Umstellungen, seit wir Telecom sind, wirklich brutal. Da fällt es einfach schwer, abends abzuschalten und umzuschalten auf Familie und Feierabend. Ich glaube, mein Rotweinkonsum hat sich in den letzten Jahren verdoppelt. Aber seit zwei Monaten hilft auch kein Rotwein mehr. Bevor ich im Juli mit meiner Familie in die Ferien gefahren bin, hat mein Vorgesetzter mich zu sich gebeten und mir im Vertrauen eröffnet, dass meine Abteilung mit zwei anderen zum 1. November zusammengelegt und ich der neue Chef der Superabteilung werden soll. Und dann soll dieser neue Chef, also ich, dafür sorgen, dass ein Personalabbau von zehn Prozent umgesetzt wird, nach dem Motto: Sie kennen ja die Leute am besten. Man nennt das übrigens ›personelle Verschlankung‹. Im Moment herrscht noch ein Stillhalteabkommen mit dem Personalrat, aber am 1. November müssen die Änderungskündigungen abgeschickt werden, und bis dahin soll ich sagen, an wen. Könnt ihr euch meinen Urlaub vorstellen? Ich habe es keine fünf Minuten geschafft, entspannt im Strandkorb zu liegen. Ich musste immer in Bewegung sein, irgendetwas tun, mit den Kindern buddeln oder joggen oder Ausflüge machen, bloß keine Ruhe, bloß nicht nachdenken. Trotzdem konnte ich irgendwann nicht mehr schlafen und musste mir Beruhigungsmittel verschreiben lassen. Meine Frau hat meine Unruhe natürlich mitgekriegt und mich ständig mit der Frage gelöchert, was los wäre und ob sie irgendwie helfen könnte. Aber ich konnte ihr ja nichts sagen. Nachher entscheide ich mich gegen meine Beförderung, und dann ist sie enttäuscht und hält mich für einen Versager. Ich glaube, noch nie in meinem Leben war ich so froh, als ein Urlaub endlich vorbei war. Aber jetzt rückt der erste November natürlich immer näher, und ich spüre, wie die Angst vor der Entscheidung immer stärker in mir wird. Ihr alle habt es gut. Ihr blickt zurück auf irgendwelche alten Ängste, zu denen ihr nur ein entspanntes Verhältnis finden müsst. Aber meine Angst liegt vor mir wie ein Dreitausender, und jeden Morgen ist sie um ein paar hundert Meter gewachsen. Wie soll ich diesen Berg überwinden?« Alexander schwieg erschöpft. »Da«, er zeigte in die Luft, »die Adler, die können es. Ich wünschte, ich wäre einer von ihnen.«

Alle schwiegen für einen Moment betroffen.

»Offen gesagt, sehe ich nicht, welches Problem du hast.« Es war Norman, der Witze erzählende Immobilienhändler, der jetzt das Wort ergriffen hatte. »Warum übernimmst du deinen neuen

Job nicht einfach und schmeißt die Nieten raus? Es gibt immer Nieten. Sollen die Schlechteren doch den Besseren Platz machen. Das ist der Lauf der Welt und der Weg des Fortschritts. Warum sich damit quälen?«

Alexander fuhr auf. »Nieten? Das sind keine Nieten, das sind Kollegen! Manche kenne ich seit zehn Jahren. Vielleicht hat der eine oder andere tatsächlich mal einen Durchhänger – weil ihn seine Frau verlassen hat, die Mutter gestorben ist oder der Sohn keine Lehrstelle, aber dafür Drogenprobleme hat. Soll ich ihm daraus einen Strick drehen? Wer bin ich denn, dass ich Schicksal spiele? Der liebe Gott? Ich würde mir gern beim Rasieren weiter in die Augen gucken, aber wie denn?«

»Na, dann lass es doch«, brummte Norman. »Wenn dir der Job so schwer fällt, brauchst du ihn doch nur abzulehnen.«

»Du hast Recht«, sagte Alexander, »ich brauche ihn nur abzulehnen. Um hinterher als Versager dazustehen, auch vor meiner Familie; einer, der in diesen Zeiten eine Gehaltserhöhung ausschlägt, eine Chance zurückweist, der keine Verantwortung übernehmen kann. Kann ich aber. Nur nicht für das Unglück anderer Menschen. Deswegen habe ich Angst. Weil ich mich nur falsch entscheiden kann, egal, wie ich mich entscheide.«

Bisher hatte der Doktor nur zugehört. Jetzt griff er ein. »Alexander glaubt, dass er in einer Sackgasse steckt und es kein Entrinnen gibt. So, als ob einer unserer Vorfahren auf der Flucht vor Wölfen in eine enge Schlucht gelaufen wäre und sich am Ausgang der Schlucht plötzlich ein hungriger Bär erhebt. Die Felswände sind zu glatt und steil, um hochzuklettern, beide Gegner zu stark, um einen Kampf riskieren zu können – die Folge ist Angst, Todesangst, lähmende Angst. Und Meter für Meter kommen Bär und Wölfe näher, du hörst ihr wütendes Bellen und Brummen, siehst ihren Geifer, ihr gesträubtes Fell, riechst schon den stinkenden Atem aus ihren Mäulern, und dein Gehirn windet sich auf der Suche nach irgendeinem Ausweg, dein Kopf scheint gleich zu platzen, aber es gibt keinen Ausweg, keinen Spielraum mehr, nur glatte, hohe Felsen, gierige Raubtiere und Angst.«

»Hören Sie auf.« Alexander wirkte wie gepeinigt.

»Aber stimmt das Bild überhaupt«, fuhr der Doktor fort, »oder hat die Angst Alexander blind gemacht? Vielleicht ist die Schlucht gar nicht so hoch, vielleicht sind die Felsen gar nicht so glatt, sondern voller Vorsprünge und Spalten, in denen man nach oben klettern kann; vielleicht ist es auch nur ein einziger Wolf, und dazu ein sehr alter, klappriger, halb verhungerter, der sich durch einen mutigen Angriff einschüchtern und vertreiben lässt. Ich glaube, dass die Sackgasse, in der Sie stecken, zu einem wesentlichen Teil aus Ihren eigenen unbewussten Glaubenssätzen gebildet wird. Einer lautet: ›Die Menschen, an deren Schicksal ich mitwirke, stürzen ins Unglück.‹ Aber haben Sie die Wahrheit dieses Satzes jemals überprüft? Vielleicht sind in den Abteilungen, die Sie künftig unter sich haben werden, Menschen, die froh sind, wenn sie zu guten Konditionen früher als erwartet in den Ruhestand gehen können. Haben Sie sich jemals eine Aufstellung mit allen Namen und Ihnen bekannten Lebensumständen gemacht und geprüft, ob Sie nicht vielleicht ganz leicht die Kandidaten für Ihre Novemberbriefe finden?«

Alexander schüttelte den Kopf.

»Na also«, redete der Doktor weiter. »Möglicherweise gibt es auch noch ganz andere Auswege. Vielleicht eine Arbeitsumverteilung für alle, die Entlassungen vermeidet. So was haben sie bei VW in Wolfsburg gemacht. Solange Sie das alles nicht geprüft haben, glaube ich, dass Ihre Sackgasse aus unbewussten Glaubenssätzen gebildet wird. Ersetzen Sie doch den alten durch einen neuen Glaubenssatz, einen bewusst gewählten, der lautet: ›Keiner der Menschen, an deren Schicksal ich mitwirke, wird ins Unglück stürzen‹, und schon öffnet sich die Sackgasse in eine Richtung. Und ich sehe noch einen zweiten Glaubenssatz, der Sie einsperrt. Er lautet: ›Meine Frau darf nichts wissen, weil sie mich nicht versteht und mir nicht helfen kann.‹ Ersetzen Sie ihn einfach durch den Satz ›Meine Frau versteht mich und kann mir helfen.‹ Und dann sprechen Sie mit ihr. Sie hat Sie auch deswegen geheiratet, weil sie die Sensibilität an Ihnen liebt, und sie wird ganz gewiss nicht an der Seite eines Terminators leben wollen. Manches an Ihnen sieht sie genauer als Sie selbst, und sie wird Sie bei der Frage beraten können, ob Sie sich zum Vorgesetzten eignen oder ob es Ihrer Persönlichkeit widerspricht. Vertrauen Sie ihr, und Sie werden Vertrauen von ihr erfahren. Geben Sie nie die Hoffnung auf, dass es einen Weg aus der Sackgasse gibt. Glauben Sie an Ihre Möglichkeiten, diesen Weg zu finden, egal, ob es der des Vorgesetzten ist oder ein anderer. Lieben Sie die Menschen, die Ihnen anvertraut werden, und die werden Sie lieben, und Sie werden den richtigen Weg finden – für sie und für sich selbst.«

»Doktor«, unterbrach ihn Toni und klopfte auf seine Uhr.

»Ich weiß, wir müssen aufbrechen. Aber eins will ich Alexander und den anderen noch sagen. Wir leben in einer Zeit, in der uns ständig gesagt wird, dass man im Leben alles erreichen kann. Das ist auch wahr, die Frage ist nur: Was bedeutet ›alles‹? Vielen Menschen sind die Antennen für Sinnerfüllung und Glück im Leben abhanden gekommen, und deswegen messen sie das Erreichbare ausschließlich in den Dimensionen von Karriere, Geld und Macht. Erreicht man die nicht, fühlt man sich als Versager. Das Leben ohne S-Klasse sieht plötzlich aus wie eine verpasste Chance. Alle anderen sitzen im Intercity, man selbst im Bummelzug. Ein falsches, ungenügendes Leben zu leben macht aber Angst. Sie ist ein klammes, schlimmes Dauergift für Seele und Körper, eine der ganz weit verbreiteten, großen, kollektiven Bedrohungen unserer Zeit. Sie ist die Ursache dafür, dass Menschen in Depressionen verfallen, wenn sie bei einer Beförderung übergangen werden, ihre Aktien abstürzen oder sie alt werden und an Macht und Einfluss verlieren. Es ist aber nicht die Abnahme von Macht oder Geld, die sie in Panik stürzt, es ist die Entwertung ihres Lebens selbst, das nur aus Macht und Geld bestanden hat. Wenn Sie also ›alles‹ erreichen wollen, müssen Sie einen Weg finden, Ihrem Leben einen Sinn zu geben. Gut möglich, dass Sie dann Karriere machen und viel Geld verdienen, doch Sie sind nicht darauf angewiesen. Angewiesen sind Sie aber auf Glaube, Hoffnung und Liebe. Nur mit ihrer Hilfe werden Sie Ihren Weg finden. Und mit der Tonis natürlich.« Der Doktor stand lächelnd auf und machte eine auffordernde Geste zu Toni, der sich wieder an die Spitze setzte. Wir folgten.

Es war jetzt ein leichter Weg, den wir liefen. Er führte überwiegend bergab und bot immer wieder neue Ausblicke in Seitentäler, die wir vorher nicht wahrgenommen hatten. Nach einer Stunde hatten wir die Baumgrenze wieder erreicht und rochen überrascht, wie intensiv der Duft ganz normaler Nadelbäume war. Dann kam ein Berggasthof in Sicht, unser heutiges Übernachtungsziel.

Als wir die Wirtsstube betraten, niedrig, holzgetäfelt, mit einem ausladenden gemauerten Ofen an der Stirnwand, spürte ich, wie anders mein Auftritt geworden war. Wo ich stand, stand ich fest. Fester als heute Morgen. So, als könnte mich auf der Welt wenig umwerfen.

Trotzdem war es eine Wohltat, die schweren Schuhe auszuziehen, auf dem Bett zu sitzen und die Waden zu massieren. Heute hatte jeder eine eigene Dusche und ich genoss sie ausgiebig.

Beim Essen spürte ich, wie müde alle waren. Selbst Norman, der chronisch Aufgedrehte, war anfangs still. Erst nach der Tomatensuppe erzählte er die ersten Witze. Auch die anderen tauten dann langsam auf. Ganz besonders Annabel und Stefan. Es war schwer zu übersehen, dass die »frustrierte Ehewitwe« Gefallen an dem blassen PR-Mann gefunden hatte.

Der Suppe folgten gebratene Polentascheiben und kleine Kalbsschnitzel mit Salbei und danach ein großes Brett mit Käse und Weintrauben. Selbst der Käse war im Handumdrehen aufgegessen. Dann saßen alle satt und zufrieden mit geröteten Gesichtern am Tisch und sahen den Doktor erwartungsvoll an. Doch der winkte nur ab. »Ich habe heute genug geredet, und Sie haben genug zugehört. Wer noch Lust auf Hausaufgaben hat, kann bis morgen über die geheimen Glaubenssätze seines Lebens nachdenken und versuchen, ein paar davon aufzuschreiben. Aber jetzt wollen wir spielen. Denn Spielen macht uns wieder zu Kindern, befreit die Seele und wirkt gegen alle Ängste der Welt.«

Und damit legte der Doktor ein halbes Dutzend Kartenspiele

auf den Tisch, und nach weniger als fünf Minuten hatten sich mehrere Runden gebildet, die mit Hingabe Uno-, Skat- und Canasta-Karten auf den Tisch knallten.

Mir fehlte es an Spiellust. Ich trank noch ein Glas Wein und betrachtete meine Mitwanderer. Den ganz auf sein Blatt konzentrierten Bären Alexander, der vor jeder Karte, die er ausspielte, lange grübelte; die angespannt wirkende Carola, die wie ein kleines Mädchen ihre Karten in der rechten Hand steil vor ihre Brust hielt und zusätzlich noch mit dem linken Arm sicherte; Bea, die zarte, zerstreute, der immer wieder eine Karte aus der Hand rutschte und auf den Boden fiel; Annabel, die aufgeregt eine Spielpartnerschaft mit Stefan gebildet hatte und mehr auf ihren Partner achtete als auf das Spiel; Stefan, dem diese Aufmerksamkeit unangenehm zu sein schien und der überhaupt wirkte, als wäre er lieber für sich und spiele nur aus Höflichkeit gegenüber den anderen mit; und Norman, der Immobilienmakler und Alleinunterhalter, der jetzt aussah – aussehen wollte? – wie ein Profispieler, mit aufgeknöpftem Hemd, hochgekrempelten Ärmeln und einem unangezündeten Zigarillo im Mund. Er gewann oft. Dennoch warf er nach einer halben Stunde plötzlich seine Karten auf den Tisch, erhob sich abrupt und ging hinaus. Mir war auch nach frischer Luft, darum folgte ich ihm.

»Vielleicht sehne ich mich nach einem ganz anderen Leben
auf einem anderen Stern
oder wenigstens auf einem anderen Kontinent
und mit einer anderen Hautfarbe,
ich würde gern raus aus meiner Haut …«
NORMAN

Norman stand vor der Tür und rauchte.

»Warum gibt man auf, wenn man auf der Überholspur ist?«, fragte ich.

»Ich habe nicht aufgegeben, ich habe die Lust verloren.« Er zog an seinem Zigarillo. »Passiert mir öfter. Es liegt mir einfach nicht, lange bei einer Sache zu bleiben. Wahrscheinlich ist das auch der Grund, weswegen ich nie verheiratet war.«

Wir blickten in den Himmel, der schwarz war, aber manchmal in Wolkenlöchern das Licht eines Sterns aufblitzen ließ.

»Hast du nie Sehnsucht nach einer Partnerschaft gehabt?«

Norman sog an seinem Zigarillo. »Sehnsucht«. Er dehnte das E, dass es wie in einem Fünfziger-Jahre-Schlager klang. Seeeehnsucht. »Was gibt es nicht alles, wonach man Sehnsucht hat. Vielleicht sehne ich mich nach einem ganz anderen Leben auf einem ganz anderen Stern, oder wenigstens auf einem anderen Kontinent, vielleicht sogar mit einer anderen Hautfarbe. Ja, ich würde eigentlich gerne raus aus meiner Haut und ein anderer Mensch sein – und dieser Mensch hätte dann vielleicht auch eine wunderbare Partnerschaft. Zu dem Menschen, der ich bin, passt sie nicht.«

»Am liebsten wärst du also tot!«

Er fuhr herum. »Wie kommst du denn darauf?«

»Na, wenn man seine Haut verlässt, stirbt man. Und wenn man aus seiner Haut schlüpfen will, weil man sich in ihr nicht wohlfühlt, dann möchte man doch eigentlich das Leben verlassen, das man lebt.«

»Für ein anderes«, erwiderte er, »ein besseres.«

»Wenn du aber in deiner Haut bleibst, lebst du mit jemandem zusammen, den du nicht magst.«

»Vielleicht.« Es klang nicht so, als ob ihm der Gedanke ganz neu war.

»Ich glaube, ich verstehe langsam, was das Gemeinsame von allen in unserer Gruppe ist, so unterschiedlich sie auch sind. Kein Einziger liebt sich.«

Norman schwieg, zog an seinem Zigarillo und starrte in den Himmel.

»Wie gehst du um mit deinen Sehnsüchten? Betrachtest du sie nur mit abgeklärter Distanz wie die Sterne da oben oder baust du ein Raumschiff?«

Er ließ sich viel Zeit mit seiner Antwort. »Heikle Frage. Ich habe schon oft geglaubt, ich säße in so einem Raumschiff, das mich zum Ziel der Sehnsucht trägt. Ich bin ja ein Meister der Selbstbelohnung, habe mir alles gegönnt, was ich haben wollte, vor allem das, was teuer war. Essen, Weine, Klamotten, Autos, auch Frauen. Mit Frauen, die man kaufen kann, bin ich immer am besten zurecht gekommen, eigentlich nur mit denen. Ich, aber mein Konto nicht. Irgendwann hatte ich eine Zahl mit sechs Stellen drauf und einem Minus davor. Das war übrigens der Grund, weshalb ich den Doktor aufgesucht habe. Es ging so nicht weiter.«

»Der Schulden wegen?«

»Auch der Schulden wegen. Aber vor allem deswegen, weil mir all die hohen Ausgaben wenig genützt hatten. Eigentlich wollte ich immer so etwas wie Freude kaufen, ja Lebensfreude. Glück. Doch dieser Stern ist mir ferngeblieben. Fern und fremd.« Norman drückte seinen Zigarillo aus und starrte in den Himmel, als suche er dort den Stern, von dem er eben gesprochen hatte. Dann sagte er etwas abrupt: »Ich habe ja schon erklärt, dass es mir nicht liegt, lange bei einer Sache zu bleiben. Auch bei solchen Themen nicht. Ich gehe jetzt wieder rein und spiele weiter.« Er nickte mir kurz zu und verschwand.

Der Himmel hatte sich zugezogen. Kein Stern war mehr zu sehen. Ich ging in mein Zimmer und legte mich ins Bett.

Tag vier. Ausbruch

Der nächste Morgen begann mit einem Kater. Ich hatte am Abend zu viel Rotwein getrunken, und meine Muskeln schmerzten noch mehr als am Vortag. Mühsam rappelte ich mich auf dem Bett hoch und sah aus dem Fenster. Auf den Berggipfeln lastete asphaltgrauer Himmel, von dem der Wind dunkle Wolkenfetzen abriss und sie durch das Tal trieb wie schmutziges Papier. Es sah nach Regen aus. Ich ließ mich zurücksinken und zog mir noch einmal die Decke bis ans Kinn. Einfach liegen bleiben, das wär's.

Wäre es Mut oder Feigheit, wenn ich jetzt aussteigen und die Wanderung beenden würde? Ich dachte über die verborgenen Glaubenssätze nach, von denen der Doktor gesprochen hatte. Hatte ich welche? Wahrscheinlich hatte jeder welche. Aber in welche Sackgasse führten mich die meinen? Ich grübelte, kam aber nicht weiter. Vielleicht wäre es der richtige Weg, jetzt einen Tag im Bett zu verbringen und über mein Verhältnis zum Leben zu meditieren. Doch dafür, das wusste ich, war ich einfach zu neugierig. Was würde auf dieser Wanderung noch passieren? Wohin würde sie führen? Und wohin würde sie mich führen? Wenn ich das alles wissen wollte, musste ich jetzt aufstehen. Also stand ich ächzend auf und zog mich an.

Täuschte ich mich, oder war die Stimmung im Frühstücksraum heute Morgen gespannt? Ich täuschte mich nicht. Nachdem der Doktor und ich gestern Abend zu Bett gegangen waren, hatte der ebenso unruhige wie risikofreudige Norman vorgeschlagen, noch eine Runde Poker zu spielen. Aus der einen Runde waren dann etliche geworden, und natürlich wurde um echtes Geld gespielt. Anscheinend hatte Norman fast ununterbrochen gewonnen. Die anderen waren dann verärgert, um einige Euro ärmer und viel zu spät schlafen gegangen. Jetzt saßen sie missgelaunt und müde vor ihrem Kaffee. Die Aussicht auf einen Regentag war auch nicht geeignet, die Stimmung zu heben. Nur Norman grinste trotzig.

Es war fast halb neun, als wir endlich losgingen. Gestern Abend hatte ich den Eindruck gehabt, unser Weg würde weiter talwärts führen, aber schon nach einem kurzen Stück durch den Wald schlug Toni eine Abzweigung ein, und bald stiegen wir wieder. Feiner Regen setzte ein. Als der Wald aufhörte, nahm der Wind zu, und die Regentropfen fühlten sich an wie kleine Nadelstiche.

Vor mir lief Stefan, der ernste Öffentlichkeitsarbeiter, der unübersehbaren Eindruck auf »Ehewitwe« Annabel machte. Sie liefen nebeneinander. Annabel beugte den Kopf weit nach vorn und schaute nach unten, um ihr Gesicht vor dem Regen zu schützen; deswegen ging sie langsam und unsicher. Stefan versuchte, ihr zu helfen, wusste aber nicht, wie. Für ein paar Meter legte er seinen Arm um ihre Schulter, aber das brachte sie noch mehr zum Stolpern. Dann marschierte er unmittelbar vor ihr, um ihr Windschutz zu bieten, aber er war zu klein, und seine Versuche, den Abstand zu ihr so gering wie möglich zu halten, brachten immer wieder alle hinter ihm zum Stocken.

Norman, der in der Marschkolonne den Platz hinter mir einnahm, reagierte als Erster. »Was meine Großmutter immer gesagt hat«, rief er dröhnend, »das Leben kann so schwer sein, man muss nur wollen.« Wenn das lustig gemeint war, dann klang es jedenfalls nicht so. Keiner reagierte. Es vergingen keine fünf Minuten, bis Norman wieder die Stimme erhob. »He, ihr Komiker da vorn«, polterte er, »was soll das eigentlich werden? Eine Behinderten-Rallye? Wie lange wollt ihr noch diesen Wanderstau verursachen?«

Stefan fuhr herum. »Kannst du nicht sehen, wie fertig sie ist«, zischte er. »Sie braucht Hilfe, keine dummen Sprüche!«

Annabel war stehen geblieben und stützte sich auf ihn, für meine Begriffe etwas zu theatralisch.

Norman stellte sich breitbeinig auf den Weg und reckte das Kinn nach vorn. »Na schön«, sagte er angriffslustig, »dann werde ich ihr eben helfen. Ich kann ihr wenigstens Windschutz bieten. Mach Platz und lass mich vor ihr gehen!«

Stefan zögerte, gab dann aber nach, drehte sich um und ging zu Toni, der ein Stück voraus wartete und die Situation reglos beobachtete. Annabel sah unglücklich aus, sagte aber nichts. Norman baute sich vor ihr auf, hob seine breiten Schultern, schüttelte den Rucksack, drehte sich um und sagte: »Also los!« Dann setzte er sich mit mächtigen Schritten in Bewegung. Annabel lief hinter ihm her und versuchte, den Anschluss zu halten.

Der Regen nahm zu. Der Weg wurde steiler, das Gehen mühsamer. Norman summte Marschmusik und gab der Gruppe das Tempo vor, ein ziemlich scharfes Tempo. Eine Weile versuchte ich, mitzuhalten, aber dann spürte ich, dass der Laufrhythmus für mich nicht in Ordnung war. Ich atmete nicht richtig und bekam Seitenstiche. Also ließ ich mich zurückfallen und versuchte, mein eigenes Tempo zu finden. Als es wieder stimmte, spürte ich trotz des schlechten Wetters so etwas wie Harmonie in mir und empfand Freude. Ich genoss die Ruhe. Die Gruppe war jetzt weit voraus und mit ihr war die Misslaunigkeit verschwunden, die sie heute ausstrahlte. Ich ließ mir Zeit, ging langsam und atmete bewusst.

Hinter einem Felsvorsprung wartete der Doktor. »Hast du ein Problem?«, fragte er. »Ist alles okay?« Ich nickte. Zusammen stiegen wir weiter. Der Regen ließ nach, wurde zum Nieseln und hörte dann ganz auf. Aber es blieb grau und dunstig, die Luft feucht wie ein Schwamm. Die Sicht war schlecht, aber der Weg gut zu erkennen. Wir gingen ohne zu sprechen. Doch heute war so ein Tag, an dem selbst dieses Schweigen belastete. Ich wäre lieber allein gegangen.

»Bist du zufrieden mit dem Verlauf der Wanderung«, durchbrach ich schließlich die Stille zwischen uns, »läuft alles nach deinem Plan?«

»Plan«, sagte der Doktor nachdenklich, »ich habe keinen Plan. Ich habe nur Hoffnungen. Aber wir sind ja erst bei der Hälfte.«

*»Ich bin nicht hier,
um an betreutem Wandern teilzunehmen –
verschaffen Sie mir Kicks, Erlebnisse …«*
NORMAN

Plötzlich hörten wir vor uns erregte Stimmen. Dreißig Meter weiter stießen wir auf die Gruppe, die ihre Rucksäcke abgestellt hatte. Stefan und Norman standen sich wie Kampfhähne gegenüber.

»So geht es nicht weiter«, sagte Stefan mit erhobener Stimme, »du kannst uns nicht einfach nach deinem Geschmack durch die Gegend hetzen. Ich habe Probleme, deswegen bin ich hier, und nicht, um einem Fitness-Fanatiker beim Brechen von Rekorden zu helfen.«

Norman fuhr herum, als er uns kommen hörte. »Ah, der Doktor«, sagte er, »hatten Sie mir nicht eine richtige Bergtour versprochen? Eine Alpendurchquerung in sechs Tagesetappen? Eine besondere Art von Herausforderung? Deswegen bin *ich* hier, wegen dieses Kicks, und nicht, um an betreutem Wandern mit lauter Schwachmatikern teilzunehmen, die bei der kleinsten Anstrengung auf den Arm müssen.«

Der Doktor versuchte, ruhig zu bleiben, aber es fiel ihm schwer. »Niemand hat Ihnen etwas versprochen«, sagte er, »und schon gar keinen Kick. Das Einzige, was ich Ihnen zugesichert habe, waren wichtige Erfahrungen. Die können Sie in der Tat machen. Und die wichtigsten macht man mit Menschen – vorausgesetzt, man lässt sich auf sie ein und versucht, sie zu verstehen.«

»Danke für die Nachhilfe«, entgegnete Norman sarkastisch, »aber mein Bedarf an Menschen ist eigentlich gedeckt. Der Bedarf, den ich wirklich habe, ist ganz einfach zu befriedigen: Verschaffen Sie mir ein paar packende Erlebnisse!«

Der Doktor bemühte sich um ein Lächeln. »Wäre es nicht das größte Erlebnis für Sie, einmal etwas wirklich wahrzunehmen, sei es auch nur der Duft einer Blume. Gar nicht zu sprechen von den Gefühlen eines anderen oder vielleicht sogar den eigenen.«

Eine Sekunde lang schien Norman verblüfft. Doch dann ging er wieder in seine Kampfposition. »Ob mich die Gefühle eines Menschen interessieren, hängt ja wohl sehr von diesem Menschen ab. Und provozieren Sie jetzt lieber keine Unhöflichkeiten, indem Sie mich fragen, ob ich hier irgendwo einen solchen Menschen sehe. Aber es ist mir eigentlich auch völlig schnuppe, ob ich unhöflich bin oder nicht. Ich habe lieber Feinde als Freunde, da weiß ich wenigstens, woran ich bin.«

Der Doktor sah ihn an und sagte langsam: »Norman, Sie sind aggressiv. Aber hinter Ihrer Aggressivität steckt nichts anderes als Angst. Sie stoßen Menschen weg, weil Sie Angst davor haben, Sie könnten Ihnen zu nahe kommen. Sie haben Angst, irgendetwas könnte Ihnen unter die Haut gehen. Aber sind Sie nicht genau deswegen hier, weil Sie etwas an sich heranlassen und endlich mal etwas empfinden wollten?«

Es war hoffnungslos. Norman blockte total ab. Er beschimpfte den Doktor, warf ihm Irreführung vor, pöbelte gegen die *Weicheier* und steigerte sich bis zum Ausruf: »Nieten allesamt, können nicht pokern, können nicht verlieren und können nicht laufen!«

»Und du?« Alexander, der sonst eher sanfte Kuschelbär, mischte sich jetzt wütend ein. »Was bist du denn für einer?«

»Jedenfalls kein Weichei, das sich ein ›Stückweit‹ einbringen will. Ich hatte das hier für eine echte Herausforderung gehalten.«

»Das ist es«, entgegnete der Doktor, »aber eben auch in Empathie und Geduld – mit anderen und mit sich selbst.«

»Na schön, diese Geduld liegt mir eben nicht. Ich bekenne mich zu dem Satz ›Egoismus ist Konzentration auf das Wesentliche‹. Dann wünsche ich allseits noch einen geruhsamen Tag!« Mit diesem Satz riss Norman seinen Rucksack hoch, warf ihn sich auf den Rücken und schlug im Sturmschritt den Weg ein, auf dem wir gekommen waren.

Die Gruppe blieb zurück, verstört, schweigend, ratlos. Und ängstlich. Wieder einmal spürte ich dieses merkwürdige Gefühl, das mir aus anderen Situationen vertraut war, in denen ein anderer Mensch sich schroff von mir abgewendet hatte; diesen Impuls, ihn zurückzuhalten, den Bruch zu verhindern, den Verlust nicht eintreten zu lassen. Den anderen schien es ähnlich zu gehen. Alle wirkten betroffen, keiner sagte etwas, keiner machte Anstalten, den Rucksack wieder zu schultern. Alexander fingerte an seinem Rucksack herum, holte einen Flachmann heraus und trank einen Schluck. »Möchte jemand?« Er hielt uns die Flasche hin, aber keiner griff zu. Toni wirkte peinlich berührt.

Der Doktor nahm seine Brille ab, putzte sie ausgiebig und sagte dann: »Schade eigentlich, aber ich bin nicht wirklich überrascht von Normans Verhalten. Ich hatte mit so etwas gerechnet. Natürlich hatte ich gehofft, dass er es schafft, einmal bei einer Sache zu bleiben und nicht wieder auszureißen. Aber es ist seine Strategie der Angstabwehr. Er blockt Gefühle ab, betoniert sie ein, betäubt die innere Leere mit ›Kicks‹, und wenn ihm das nicht mehr gelingt, läuft er weg. Und das wieder und wieder und immer wieder. Er ist so oft weggerannt, dass er sich dabei in seinem Leben völlig verlaufen hat. Norman ist wirklich zu bedauern. Er spürt noch nicht einmal seine Angst. Zu mir kam er auch deswegen, weil er endlich mal ein Ziel vor sich sehen und das Gefühl erleben wollte, es erreicht zu haben; weil er wissen wollte, wie das ist, eine Empfindung zu haben und sie auszuhalten. Ich habe ihm die Wanderung vorgeschlagen. Er war begeistert. Aber nun hat er es wieder nicht geschafft, ist weggelaufen und in sein altes Verhalten zurückgefallen. Schade, dass wir es nicht verhindern konnten. Traurig, aber nicht zu ändern. Also, lasst uns jetzt weitergehen.«

Der Doktor hob seinen Rucksack auf, nickte Toni zu und begann, hinter ihm den Weg hinaufzusteigen. Zögernd nahmen die anderen ebenfalls ihre Rucksäcke und folgten. Ich ging als Letzter.

Der Weg flachte ab, wurde dann eben und ließ alle aufatmen. Später senkte er sich sogar, und es sah so aus, als würde er nun bergab ins Tal führen. Aber nach einer lang gezogenen sanften Kurve entlang der Bergflanke stieg er erneut steil an, und in den kurzen Momenten des Aufreißens im wabernden Grau des Hochnebels erkannte man plötzlich, wie hoch der Berggrat noch lag, den wir überwinden mussten. Regen setzte wieder ein. Es war kalt. Trotzdem schwitzte ich. Jeder Schritt kostete Kraft, die sich langsam erschöpfte, und ich spürte eine müde Verdrossenheit in mir, durch die Rebellionsgedanken wie Blitze am Gewitterhimmel zuckten. Vielleicht war es gar nicht so falsch, was Norman getan hatte. Zwei, drei Stunden Rückweg, eine Bahnfahrt, ein Flug – und noch heute Abend könnte ich wieder in meiner Hamburger Lieblingskneipe sitzen.

Stefan stoppte plötzlich, sagte laut »Halt« und setzte seinen Rucksack ab. Alle blieben stehen. »Ich fühle mich schlapp und schlecht und will nicht mehr weitergehen.« Stefans Stimme klang trotzig. »Ich sehe auch keinen Sinn mehr in dieser Wanderung, ich glaube nicht, dass sie mir wirklich hilft. Ich war in den vergangenen Monaten bei diversen Ärzten in Behandlung, die alles Mögliche mit mir angestellt haben, bis ich schließlich bei dem Doktor gelandet bin und er mir diese Tour empfahl. Aber es wäre ja ein Wunder, wenn bei einem so komplizierten Krankheitsbild ein so einfaches Mittel helfen würde. Ich glaube nicht mehr daran.«

»Kein Wunder ohne Glauben«, sagte der Doktor. »Was machen übrigens Ihre Schwindelattacken?«

»Ich habe in den letzten Tagen keine gehabt«, antwortete Stefan langsam.

Annabel mischte sich ein. »Es geht nicht nur Stefan schlecht. Ich fühle mich auch elend. Besonders seit Normans Weggang. Vielleicht hat er Recht gehabt. Ich denke, es hat alles keinen Zweck, und ich möchte am liebsten nach Hause.«

»Das ist normal«, sagte der Doktor. »Keine Veränderung ohne Krisen. Deren Überwindung fordert Zeit und Geduld. Kennen Sie das chinesische Schriftzeichen für Krise? Es vereint die Zeichen für Gefahr und für Chance. Wer die Chance will, muss die Gefahr in Kauf nehmen. Im Moment sind wir in der Gefahr, zu resignieren, aufzugeben, zurückzufallen ins alte Leben. Wie Norman. Unsere Chance ist, die Krise zu überwinden, unsere Wanderetappe zu erreichen, ans Ziel zu kommen. Und dabei und dadurch etwas in unserem Leben zu verändern.«

»Wann, Doktor?« Es war Alexander, der die Frage stellte. »Wann werden wir etwas von dieser Veränderung spüren? Ich bin auch kaputt und sehne mich im Moment nur nach einer Veränderung: Ich möchte den Rucksack absetzen und die Beine hochlegen. Und dann einen doppelten Whisky trinken. Oder zwei.«

»Die Veränderung spürt man, wenn man sie spürt. Das mag merkwürdig klingen, ist aber ganz wörtlich zu nehmen. Wenn Sie etwas anderes spüren als Angst, Unruhe, Druck und das, was sie in Ihnen auslösen, dann ist das schon die Veränderung.«

»Auch dicke Füße?«, fragte Alexander mit einem Anflug von Galgenhumor.

»Auch die.«

»Dann reicht mir das heute eigentlich an erlebter Veränderung. Können wir dann jetzt bitte auf kürzestem Weg zum Hotel?«

»Am liebsten mit einem Taxi«, warf die sonst so schüchterne Bea ein.

»Wo ist unsere nächste Unterkunft?«, fragte Carola. »Wie weit entfernt?«

»Fragen wir Toni«, antwortete der Doktor.

Unser Führer sah zum ersten Mal betreten aus. »Heute ist die längste Tagesetappe. Wir laufen zur höchstgelegenen Hütte unserer ganzen Wanderung. Und ich muss leider sagen, dass wir jetzt schon zeitlich sehr im Verzug sind, wenn wir vor Dunkelwerden ankommen wollen. Das bedeutet Eile und wenig Pausen.«

»Die höchstgelegene Hütte«, wiederholte Stefan, »heißt das, es geht den ganzen Tag bergauf?«

Toni nickte. »Mehr oder weniger.«

»Das schaffe ich nicht.« Stefans Stimme klang mutlos.

»Und ich will es nicht.« Alexanders Stimme klang aggressiv.

Bea weinte.

Carola biss sich auf die Unterlippe.

Annabel nahm Stefans Hand und drückte sie.

Es wurde dunkler und der Regen nahm zu. Der Doktor dachte nach.

»Wenn wir diese Hütte heute auslassen, welche Möglichkeiten haben wir, abzusteigen?«

»Zwei«, sagte Toni. »Nach Süden und nach Westen. Beides abgelegene Täler ohne Touristen. Nach Süden umgehen wir den Berg, den wir überqueren wollten. Dann können wir morgen auf unsere ursprüngliche Route zurückkehren. In diesem Tal gibt es immerhin auch ein erreichbares Dorf mit Gasthof, im westlichen sind es nur Gehöfte.«

»Wir steigen nach Süden ab«, entschied der Doktor.

»Die Abzweigung kommt aber erst in einer Stunde«, warnte Toni. »Bis dahin müssen wir noch steigen.«

»Kein Problem«, sagten Stefan und Alexander wie aus einem Mund. Die Frauen strahlten, und alle schulterten wieder ihre Rucksäcke. Entschlossen, geradezu trotzig marschierten wir jetzt gegen die Steigung und den Regen und wohl auch gegen unsere eigene Verzagtheit.

Obwohl es kühl war und meine Kleidung aus atmungsaktivem Material bestand, spürte ich, wie sich unter meinen Achseln Schweißbäche bildeten. Aber auf merkwürdige Art schlug die Empfindung keuchender Anstrengung irgendwann in eine Art Lustgefühl um. Ich spürte, wie mein Körper arbeitete und freute mich daran; spürte, dass er es schaffte, dass er mich voran brachte. Schritt für Schritt nach oben. Ich trat fester zu. Herrgott, ja doch, wir würden diese verdammte Höhe schaffen, diesen Regen hinter uns lassen, wir würden bald darüber lachen. Das Laufen war Lust! Ich lief und lächelte.

Die Gruppe hatte sich weit auseinander gezogen. In einiger Entfernung vor mir ging Stefan mit Annabel, die es schwer hatte, mit ihm Schritt zu halten; dennoch bemühte sie sich, dicht an seiner Seite zu bleiben. Weiter vorn sah ich Alexander, und noch weiter vorn musste Toni gehen. Carola war ein Stück hinter mir; als ich einmal stehen blieb und mich umsah, bemerkte ich, dass auch ihr Gesicht sich deutlich entspannt hatte. Den Schluss bildeten Bea und der Doktor.

Endlich hatten wir die Abbiegung erreicht. Jetzt begann der Weg sich zu senken, die Gruppe schloss auf. Carola überholte mich sogar, und ich musste lachen, als sie mit dem tropfenden großen roten Poncho, den sie über Kopf und Rucksack trug, vor mir so tapfer den Weg entlang stapfte – sie sah aus wie ein großer Wichtel aus dem Kinderlied, das Männlein aus dem Walde. Es war, als hätte der Regen die Strenge, die sie sonst umgab, einfach von ihr abgewaschen.

Wir ließen die steinigen Geröllhöhen hinter uns, der Weg führte hinab in den Bergwald. Dunkel und nass standen die Nadelholzstämme, das dichte Grün schluckte die Tritte der Wanderschuhe, es war wie Gehen in einem Tal aus farbiger Watte.

Mit jedem Schritt bergab wurde es wärmer, der Regen ging in leichtes Nieseln über, aber ich fühlte mich durch und durch nass – von innen noch mehr als von außen. Nach etwa einer halben Stunde sah ich, dass Toni auf dem Weg stand und wartete. Als wir alle zusammen waren, zeigte er uns eine Schutzhütte aus Holz, die ein Stück voraus am Weg stand. »Wir sind alle nass und hungrig«, sagte er, »ich schlage vor, dass wir dort eine richtige Pause machen, unsere Sachen trocknen und dann weiter gehen.« Niemand hatte etwas dagegen. Carola, immer noch mit ihrem befreit ausgreifenden Schritt, setzte sich als Erste in Bewegung, ich folgte ihr und hinter mir die anderen.

Die Hütte hatte eine niedrige Türöffnung, selbst Carola musste sich bücken, um in das dämmrige Innere zu gelangen. Sie tat es, machte einen Schritt – und schrie auf. Irgendetwas hatte sich da bewegt im Halbdunkel, und Carola fuhr herum und versuchte verzweifelt, sofort wieder ins Freie zu kommen, was ihr aber nicht gelang, weil ich inzwischen im Eingang stand und hinter mir die anderen aus der Gruppe, die näher drängten, weil sie den Schrei gehört hatten und wissen wollten, was los ist. Dem Schrei von Carola folgte unmittelbar ein zweiter Schrei, höher und verzweifelter – der Schrei eines Kindes. Jetzt konnte ich es auch erkennen: ein kleiner Junge, vielleicht vier Jahre alt, der sich in eine Ecke kauerte und ängstlich auf die unförmigen, nassen Monster starrte, die jetzt in die Hütte drängten. Der Junge begann laut zu weinen und schrie dazwischen immer wieder »Mama«.

Der Doktor versuchte, sich dem Jungen zu nähern, redete beruhigend auf ihn ein, aber das steigerte nur die Intensität seines Geschreis. Einen Moment lang standen wir alle ratlos herum, dann hörten wir von draußen Geraschel und hektische Schritte. Ein Mann stürzte in die Hütte mit wildem Gesichtsausdruck und einem schweren Knüppel in der Hand, dicht hinter ihm eine Frau. Der Junge schrie noch einmal auf, rannte dann zu der Frau, versteckte sich unter ihrem Mantel und verstummte. Nun klärte sich alles rasch auf. Mann und Frau hatten in der Nähe Pilze gesammelt und ihren Sohn, als es zu regnen begann, in die Hütte gesetzt. Und er hatte einfach schreckliche Angst bekommen, als wir wie Wesen von einem anderen Stern plötzlich in seine halbdunkle Welt einbrachen. Er hieß Philipp, ließ uns sein Vater wissen. Die Mutter lachte, streichelte ihrem Sohn den Kopf, der Junge beruhigte sich, wagte sich nun auch wieder unter dem Mantel seiner Mutter hervor und musterte die Fremden neugierig. Seine Mutter nahm ihn auf den Arm.

Die Eltern zeigten uns noch den Korb mit Steinpilzen, die sie gesammelt hatten – lauter faustgroße Prachtexemplare. Dann wünschten sie uns einen guten Tag und machten sich mit ihrem Sohn auf den Heimweg.

Toni zauberte aus seinem Rucksack eine kleine Kerosinlampe hervor und zündete sie an. Sie verbreitete nicht nur angenehm helles Licht in der dunklen Hütte, sondern auch wohlige Wärme. Alle schälten sich aus ihren Ponchos und Anoraks und hängten sie zum Trocknen an Wandhaken; dann zogen wir unsere Pullover aus, legten sie über die Rucksäcke und ließen uns im Kreis nieder – in der Mitte die Lampe wie ein Lagerfeuer, hinter uns die Rucksäcke als Kissenersatz und Kopfstützen. Toni verteilte Brot und geräucherte Wurst.

»Haben Sie eigentlich bemerkt, was eben passiert ist?«, fragte der Doktor. »Der Junge hat uns vorgemacht, wie man mit Angst umgeht – und wie kinderleicht das ist.«

»Ich brauche eine Erläuterung«, sagte Stefan.

»Der Junge bekam Angst, als wir so plötzlich aus dem dunklen Wald in seine Höhle eindrangen. Vielleicht hielt er uns für Räuber oder Menschenfresser oder irgendwelche anderen Schreckensgestalten aus seinen Kindermärchen. Er hatte keine Scheu, sich diese Angst einzugestehen; er hat um Hilfe gerufen, er hat mit den Hilferufen seine Eltern alarmiert, auf diese Weise Beistand geholt, Nähe hergestellt und mit Hilfe des Vertrauens zu seinen Eltern die Angst überwunden. Angst ist ein Schutzmechanismus. Der Mensch durchlebt als Baby und Kleinkind eine lange Phase totaler Abhängigkeit und hat eine biologisch geprägte Angst vor Bedrohung und Verlassenwerden. Das ist natürlich. Aber ebenso natürlich ist die allmähliche Überwindung dieser Angst, wenn Kinder größer und autonomer werden – vorausgesetzt, man lässt ihnen ihre natürliche Reaktionsweise, so wie sie uns der kleine Philipp eben vorgeführt hat. Es war der klassische Dreischritt, den meine amerikanischen Kollegen den der drei A's nennen: Acceptance, Awareness, Analysis – Annehmen, Hinschauen, Begreifen. Wenn diese natürlichen Abläufe allerdings gestört werden, dann kommt es zu Irritationen.«

Alle hatten aufmerksam zugehört. Inzwischen hatten die Kerosinlampe und unsere eigene Körpertemperatur die Hütte auf Wohnzimmerwärme geheizt, eine angenehme Entspanntheit breitete sich aus.

»Ich schlage Ihnen eine kleine Reise vor«, fuhr der Doktor fort, »eine Traumreise in Ihre eigene Kindheit. Schließen Sie die Augen.«

Wir taten es. Es gab nichts, was mir in diesem Moment leichter gefallen wäre. Der Doktor schwieg. Es war still. Nur das leise Zischen der Lampe war zu hören und das raunende Wispern des von Regen bewegten Waldes.

Traumreise in die Kindheit

»Du bist vier Jahre alt«, hörte ich die Stimme des Doktors. »Du gehst noch nicht zur Schule. Du warst am Vormittag im Kindergarten, hast danach gespielt. Erinnere dich an deine Lieblingsspiele. Waren es Legosteine? Hast du ge-

malt? Dich als Ritter verkleidet? Deine Puppen um dich versammelt? Tauche noch einmal tief ein in deine alte Spielwelt! Dann hat deine Mutter dich gerufen. Abendessen. Danach Zähneputzen und ins Bett. Du wolltest noch nicht ins Bett. Hast gebettelt. Noch zehn Minuten Video-Gucken, noch ein Bild malen ... Dann bist du ins Bett gebracht worden. Erinnere dich an dein Gute-Nacht-Ritual: Hat dir jemand vorgelesen? Habt ihr gebetet? Habt ihr die Traumfee um einen guten Traum gebeten?
Jetzt liegst du allein im Bett. Brennt noch eine Lampe oder ist es dunkel? Du kannst noch nicht einschlafen. Du musst noch an etwas denken, das dich beschäftigt. Ein Vorfall im Kindergarten? Eine Kränkung? Ein unheimlicher Schatten in der Ecke? Eine Bewegung des Vorhangs? Du möchtest deine Mama oder deinen Papa rufen.
Tust du es?
Was passiert?«

Der Doktor schwieg.

Ich saß da und blickte mit geschlossenen Augen zurück in die versunkene Welt meiner Kindheit. Die Gedanken wanderten. Ein Reigen. Schnell wechselnde Bilder und Gefühle. Ein Kindergeburtstag in der Nachbarschaft, ich dabei im Indianerkostüm; und dann war die Sonne untergegangen, und ich traute mich nicht allein nach Hause und wurde ausgelacht – ein Indianer, der Angst hat vor der Dunkelheit! Mache ich deswegen zu Hause immer alle Lichter an? Ich öffnete die Augen.

»Mein Vater war wütend,
weil ich Angst vor dem Weihnachtsmann gehabt
und mich versteckt hatte,
er wollte mir die Angst austreiben,
dachte sich Mutproben aus
und verbot mir jede Äußerung von Furcht ...«
STEFAN

Es dauerte noch ein paar Minuten, bis auch der Letzte in der Runde den Kopf wieder hob und die Augen aufschlug. Es war Stefan.

»Möchten Sie uns etwas erzählen von Ihren Reiseerlebnissen«, fragte der Doktor.

Stefan zögerte und nickte dann. »Es war am Weihnachtsabend«, begann er, »mein Vater hatte in den Tagen davor immer wieder erwähnt, dass der Weihnachtsmann nicht nur Geschenke, sondern auch eine Rute mitbringt und man die Quittung für alle Sünden des Jahres bekommt. Mein Vater war streng, sehr streng. Als es dann klingelte und ich die schweren Stiefel des Weihnachtsmannes hörte, bekam ich solche Angst, dass ich mich hinter einem Sessel versteckte und nicht hervorzulocken war. Der Weihnachtsmann musste unverrichteter Dinge wieder abziehen, und mein Vater war schrecklich wütend. Er muss sich noch am gleichen Abend vorgenommen haben, mir die Angst abzugewöhnen. Fortan verlangte er immer wieder alle möglichen Mutproben von mir und verbot mir jede Art von Angstäußerung. Und ich hatte das Gefühl, es wirkt. Irgendwann empfand ich wirklich keine Angst mehr. Ich tat einfach das, was ich tun sollte.«

Der Doktor nickte. »Das Gefühl der Angst verschwindet – scheinbar. Tatsächlich wird sie verdrängt. Angst, die man nicht mehr als Angst empfinden darf, wird dann eben als Migräne empfunden, als wiederkehrender Magenschmerz, als körperliche Krankheit, für die Arzt um Arzt konsultiert wird, ohne dass einer eine Ursache findet.«

Stefan hörte konzentriert zu. »Mein Schwindel ...«, sagte er.

Der Doktor nickte. »Wenn ein Kind am Morgen vor der Schule

sagt ›Ich habe Bauchschmerzen‹, und die Mutter erklärt ihm ›Das kommt von der Klassenarbeit, die du schreiben musst, aber das ist normal und du schaffst es‹, dann wird die Angst angenommen, überwunden und begriffen. Mit ihr verschwinden auch die Bauchschmerzen. Wenn die Mutter aber schimpft und das Kind zurechtweist (›Stell dich nicht so an‹), bleibt es bei der Angst, die nicht begriffen und überwunden wird. Und dann bleibt es auch bei den Bauchschmerzen, die immer wieder auftreten und dann auch zu Kopfschmerzen, Herzrasen oder Schwindel werden können.«

Stefan sagte nichts. Annabel setzte sich neben ihn. Sie nahm seine Hand und streichelte sie. Dann legte sie ihren Arm um ihn. Aber er saß da wie eine Steinstatue und rutschte keinen Millimeter an sie heran.

Toni stand auf, zog seinen Pullover über und schaute vor die Tür. »Es regnet nicht mehr«, sagte er, »die Sachen sind trocken. Weiter!« Er löschte die Lampe und hängte sie zum Abkühlen an seinen Rucksack. Wir machten uns fertig und gingen.

Es wurde Abend, bis wir im Dorf ankamen. Es lag direkt am Fuß des hohen Berges, den wir eigentlich überqueren wollten und nun umgangen hatten. Seine Zinnen und schartigen Kanten verloren sich in den Höhen hoch über dem Kirchturm.

Alle waren kaputt. Vielleicht weniger wegen der Anstrengungen des äußeren Weges als denen des inneren, den wir heute zurückgelegt hatten.

Die Häuser, die wir passierten, waren alt; ein gemauerter, grob verputzter Sockel, der den Stall beherbergte, darüber der Wohnteil aus behauenen Holzbalken. Man sah diesen alpinen Dorfhäusern noch immer ihre Herkunft aus primitiven Blockhäusern an. Zwischen Blumenschmuck war ein Teil einer Giebelinschrift lesbar: »Höhen und Tiefen ebnet die Zeit …« Manchmal waren in den Holzwänden Schlitze zu sehen. »Da können böse Geister die Häuser verlassen«, sagte der Doktor.

Die Dörfer, durch die wir bisher gekommen waren, hatten menschenleer gewirkt, beinahe ausgestorben. Hier aber waren merkwürdigerweise viele Menschen unterwegs. Sie promenierten, standen in Gruppen auf dem kleinen Dorfplatz, saßen vor der Wirtschaft, tranken Kaffee oder Wein.

Diesmal war es Toni, der weit zurückgeblieben war. Als er uns bei den ersten Häusern eingeholt hatte, sah sein Gesicht ernst aus. Er stellte einer Gruppe Einheimischer am Gassenrand ein paar Fragen in der regionalen Mundart, dann wandte er sich uns zu und zuckte resigniert mit den Schultern. »Eine Wallfahrt«, sagte er, »die älteste und bedeutendste der ganzen Gegend. Wir haben leider keine Chance, hier heute Nacht ein freies Bett zu finden. Ich hätte anrufen sollen, aber sonst ist hier nie etwas los.«

Ich spürte, dass ich Mühe hatte, mich gegen ein Gefühl von matter Wut zu wehren. Eben noch hatte ich mich am Ziel gewähnt, nur Minuten entfernt von einer Dusche, einem Abendessen, einem Bett. Nun stand ich da mit dicken Füßen, schmerzendem Rücken und leerem Magen, heimatlos. Groll griff um sich, Mutlosigkeit, Verzweiflung.

»Ausgerechnet heute« jammerte Annabel, »dem schlimmsten Tag. Wir haben doch schon genug Unglück gehabt.«

Bea brachte es nur noch zu einem gehauchten »Ich kippe gleich um«.

Auch die Männer sahen finster aus. »Gottverdammte Scheiße«, murmelte Alexander, und Stefan rieb sich unaufhörlich die Nase und fragte immer wieder: »Was sollen wir denn jetzt tun, wir können doch nicht draußen schlafen, was machen wir denn nur?« Toni war verschwunden.

Nur der Doktor schien ruhig. Er grinste sogar. »Willkommen in der Sackgasse, Sie sind wieder einmal an Ihrem Lieblingsort. Sie lieben ihn ja so sehr, dass Sie sich gleich immer häuslich darin einrichten. Ein Glas ist nur noch halbvoll? Also ist es halbleer! Also ist es so gut wie ausgetrunken! Eine Katastrophe könnte kommen? Also *wird* sie kommen! Also ist sie schon da! Ist sie das? Was wäre denn die schlimmste aller unserer Möglichkeiten: dass wir heute Abend in der Wirtschaft gut essen und trinken und dann eine Nacht in der Wirtsstube auf dem Boden schlafen – oder vielleicht in der Schule oder im Gemeindesaal der Kirche. Eine Katastrophe? Wirklich? Ich muss sagen, ich habe schon Schlimmeres erlebt.«

Die Gruppe verstummte. Alexander kaute auf den Lippen. Stefan starrte angestrengt auf einen Punkt, an dem nichts zu sehen war. Beruhigt wirkten beide nicht, und noch weniger die Frauen.

In diesem Augenblick tauchte Toni wieder auf. »Alles okay«, rief er. »Wir werden gleich abgeholt und zu einem Gasthaus im Nachbardorf gebracht. In zwanzig Minuten seid ihr die Stiefel los und in vierzig Minuten steht das Abendessen auf dem Tisch.«

Bea ging stumm zu Toni und umarmte ihn, Alexander murmelte: »Gott sei Dank, Gott sei Dank«, und ich gestand mir ein, dass ich mich von dem Gedanken an ein Nachtlager auf dem Fußboden einer Wirtsstube sehr leicht verabschiedete.

Zwanzig Minuten später rumpelte ein betagter VW-Bus auf den Platz, ein lustiger kleiner Mann mit struppigem Vollbart stieg aus, verstaute unser Gepäck und kutschierte uns dann über eine schmale, kurvige Straße ins nächste Dorf. Wir saßen gedrängt in dem kleinen Bus, der Doktor, Toni und ich ganz hinten, vor uns Carola, Stefan und Annabel, die ihren Pullover ausgezogen hatte, im T-Shirt dicht neben Stefan saß und ihn umarmte. Stefan saß neben ihr so kerzengerade, als hätte er einen Wanderstock verschluckt.

Nach zwanzig Minuten Fahrt stoppte unser Fahrer vor einem schmucken dreistöckigen Gasthaus mit bemaltem Giebel, ausladenden Balkonen voller Geranien, vielen Fenstern und farbigen Holzläden.

Als ich in den Speiseraum trat, dampfte schon eine riesige Terrine mit Kraftbrühe auf dem Tisch. Toni strahlte. »Danach gibt es Wildschwein, mein Lieblingsgericht«, rief er mir entgegen. Die Frauen rümpften die Nase, aber Tonis Glück war heute Abend nicht zu erschüttern.

Nach der Suppe begann Toni von dem Dorf zu erzählen, in dem sich heute die Wallfahrer versammelten.

Vierhundert Jahre war es her, dass dieses Dorf zum ersten Mal zerstört wurde. Eine Lawine zermalmte den ganzen Ort und forderte 34 Todesopfer. Die Häuser wurden mühsam wieder aufgebaut. Damals wurde die Wallfahrt begründet, die den lieben Gott und den bösen Berg gnädig stimmen sollte. Trotzdem begrub 50 Jahre später ein Bergrutsch das Dorf erneut unter tonnenschwerem Geröll. Wieder wurde der Ort komplett zerstört, es gab 48 Tote. Hundert Jahre war Ruhe. Dann donnerten in einem besonders schneereichen Winter nacheinander mehrere Schneelawinen ins Dorf. Viele Häuser wurden eingedrückt, die Menschen darin starben. Doch nach jeder Katastrophe bauten die Bewohner ihr Dorf wieder auf, beteten zum lieben Gott und baten auf der alljährlichen Wallfahrt um seinen Beistand. »Bis heute gilt das Dorf als bedroht«, schloss Toni, »es liegt zu exponiert, es lässt sich einfach nicht sichern. Es gab sogar Pläne, alle Einwohner umzusiedeln, aber sie weigerten sich. Obwohl sie wissen, dass es keinen Schutz für sie gibt und sie immer in Angst vor einer neuen Lawine leben müssen.«

»Aber vielleicht gibt es ein anderes Bollwerk«, sagte der Doktor, »es heißt Glaube und Hoffnung. Eine der besten Strategien gegen Angst, wahrscheinlich die beste.«

Die Frauen begnügten sich beim zweiten Gang mit einem medaillongroßen Stückchen von dem Wildschweinbraten, der auf einer großen Platte in der Mitte der Tafel thronte, umgeben vom Hofstaat der Saucieren mit dunkler Rotweinsauce, Schalen mit Preiselbeeren, Platten mit Kartoffelrösti und Rosenkohl. Ich hatte einen obelixhaften Hunger und fand das Mahl ausgesprochen passend. Das Fleisch hatte anscheinend lange in einer Rotweinmarinade gelegen und war ganz mürbe, aber kräftig im Geschmack. Toni nahm sich zweimal nach.

»Die Affären halfen mir gegen die Angst –
wenn ich das Begehren in den Augen der Männer sah,
wusste ich, dass ich noch wirkte,
aber ich hatte auch Angst,
dem Begehren nachzugeben ...«
ANNABEL

Nach dem Essen schob der Doktor seinen Teller zurück und bat noch einmal um unsere Aufmerksamkeit.

»Je länger wir unterwegs sind«, sagte er, »desto besser lernen wir unsere Ängste kennen, aber auch die Maskierungen, hinter denen sie sich verbergen. Stefan hat uns heute darauf gebracht, dass Angst sich verstecken und ins Körperliche verschieben kann. Sie wird dann zu chronischem Bauchweh oder Schwindel oder Atemnot. Angst kann aber auch zu bestimmten Verhaltensweisen führen, die dann zu Lebens-Stereotypen werden. Da gibt es leicht durchschaubare Fälle, beispielsweise die, in denen Menschen Angst vor Enge haben und lange Umwege in Kauf nehmen, um nicht durch einen Tunnel fahren zu müssen. Es gibt aber auch Angst-Tarnungen, die sehr viel schwerer zu durchschauen sind. Die Angst beispielsweise, nichts wert zu sein, nichts zu können, nichts wagen zu dürfen. Ängste, die manchmal kaum noch zu erkennen sind hinter der Maske, hinter der sie sich verstecken; denn diese Ängste führen häufig zu einer suchtartigen Suche nach Bestätigung – auch und gerade durch das andere Geschlecht. Man sieht solchen Menschen keine Angst an, im Gegenteil, man sieht eher aufreizendes Verhalten. Die männlichen Vertreter dieses Typs sind oft regelrechte Sex-Maniacs, die einen One-Night-Stand nach dem anderen haben, aber unfähig sind zu einer festen Bindung, weil es ihnen gar nicht um Partnerschaft geht, sondern um Bestätigung. Die Frauen dieser Kategorie aber sind oft das, was meine amerikanischen Kollegen *Cockteaser* nennen; es gibt kein deutsches Wort dafür, man müsste *Schwanznecker* sagen. Diese Frauen leben im Zustand des Dauerflirts, sie kokettieren ständig in alle Richtungen, sie machen Männer heiß, wecken Begierden, sind aber gar nicht bereit, wirklich zum Objekt der Begierde zu werden. Sie wollen sich nicht auf den Mann einlassen, sondern nur ein Loch in ihrem Leben füllen, ein Gefühl des Mangels und der Leere kompensieren.«

Der Doktor machte eine Pause und trank einen Schluck.

Stefan hob den Kopf, Annabel senkte ihn.

»Ich weiß, dass Sie von mir sprechen«, sagte sie leise.

Wir beschäftigten uns mit unseren Gläsern und warteten. Es dauerte. Annabel wirkte, als finde in ihrem Kopf eine intensive Fahndung statt, als suche sie nach so etwas wie dem Ende eines Fadens, von dem aus sie das Knäuel, das sie in sich hatte, entwirren konnte. Schließlich begann sie. »Ich glaube, es fing an, als unser Sohn groß wurde. Er war immer öfter außer Haus, übernachtete erst bei Freunden, dann bei Freundinnen, sein endgültiger Weggang war nur noch eine Frage von Wochen, vielleicht von Monaten. In dieser Zeit setzten bei mir diese Sinnlosigkeitsgefühle ein – man wacht morgens auf, der ganze Tag liegt vor einem und man weiß nicht, wie man ihn füllen soll. Wie und wozu.«

Annabel erzählte von den Versuchen, mit ihrem Mann darüber zu reden, aber der reagierte nur genervt und verständnislos. »Such dir ein Hobby«, sagte er, »spiel Golf.« Sie begriff, dass auch aus ihrer Partnerschaft die Luft raus war. »Ich fühlte mich als Ehewitwe.« Und alt. Über 45. Die Wechseljahre standen bevor. Das Wissen, bald keine vollwertige Frau mehr zu sein. »Meine Attraktivität verfiel. Manchmal stand ich vor dem Spiegel und glaubte, diesem Verfall zuschauen zu können.« Annabel kämpfte dagegen an. Joggen, Sauna, Muskelstudio, das volle Programm. Plus Hormone. Trotzdem machte sich immer stärker ein Gefühl von klammer, lähmender Angst in ihrem Leben breit. Im Fitness-Studio ergab sich dann die erste flüchtige Affäre, und sie merkte, dass die ihr half gegen die Angst. »Wenn ich das Begehren in den Augen der Männer sah, wusste ich, dass ich noch wirkte. Aber ich hatte auch große Angst, dem Begehren nachzugeben. Was würde daraus werden? Wie wäre eine gemeinsame Nacht? Und wie würde es danach weitergehen? Es ist nie zum Äußersten gekommen.«

Immer wieder träumte sie von einem Neuanfang, einem radikalen Bruch, einem neuen Leben. Aber welchem? Außerdem hatte sie Angst vor dem Neuen. Dem Wagnis. Dem Verlust des Ehemannes. Dem Single-Dasein. In alle Richtungen waren ihr die Wege von Ängsten versperrt. Sie wagte kaum noch, über ihre Situation nachzudenken – aus Angst vor der Angst. Deshalb hatte sie sich auf die Wanderung eingelassen, weil sie sich Klarheit über ihre Ehe und ihre Lebenslage erhoffte. »Aber was ist stattdessen passiert? Der Doktor hat ja Recht, ich bin in mein altes Verhalten zurückgefallen.«

Sie sah Stefan an. »Es tut mir Leid.«

Stefan drückte ihr stumm die Hand.

»Jetzt sind wir fast am Ende der Wanderung«, sagte sie, »und ich bin es auch. Am Ende.«

»Falsch«, meinte der Doktor vergnügt, »ganz falsch. Sie sind am Anfang! Genauso wie die Dörfler, die nach der Zerstörung durch die Lawine ihr Dorf wieder aufgebaut haben. Es gibt Lebensveränderungen, die Schmerzen verursachen und Angst machen. Aber sie sind unvermeidlich. Sie gehören zum Leben. Kinder kommen, Kinder gehen, der Mensch wird älter, die Haut wird faltig, die Libido lässt nach – aber Glück bleibt immer möglich. Ich habe Achtzigjährige gekannt, die mir gesagt haben, dass sie nie zuvor in ihrem Leben so glücklich waren. Aber Glück bleibt auch immer eine Aufgabe. Man muss es herstellen. Dazu muss man eine Vorstellung von ihm haben, eine Vision. Vielleicht ist das Wort zu groß. Sprechen wir lieber von ›Glückspunkten‹. So einen Glückspunkt muss man ansteuern. Was macht Sie glücklich, Annabel? Eine schwere Frage, ich weiß. Ich stelle sie trotzdem. Denn das Nachdenken darüber, was unser Glück ausmacht, kann helfen, Unglück zu vermeiden. Wir neigen ja dazu, allein schon deswegen unglücklich zu sein, weil es keine Steigerung im Leben gibt. Das Auto, mit dem wir bis gestern glücklich waren, macht uns heute unglücklich, weil das Nachfolgemodell herausgekommen ist. Unsere schöne Wohnung – eigentlich könnte sie doch ein Zimmer mehr haben! Der Urlaub könnte länger, das Gehalt höher, der Sommer wärmer, das Porzellan feiner, der Sex besser sein – wir modernen Glückssucher leben mit dem Dauerfrust der Enttäuschung, wenn wir keine Steigerungen erleben. Das ist menschlich und genau genommen nichts anderes als ein Trick der Evolution: Wer höher springt, weiter kommt, schneller ist als die anderen, hat die besten Aussichten im Kampf um Paarung und Überleben und das Fortleben seiner Gene in Kindern und Kindeskindern. Darum ist uns das ›Mehr ist besser‹ zur zweiten Natur geworden – aber eben auch zur Quelle von Unglücksgefühlen, wenn es nicht unser Leben bestimmt. Wenn wir uns, beispielsweise aus Altersgründen, mit weniger abfinden müssen – weniger Tempo, weniger Attraktivität. Spätestens dann wird es Zeit, sich klar zu machen, dass das Maximum sowieso nie erreicht wird – auch der Schlossbesitzer kennt immer ein Schloss, das noch größer und prächtiger ist als sein eigenes. Dann muss man sich eine Frage stellen: Welches waren die wirklich glücklichen Momente im Leben? Ich frage Sie das: Welches waren die Situationen Ihres Lebens, in denen Sie tiefes Glück empfunden haben? Denken Sie nach! Manche Momente, die Ihnen einfallen werden, lassen sich nicht wieder herstellen. Die erste Liebe, die Geburt eines Kindes, das erste selbst verdiente Geld sind einmalig und unwiederbringlich. Das gilt aber nicht für alle Glücksempfindungen. Man weiß beispielsweise, dass das Gefühl von Nähe, Zugehörigkeit, Geborgenheit in Menschen solche Glücksgefühle auslöst. Denken Sie darüber nach, welche Momente, welche Orte, welche Situationen es waren, in denen Sie ein solches Gefühl empfunden haben und orientieren Sie sich darauf.

Nehmen Sie sich die Wiederholung vor!

Wie lässt sich eine solche Situation wieder herstellen?

Was brauchen Sie dazu?

Wen brauchen Sie dazu?

Ihren Mann, Annabel? Wenn nein, werden Sie schnell Klarheit über Ihre Ehe gewinnen. Wenn ja, müssen Sie sich dieses Glück wieder erarbeiten. Und Sie werden dabei eins feststellen, was ich Ihnen schon einmal erklärt habe:

Ein Mensch kann nicht zwei sich widersprechende Gefühle gleichzeitig haben. Wer Glück empfindet, kann keine Angst empfinden. Glück schlägt Angst.

Und nun los, schließen Sie einfach die Augen und suchen Sie Ihre Glückspunkte!«

Glückspunkte

Kinder. Ich sah als Erstes Kindergesichter, lachend, strahlend, begeistert; Kindergesichter, die mein Glück spiegelten; Kinderspiele in sommerlichen Gärten, Schaukeln, die mit Jauchzern in den Himmel stiegen; auch ein Kind mit aufgeschürften Knien, weinend, das meinen Trost sucht; Glück, Vater zu sein. Dann verblassten die ersten Bilder, Landschaften kamen und gingen, Berge, Küsten, das Meer, Segel, die am Mast aufsteigen, die blaugraue Unendlichkeit der See. Und dann eine neue Empfindung, eine, wie ich sie in den besten Momenten beim Segeln gespürt habe, aber manchmal auch, wenn ich irgendwo in der Welt verloren war, auf einem Berg stehend beim Blick in ein unbekanntes Tal, in einer fremden Stadt, vor einem Café sitzend und Menschen betrachtend: Dankbarkeit; Dankbarkeit, da zu sein; Einverständnis mit der Welt und dem Leben, so wie sie sind.
Wunschloses Glück.

Ich saß noch immer mit geschlossenen Augen, als ich den Doktor sagen hörte: »Nehmen Sie diese Bilder des Glücks mit in die Nacht und Ihre Träume. Halten Sie sie fest. Und denken Sie morgen nach dem Aufwachen darüber nach, wie sie wieder Realität werden können.«

Keiner sprach. Alle standen auf und verließen leise den Raum, alle außer einem. Einer blieb am Tisch sitzen, ein Glas vor sich und eine volle Flasche Wein: Alexander.

Tag fünf. Einbruch

Der Regen des Vortages hatte den Himmel gewaschen. Das Rot des Sonnenaufgangs wurde schnell von einem klaren Blau abgelöst, vor dem die schroffen Konturen der Berge so scharfkantig und nah standen wie eine gigantische Laubsägearbeit. Ein leichter Wind ging, der das frische Grün der Almwiesen in sanften Aufruhr versetzte. Ein Traummorgen.

Niemand hatte Lust, diesen Tag mit einer Autofahrt zu beginnen. Also gingen wir zu Fuß zurück zu dem Dorf, aus dem uns gestern der VW-Bus abgeholt hatte. Wir liefen nicht auf der Straße, sondern auf einem Wanderweg, der die halbe Höhe eines Hangs erklomm und dann in weitem Bogen an einer Bergflanke entlang zu dem Killerberg führte, von dem die Todeslawinen auf das Nachbardorf herabgestürzt waren.

Dort begegneten wir den Wallfahrern. Ein dunkler Lindwurm von Menschen, der sich den Berg hinaufwand, die Männer in schwarzen Anzügen, die Frauen in weißen Blusen und schwarzen Röcken. An der Spitze liefen drei Männer mittleren Alters, verwitterte Gesichter wie Felsen auf der Wetterseite. Sie trugen abwechselnd ein großes Holzkreuz.

»Sie umkreisen das Dorf auf der Bergseite«, erläuterte Toni. »Dort, wo die Lawinen und Bergrutsche abgegangen sind, stehen kleine Kapellen, wo der Zug anhält; dann wird gemeinsam gebetet und gesungen. Ein weiterer Prozessionszug kommt von der anderen Seite, ein dritter steigt direkt aus dem Dorf auf. Wenn die Züge sich begegnen, werden die Kreuze gegeneinander geneigt, so dass sie sich berühren, und alle singen.«

Wir machten dem Prozessionszug den Weg frei, setzten uns auf Steine oberhalb des Wanderwegs und betrachteten die vorbeiziehenden Menschen. Viele Frauen bewegten ihre Lippen in stummen Gebeten, manche bildeten Gruppen, die Lieder sangen: »Verschone uns, o Herr, erhöre uns, o Herr, erbarme dich unser, o Herr.« Die meisten Männer schritten schweigend, in tiefem Ernst.

»Warum haben denn so viele Menschen Angst in dieser Welt?
Weil sie Grund dazu haben!
Es gibt keine Sicherheit, nichts Verlässliches,
es ist eine gruselige Welt …«
ALEXANDER

»Glaube, Hoffnung, Liebe, diese drei«, murmelte der Doktor.

»Dummheit, Verblendung, Fatalismus«, entgegnete Alexander. Seine Stimme klang zornig. »Es tut mir Leid, aber ich habe mich schon gestern über den Satz mit dem Bollwerk geärgert. Glaube als Bollwerk gegen Lawinen! Das ist doch Quatsch.«

»Nicht gegen Lawinen«, sagte der Doktor, »gegen die Angst.«

»Aber die Angst ist eine Angst vor Lawinen, und die scheint verdammt berechtigt zu sein. Sie ist offensichtlich ein absolut korrektes und vernünftiges Gefühl, und es kommt mir verdammt unvernünftig vor, dagegen Gebete zu murmeln. Diese Leute da unten leben doch im Mittelalter, nicht in unserer Welt! Warum haben denn so viele Menschen Angst in dieser Welt? Weil sie Grund dazu haben! Weil wir in den Zeiten eines neuen Turbokapitalismus leben, der keine Grenzen und keine Normen mehr kennt. Gestern Mannesmann, heute Vodafone und morgen auf der Straße, weil deine Abteilung nach London verlegt wird. Das ist die Realität! Und vor ihr muss man Angst haben. Es gibt keine Sicherheit mehr in dieser Welt, nichts Verlässliches, weder Ausbildung noch Job noch Wohnort – das Einzige, worauf du dich hundertprozentig verlassen kannst, ist die Abwesenheit irgendeiner Verlässlichkeit. Es ist eine gruselige Welt, in der wir leben. Eine Welt, die Angst macht. Und ich habe noch nicht einmal von Terrorismus, Selbstmordattentätern und dem 11. September gesprochen.«

Der Doktor hatte ruhig zugehört. Er nickte. »Man nennt es

Run-away-World, eine Welt ohne Halt. Keiner kann sie halten, und wir finden in ihr keinen Halt. Sie haben vollkommen Recht, Alexander, in dieser Welt ist die Angst zu einer neuen Seuche geworden. Ein Freund von mir, der Arzt und Ethnologe ist, hat lange auf den Trobriand-Inseln vor Papua-Neuguinea gearbeitet, in einer traditionellen Gesellschaft, die auf materiell primitivem Niveau lebt. Und dieser Freund versichert mir, dass dort Angst-Erkrankungen so gut wie unbekannt sind – obwohl die Insulaner weder Ärzte noch Blitzableiter haben und objektiv viel mehr Anlass zu Ängsten als wir. Doch sie haben keine. Anscheinend entwickeln ihre Gewissheiten wie die Lebensperspektive, der soziale Status und die Geborgenheit in der Gruppe eine enorme Abwehrkraft gegen Angst. Bei uns ist es aber genau umgekehrt: Wo die Insulaner Gewissheiten haben, haben wir Ungewissheiten: unser Arbeitsplatz, unser Wohnort, unser sozialer Status, unsere Partnerschaft, unser Leben im Alter – alles ungewiss. Die Folge ist Angst.«

»Sag ich doch«, warf Alexander ein, »Angst ist ein logisches, ein vernünftiges Gefühl.«

»Logisch ja, vernünftig nein«, erwiderte der Doktor. »Schon deswegen nicht, weil jede Angst usurpatorisch ist, sie hat die Tendenz, immer größere Bereiche des Lebens zu erobern. Wer anfänglich nur Angst davor hat, durch einen Tunnel zu fahren, betritt irgendwann keinen Supermarkt mehr aus Angst vor der Enge dort und verlässt eines Tages seine Wohnung nicht mehr. Angst ist ein Signal. Eine Warnung vor Gefahr. Mehr Raum im Leben darf sie nicht einnehmen. Manchmal ist die Gefahr real, manchmal nur eingebildet. Die Unterscheidung ist für den Einzelnen nicht immer leicht. Auch nicht die Entscheidung, wann man der Angst nachgeben darf, wann nicht. Muss ich in Zeiten drohender Terroranschläge unbedingt in ein Flugzeug steigen? Vielleicht nicht, wenn es nur um eine Urlaubsreise geht. Aber wenn die Liebe meines Lebens auf einem anderen Kontinent wartet oder eine einmalige berufliche Chance? Die Menschen da unten auf dem Weg, die dem Kreuz folgen, haben einen Weg gefunden, solche Entscheidungen zu treffen, indem sie glauben. Natürlich ist es zunächst die Geborgenheit der Heimat, des vertrauten Lebens, der Dorfgemeinschaft, die ihnen Sicherheit gibt, sie vom Umzug in eine lawinensichere Umgebung abhält und einem lebensgefährlichen Risiko trotzen lässt. Aber es gibt daneben noch etwas anderes. Die Dörfler wissen sich auch in der Hand eines Höheren und fühlen sich dort aufgehoben und darum angstfrei. Sogar unter dem Risiko herabstürzender Lawinen. Mit der gleichen Haltung haben unsere Vorfahren Zeiten bestanden, in denen Kriege oder die Pest die Bevölkerung halb Europas auslöschten. Die Menschen mussten schon immer in einer bedrohlichen, angsteinflößenden Welt zurecht kommen. Vielen half der Glaube. Aber heute haben die meisten Menschen Gott herausgeworfen aus ihrem Leben. Nicht nur ihn, sondern jeden übergeordneten Lebenssinn, der Sicherheit gibt. Nicht er verrät ihnen, was sie mit ihrem Leben anfangen können, sondern die Gesellschaft. Und die sagt: ›Du kannst alles erreichen!‹ Wenn man dann aber nicht alles erreicht, ist man ein Versager und das Leben eine verpasste Gelegenheit. Je ›machbarer‹ angeblich die Lebensumstände, desto ohnmächtiger und angstvoller fühlen sich die meisten Menschen. Die Dorfbewohner mögen ohnmächtig sein gegen die Gefahren des Berges, aber sie fühlen sich nicht so. Sie mobilisieren dagegen ihren Glauben, deswegen sind sie bei dieser Prozession.«

Alexander war überhaupt nicht überzeugt. »Man kann Lawinen nicht mit einem Ave Maria aufhalten«, sagte er knapp, »und eine kranke Welt nicht gesund singen.«

»Man kann über die Dunkelheit klagen«, erwiderte der Doktor, »oder eine Kerze anzünden. Man muss alles tun, um zu ändern, was man nicht ertragen kann. Was man aber nicht ändern kann, muss man ertragen lernen.«

Die letzten Wallfahrer waren inzwischen an uns vorbeigeschritten; ein paar Kinder folgten noch, die sich gegenseitig jagten und diesen Ausflug in die Berge als großen Jux zu betrachten schienen. Zeit, wieder aufzubrechen.

Der Weg querte ein paar sanfte Talhänge, passierte zwei verlassene Alphütten und wand sich dann steil nach oben. Nach einer

Weile kamen wir an einzeln stehenden mächtigen Nadelbäumen vorbei, knorrig und windzerzaust.

»Arven«, sagte Toni, »auch Zirbelkiefern genannt.«

Bald wurden die Bäume dichter und bildeten einen Märchenwald aus grünen Riesen, viele 15, 20 Meter hoch, die Stämme manchmal geborsten, vom Blitz zersplittert, aber dennoch voll kraftvollen Lebens. Dazwischen tiefgrüne Jungbäume. Es war totenstill in diesem Wald, der weiche Boden schluckte jeden Tritt, das Einzige, was wir hörten, war das heisere Krächzen der Tannenhäher. Überall auf dem Waldboden lagen Arvennüsse, »Nuschpignas« nannte sie Toni und erzählte, dass sie die Lieblingsspeise der Tannenhäher sind, die den Arvensamen auf diese Weise verbreiten und so für die Ausweitung des Waldes sorgen; bis zu 2300 Meter Höhe wächst er, trotzt Stürmen, Schnee, Lawinen und der eisigen Kälte.

Wir liefen lange durch diesen verwunschenen Zauberwald, der nicht nur die Trittgeräusche, sondern auch jedes Gespräch verstummen ließ. Ein merkwürdig meditatives Gehen, ruhig und gleichförmig bergauf, auf weichem, sanft schmeichelndem Boden.

Dann war der Wald plötzlich zu Ende, rauer Wind blies uns direkt ins Gesicht und ließ die Augen tränen. Der gute Weg hörte auf. Vor uns lag ein steiler, steiniger Hang, auf dem nur hier und da an markanten Felsen Wegmarkierungen zu sehen waren, so dass man die Richtung nicht verlor.

Wir gingen im Gänsemarsch. Als Erster Toni, gefolgt vom Doktor, dann Bea, Stefan, Carola, Alexander und Annabel. Ich bildete den Schluss. Das Gehen war schwierig. Der Hang bestand aus Felsen und Geröll, man musste aufpassen, wohin man trat, konnte aber wegen des starken Windes und der tränenden Augen schlecht sehen. Plötzlich passierte es. Carola war auf einen losen Stein getreten, rutschte ab und schrie auf. Alexander, der hinter ihr ging, sprang nach vorn, um sie aufzufangen; dabei trat er aber selbst auf loses Geröll, rutschte ebenfalls ab, konnte sich nicht mehr halten, knickte um und schlug hin. Noch bevor einer von uns bei ihm war, versuchte Alexander sich wieder aufzurappeln, gab es aber mit einem aufstöhnenden Jammerlaut wieder auf. Er lag an einer besonders steilen Stelle des Hangs, und wir mussten Acht geben, auf dem Weg zu ihm nicht ebenfalls zu stürzen. Alle setzten die Rucksäcke ab, sicherten sie mit Steinen, so dass sie nicht abrutschen konnten, und krochen dann zu Alexander. Er lag da mit schmerzverzerrtem Gesicht und stöhnte »mein Knöchel«.

Toni und der Doktor zogen ihm vorsichtig den Stiefel vom rechten Fuß, rollten die Socke runter und betasteten den Knöchel, der jetzt schon sichtbar anschwoll. Der Doktor murmelte eine Entschuldigung und bewegte den Fuß dann in verschiedene Richtungen. Alexander schrie auf.

»Ich glaube nicht, dass er gebrochen ist«, stellte der Doktor fest. Toni nickte.

»Aber was tun wir jetzt?«, fragte Bea, und in ihrer Stimme schwang schon wieder ein Unterton von Panik mit. »Hubschrauber?« fragte der Doktor. »Toni, haben wir hier Handy-Empfang?«

»Handy ja, Hubschrauber nein«, antwortete der. »Ein Helikopter kann auf dem Hang nicht landen, sie müssten ihn mit der Seilwinde hochziehen, aber bei dem Wind ist das sehr riskant. Unterhalb des Gipfels ist ein Plateau. Wir sollten versuchen, dorthin zu kommen, und dann überlegen, wie es weitergeht.« »Gut«, sagte der Doktor, »hol mir bitte die Arzttasche aus dem Rucksack.«

Toni kletterte den Hang hinauf und war kurz darauf mit einer flachen schwarzen Tasche zurück. Als Erstes förderte der Doktor eine kleine Flasche zutage, nahm die Kappe ab und begann, Alexanders Knöchel einzusprühen. »Ein Kühlspray«, erläuterte er, »gegen die Schwellung.« Dann wickelte er Alexander einen festen Verband um den Knöchel, zog ihm Socke und Schuh vorsichtig wieder an und half dem Stöhnenden beim Aufstehen. Es ging besser als wir befürchtet hatten. Aber nun würde erst der eigentlich schwierige Teil kommen.

Toni dachte einen Moment lang nach und gab dann seine Anweisungen. Stefan und ich mussten den Inhalt der Rucksäcke von

Alexander und dem Doktor auf die Frauen und uns selbst verteilen. Stefan sollte an der Spitze gehen und nach den Markierungen Ausschau halten, dann die Frauen, und danach Alexander, gestützt auf den Doktor. Als Letzter sollte ich wieder die Nachhut bilden. Toni selbst wollte noch einmal zurück zum Wald und ein paar stabile Äste suchen »für alle Fälle«. Auf dem Plateau unterhalb des Berggipfels, der vor uns lag, sollten wir rasten und auf ihn warten.

So wie Toni es angeordnet hatte, geschah es. Unsere kleine Karawane setzte sich in Bewegung. Sehr langsam und sehr vorsichtig. Trotzdem entging mir nicht, dass Alexander, der direkt vor mir lief – besser: humpelte –, bei jedem Schritt aufstöhnte.

Es dauerte unendlich lange, bis wir den Steilhang durchquert hatten. Und dann brauchte es noch einmal viel Zeit, bis wir uns in kleinen Schritten den steilen Anstieg zu dem Plateau hinaufgearbeitet hatten, von dem Toni gesprochen hatte. Ich weiß nicht, wer dort oben kaputter ankam, Alexander oder der Doktor. Beide ließen sich keuchend auf das Moos sinken, das zwischen den Felsen wuchs. Aber auch alle anderen waren erschöpft von dem ungewohnten Gewicht, das sie zu schleppen hatten. Fast gleichzeitig mit uns traf Toni ein. Er hatte drei etwa zwei Meter lange und armdicke Baumstämme geschultert, die er jetzt abwarf. Auch er wirkte ausgepumpt.

Alle setzten sich hinter die Felsen, die Windschutz boten. Toni verteilte Vollkornkekse und ließ die Wasserflasche herumgehen. Als wir gegessen und getrunken hatten, berieten wir die Lage. »Auf jeden Fall braucht Alexander jetzt erst einmal eine längere Ruhepause«, sagte der Doktor, »und ich auch.«

»Wer will, kann die Zeit nutzen, um auf den Gipfel zu steigen.« Toni wies hinauf. »Es ist nur noch ein kurzes Stück, und die Fernsicht ist atemberaubend, vor allem bei diesem Wetter – gestern Regen, heute Wind, da sieht man das komplette Alpenpanorama.«

Keiner wollte. Alle wollten bei Alexander bleiben, ihm Gesellschaft leisten, ihn nicht allein lassen. Doch das war ihm nicht recht. »Bitte, geht! Geht für mich und macht da oben ein paar Fotos, damit ich mir wenigstens die später ansehen kann.«

»Ich bleibe sowieso hier«, ergänzte der Doktor. Auch ich beschloss, auf den Gipfelsturm zu verzichten. Ich wollte mir lieber ein paar Notizen machen – es war so viel passiert. Der Rest der Gruppe brach auf.

Der Doktor wickelte den Verband von Alexanders Knöchel ab und untersuchte ihn. Er schien ganz zufrieden. Er sprühte ihn noch einmal mit dem Kühlspray ein, wartete eine Weile und trug dann eine Salbe auf. Dann saßen wir da, ruhten uns aus und hingen unseren Gedanken nach.

»Es ist seltsam«, unterbrach Alexander die Stille, »heute Morgen habe ich noch davon geredet, dass alles zerfällt und es nichts Verlässliches mehr gibt in unserer Zeit, aber jetzt erlebe ich genau das Gegenteil. Alle stehen mir bei, kümmern sich um mich, zeigen mir, dass auf sie Verlass ist. Wirklich seltsam.«

»Es gibt eben nicht nur das Große«, sagte der Doktor. »Die große Welt mit ihren Globalisierungen und Krisen und Klimakatastrophen. In dieser Welt wird es immer schwieriger, noch so etwas wie Identität zu finden. Lauter zentrifugale Kräfte zerren an uns. Es gibt keine selbstverständlichen Lebensmuster mehr, sondern nur noch eine verwirrende Fülle verschiedener Lebensformen, die zur freien Auswahl stehen. Alles veraltet rasend schnell, Erfahrungen werden entwertet, die Gegenwart schrumpft. Partnerschaften sind keine Lebensbündnisse mehr, ihre Halbwertzeit wird immer kürzer. Die ständig anschwellende Flut der Informationen und technischen Neuerungen vermittelt uns ein Gefühl von Überwältigung, Hilflosigkeit und Inkompetenz. Gegen alle diese angsterregenden zentrifugalen Kräfte aber gibt es die Besinnung auf die kleine Einheit. Zusammenhalt, Freundschaft, Beistand, Nähe, Mitmenschlichkeit sind nicht nur wichtige Werte, sondern auch Bollwerke gegen die Angst. Genauso wie der Glaube der Wallfahrer, die uns begegnet sind. Jeder Mensch braucht diesen Schutz der Geborgenheit. Manche finden sie im Glauben, in der Liebe zu Gott oder einem anderen Menschen. Man kann sie aber auch im Zusammenhalt einer Gruppe erleben. Von meinen Angst-Patienten ...«

Der Doktor wurde unterbrochen von der Rückkehr der anderen. Bea hüpfte fast vor Freude, als sie auf Alexander zulief. »Schau, was wir dir mitgebracht haben!« Es war ein Stein, ein Bergkristall. Toni hatte ihn entdeckt, und alle waren sich einig, dass Alexander ihn bekommen sollte.

Er nahm ihn und musste sich zweimal räuspern, bevor er »danke« sagen konnte.

Stefan setzte sich neben ihn und zeigte ihm auf dem kleinen Monitor seiner Digitalkamera die Fotos, die er auf dem Gipfel gemacht hatte. »Du bekommst natürlich große und richtig tolle Prints«, sagte er.

Wieder räusperte sich Alexander. Dann drückte er Stefan stumm die Hand. Danach wandte er sich wieder an den Doktor: »Sie sind unterbrochen worden. Was ist mit Ihren Patienten?«

»Viele leben allein und viele in einer Partnerschaft, die diesen Namen nicht mehr verdient. So haben sie es irgendwann verlernt, sich Beistand im Alltag zu organisieren und damit den angsterregenden Kräften ein riesiges Einfallstor in ihr Leben geöffnet. Ohne Beistand kann der Mensch nicht leben, jedenfalls nicht angstfrei. Deswegen schlage ich Ihnen einen kleinen Test vor, der Ihnen zeigen soll, wie dicht oder undicht das Netz ist, das Sie bei Bedarf an Beistand auffängt.« Der Doktor bat uns, die kleinen Notizhefte herauszuholen und auf jede seiner folgenden Fragen möglichst drei Namen niederzuschreiben.

Wie viel Beistand haben Sie in Ihrem Leben?

Wen können Sie nachts um drei anrufen, wenn Sie vor Sorgen keinen Schlaf finden?
Mit wem können Sie über Schwierigkeiten in Ihrer Beziehung reden?
Wen können Sie um Begleitung bei einer Trauerfeier bitten?

Bei wem könnten Sie eine Notunterkunft finden, wenn Ihre Wohnung ausbrennt?
Wer hat Ihnen gesagt, dass er oder sie jederzeit für Sie da ist?
Wem haben Sie gesagt, dass Sie jederzeit für ihn da sind?
Für wen würden Sie eine Woche Urlaub opfern, wenn er/sie in eine Lebenskrise gerät?
Wer sollte sich bei Ihnen mal richtig ausweinen?
Wen würden Sie in einem Notfall länger bei sich aufnehmen?
Wen könnten Sie um Beistand oder Pflege bitten, wenn Sie krank werden?

»Zweierlei sollte Ihnen am Ende dieses Tests auffallen«, erklärte der Doktor. »Erstens fehlende Namen, denn sie bedeuten eine bedenkliche Beistandslücke in Ihrem Leben; und das Zweite, was Ihnen auffallen sollte, ist, dass Beistand keine Einbahnstraße ist; nur wer gibt, bekommt auch. Fragen Sie also nicht nur, wer kann mir helfen, sondern immer auch, wem kann ich helfen. Erinnern Sie sich an das Gesetz der Resonanz, das ich Ihnen erläutert habe.«

Toni setzte sich wieder zu uns. »Ich habe nachgedacht«, sagte er. »Es gibt nur zwei Möglichkeiten. Die eine: Wir alarmieren jetzt einen Hubschrauber und Alexander wird ins Tal geflogen.«

Der Doktor schüttelte den Kopf. »Der Knöchel ist mit Sicherheit nicht gebrochen. Es gibt eine gute Chance, dass Alexander morgen wieder laufen kann. Ich bin dafür, dass die Gruppe zusammen bleibt.«

Alle nickten.

»Dann gibt es nur eine Alternative«, sagte Toni. »Wir gehen auf die Hütte von Plurs. Ins Tal schaffen wir es heute nicht mehr. Es ist zu spät, wir sind zu langsam. Die Hütte können wir noch rechtzeitig erreichen, aber ich muss euch alle warnen: Es geht dort sehr einfach zu. Keine Einzelzimmer, ein Klo für alle.«

»Egal«, erklärte Stefan spontan, und Carola ergänzte: »Solange wir ein Dach über dem Kopf haben.«

»Alle einverstanden?«, fragte Toni.

Die Gruppe nickte.

»Gut«, sagte Toni, dann brauche ich jetzt jemanden, der mir hilft.« Ich meldete mich. Toni holte die schlanken Baumstämme, die er mitgebracht hatte, wählte die zwei aus, die am geradesten waren und die wenigsten Äste hatten. Dann wies er mich an, einen der Stämme mit einem Messer von den Astresten zu befreien und so glatt wie möglich zu machen. Den anderen nahm er sich selber vor. Nach zehn Minuten waren wir fertig. Toni zog seinen Anorak aus, schloss den Reißverschluss und steckte jeweils einen der Stämme durch den Ärmel der Jacke, so dass der am Bund der Jacke wieder herauskam.

»Das wird zu kurz«, der Doktor zog seine Jacke ebenfalls aus. Toni nahm sie und fädelte sie umgekehrt auf die Stämme. Eine relativ komfortable Trage war entstanden. Gegen seinen Protest musste Alexander sich drauflegen, dann griffen der Doktor und Toni zu, hoben ihn an und setzten sich in Bewegung. Nach zehn Minuten wurde gewechselt. Stefan und ich trugen jetzt. Dann wieder Toni und der Doktor.

Als Stefan beim nächsten Wechsel die Trage anhob, grinste er. »Schade eigentlich, dass Norman so früh verschwunden ist«, keuchte er, »jetzt hätte er doch seinen Kick gehabt.«

Es war kein Sprinttempo, das wir vorlegten, aber wir kamen voran. Der Einzige, der wirklich litt, war Alexander. Nicht seines Knöchels wegen, sondern weil es ihn folterte, so sehr auf die Hilfe anderer angewiesen zu sein.

Die Sonne war schon hinter den westlichen Bergen verschwunden, als wir die Hütte sahen. Sie wirkte noch ziemlich weit weg, aber diesmal blieb der Weg auf gleicher Höhe, er war leicht zu gehen, und wir erreichten unser Ziel schneller als erwartet.

Als wir uns dem halb aus Stein, halb aus Holz gebauten einstöckigen Haus näherten, kam uns der Hüttenwirt entgegen gelaufen. Er hatte aus dem Fenster geschaut, die Trage gesehen, die wir schleppten, und war sehr erleichtert, dass kein ernsthafter Unfall geschehen war.

Die Hütte lag abseits der viel begangenen Wanderwege, es war auch schon spät im Jahr, und wir waren deswegen die einzigen Gäste. Wir brachten Alexander in eine der beiden Schlafstuben, in denen die flachen Holzbetten wie bei den sieben Zwergen dicht nebeneinander entlang der beiden Längswände standen. Er legte sich sofort hin, Schweißperlen auf der Stirn; man sah jetzt, dass er auch körperlich völlig erschöpft war und ihn dieser Transport mindestens so angestrengt hatte wie seine Träger.

»Strenge Bettruhe«, verkündete der Doktor, »das Abendessen findet hier statt. Die Frauen sind zuständig, die Männer dürfen sich ausruhen. Und ich sehe mir noch einmal den Patienten an.« Er löste den Verband und wollte den Knöchel gerade wieder mit Salbe einreiben, als der Hüttenwirt in die Stube kam.

»Warten Sie«, rief er, »das hier ist besser!«

Er hielt dem Doktor eine nicht besonders vertrauenswürdig aussehende Blechdose mit einem verbeulten Deckel hin.

»Was ist das?«, fragte der Doktor.

»Murmeltierfett«, sagte der Wirt, »versetzt mit einer besonderen Mischung aus Alpenkräutern. Ein altes Familienrezept.«

Alexander sah skeptisch auf die merkwürdige Dose. Man merkte, dass der Doktor seine Skepsis teilte. Aber er sagte: »Alexander, Sie haben die Wahl. Hier das in vielen Laborversuchen erprobte und in sterilen Kitteln hergestellte Produkt der Pharmaindustrie. Da das Familienrezept mit unbekannten Wirkstoffen von der Almwiese. Woran wollen Sie glauben?«

»Ist es eine Glaubensfrage?«, wunderte sich Alexander.

»Ja«, sagte der Doktor. »Der Glaube heilt. Zumindest hilft er heilen. Das ist eine naturwissenschaftlich bewiesene Tatsache.«

Alexander tippte stumm auf die verbeulte Blechdose. Der Doktor öffnete sie und trug den grau aussehenden Inhalt auf den geschwollenen Knöchel auf.

Als der Verband danach wieder gewickelt war, kamen Carola und Bea herein, beide mit Holztabletts, auf denen sich Bretter,

Messer, geschnittenes Brot, Salami- und Schinkenscheiben und ein paar große Käsestücke stapelten. Annabel folgte mit einer Wasserkaraffe und Flaschen mit Saft und Wein. Auf das Bett neben Alexander wurde eine Tischdecke gelegt, das Essen darauf verteilt, und dann lagerten wir uns auf diesem merkwürdigen Picknickplatz zum gemütlichsten Abendessen der bisherigen Wanderung.

Toni erzählte, dass man in dieser Gegend manchmal heute noch merkwürdige Funde machen kann, Uniformknöpfe, Münzen, verrostete Bajonette. Sie stammen von dem Heer des russischen Generalfeldmarschalls Suworow, das vor 200 Jahren in den napoleonischen Kriegen über diese Berge gezogen war und von einem frühen Wintereinbruch überrascht wurde. Die Wege waren über Nacht knietief verschneit, die Felsen vereist, die Pferde glitten aus, stürzten ab, es gab keine Unterkunft, das Heer musste im Freien übernachten, es gab kein Feuer, die erschöpften Soldaten kamen vom Weg ab, fielen in Abgründe, erfroren. Die Kanonen wurden aufgegeben, Marschunfähige zurückgelassen.

Eine ganze Armee von 10 000 Mann und 2000 Pferden wurde ohne Feindkontakt vollständig aufgerieben – nur von Bergen und Wetter.

»Wie viel Angst ist gesund,
wann ist es richtig, ihr nachzugeben,
wann nicht …?«
ALEXANDER

Bea kuschelte sich an mich und sagte: »Am schönsten wäre es, wenn wir morgen früh eingeschneit wären und eine Woche hier bleiben müssten. Ich weiß nicht, wann ich mich zum letzten Mal so wohl und geborgen gefühlt habe wie heute Abend.«

»Merkwürdigerweise geht es mir ebenso«, stimmte Alexander zu. »Trotz meines Knöchels. Aber mich beschäftigt immer noch die Frage von heute Mittag: Wie viel Angst ist gesund, wie viel

Angst ist normal, wann ist es richtig, ihr nachzugeben, wann nicht? Gibt es darauf eine generelle Antwort?«

»Nein und ja«, sagte der Doktor. »Nein: weil Menschen verschieden sind und auf Belastungen und Ängste verschieden reagieren. Sie haben im Leben unterschiedliche Erfahrungen gemacht, ihre Persönlichkeit ist individuell ausgeprägt, genau wie ihre Erregungsreaktion in Belastungssituationen. Wer als Kleinkind immer wieder die Erfahrung gemacht hat, allein gelassen zu werden und hilflos zu sein, der wird vielleicht sein Leben lang panische Angst davor haben, verlassen zu werden und allein zu sein. Ganz anders der, der Vertrauen zu anderen, zu seiner Umwelt und damit zu sich selbst entwickeln konnte. Auch das Persönlichkeitsprofil spielt eine Rolle. Wer zu Kampfbereitschaft und Draufgängertum tendiert, ist weniger angstgefährdet als der, der zu Fatalismus und Resignation neigt. Auch die Erregbarkeit von Menschen unterscheidet sich. Der eine fährt bei der kleinsten Störung aus der Haut, der andere bleibt auch bei größtem Stress gelassen. Gelassenheit schlägt Angst, leichte Erregbarkeit öffnet der Angst die Tür.«

»Gut«, sagte Alexander, »das waren die Gründe, weshalb es keine generelle Antwort auf die Frage nach der richtigen Dosis Angst gibt. Sehr überzeugend. Jeder muss mit sich und seiner Angstausprägung selbst klar kommen. Aber Sie sprachen auch von einem ›Ja‹.«

»Ja«, sagte der Doktor, »man kann eine generelle Antwort geben. Die normale und für alle Menschen unvermeidliche Beeinträchtigung des Lebens durch Angst kippt spätestens dann in eine Störung um, wenn man seine Pläne, Wünsche und Gedanken nicht mehr in Handlungen umsetzen kann, weil die Angst es verhindert. Oder der Versuch, der Angst um jeden Preis auszuweichen.«

»Es gibt doch keine freie Wahl
zwischen etwas mehr oder weniger Angst,
bei mir ist es eine Sturmflut,
ich werde überschwemmt ...«
BEA

Bea schaltete sich ein. »Ich verstehe euch nicht. Ihr redet so, als ob man nur gut überlegen müsse und dann die freie Wahl zwischen etwas mehr oder etwas weniger Angst hätte. Aber bei mir ist es eine Sturmflut, ich werde in solchen Momenten völlig überschwemmt, überwältigt, ja vergewaltigt von Angst. Vorzugsweise morgens um fünf, wenn ich aus einem Albtraum aufschrecke und besonders hilflos bin, dann muss ich an Krebs denken, an den Tod meiner Mutter, an das Leben meines Sohnes als Waise, dann rasen meine Gedanken wie Hamster im Laufrad und mein Herz rast und droht zu zerspringen und alles in mir ist Panik.«

»Wie am Morgen vor Beginn unserer Wanderung«, sagte der Doktor.

Bea dachte nach. »Ja, ich glaube, da war es so.«

»Aber Ihr Herz ist nicht zersprungen und Sie sind dann doch mitgekommen. Und haben die Erfahrung gemacht, dass es geht. Erinnern Sie sich an das Bild, das ich Ihnen an diesem Morgen erklärt habe? Die Gedanken wie Regentropfen, die eine schmutzige Scheibe hinunterrinnen, erst zögernd und im Zickzack, dann immer schneller in der vorgeprägten Spur? Man könnte auch an eine Kutsche denken, die durch morastigen Boden fährt; die Räder graben sich tief in den Boden ein, prägen eine Fahrspur, die bei jeder Fahrt tiefer wird. So laufen Ihre Gedanken die immer gleichen Zwangswege entlang. Irgendwann schafft der Kutscher es gar nicht mehr, selbst wenn er es wollte, sein Gefährt aus diesen eingefressenen Wegspuren herauszulenken, jedenfalls nicht ohne noch zusätzliche Pferde vorzuspannen.«

»Ein Medikament beispielsweise?«, fragte Bea.

»Es kann so wirken«, antwortete der Doktor. »Es kann die zusätzliche Kraft bringen, die es braucht, die Kutsche aus dem Morast herauszuziehen. Aber lenken muss der Kutscher. Er gibt den Pferden die Richtung an, in die sie ziehen müssen. Jede Veränderung beginnt mit einer Veränderung der Gedankenrichtung. Ertragen Sie die Panikattacke mit dem Wissen, dass sie abklingen wird. Das Dauerfeuer aus der Angstecke dauert nicht sehr lange, dem Gehirn geht die Munition aus, die Attacke klingt ab.

Es kann Ihnen auch helfen, wenn Sie sich klar machen, nach wem Ihr Zustand benannt ist: Pan, der Flöte spielende griechische Gott, liebte es, Menschen und Tiere durch laute Geräusche zu erschrecken – und wurde damit zum Namenspaten der Panikattacke; sie ist also nicht mehr als das Ergebnis der Laune eines göttlichen Rüpels. Gönnen Sie ihm seinen Triumph nicht!

Lenken Sie den Blick von innen nach außen!

Bleiben Sie nicht liegen, stehen Sie auf!

Betrachten Sie den Himmel, deuten Sie die Wolkenbilder, zählen Sie die Sterne!

Denken Sie nicht an das, was Ihnen Angst macht, sondern an das, was Ihnen Erfüllung schenkt. Ihr Kind, Ihren Ehepartner, Ihren Garten, Ihre Freunde! Gedanken können ebenso viel Kraft entwickeln wie ein Medikament. Sie können im Gehirn die gleiche biochemische Wirkung erzielen. Dann brauchen Sie kein Medikament. Dann ziehen Sie die Kutsche ganz alleine aus dem Dreck.«

Stefan gähnte demonstrativ. »Gedanken, die wie Medikamente wirken, und Murmeltierfett mit Kräutern – ich glaube, das alles muss ich erst einmal verdauen. Wie die Salami, von der ich viel zu viel gegessen habe. Ich würde gern Gute Nacht sagen.«

»Ich habe heute ein neues Gefühl entdeckt,
es fühlt sich fremd an, aber schön …«
ALEXANDER

Wir tranken unsere Gläser aus, die Frauen räumten die Reste des Abendessens ab und gingen dann zum Schlafen in den Nebenraum. Der Doktor half Alexander dabei, sich auszuziehen. Toni,

Stefan und ich kletterten in unsere schmalen Betten. Als Letzter zog sich der Doktor aus und löschte das Licht. Aus dem Nebenbett hörte ich die tiefen Atemzüge Stefans. Er schlief schon. Alexander noch nicht. Mir war aufgefallen, dass er heute Abend nur Wasser und Saft getrunken hatte. Konnte er deswegen nicht einschlafen?

»Ich habe heute ein neues Gefühl entdeckt«, sagte er in das Dunkel, »Dankbarkeit. Dankbarkeit und Vertrauen. Es fühlt sich fremd an, aber schön.«

Tag sechs. Quersteig

Ein Wimmern. Leise wie das einer ganz jungen Katze. Anfangs versuchte ich, es in meinem Traum unterzubringen, aber das klappte nicht. Also, Augen aufschlagen. Woher kam es? Aus einem Nachbarbett? Von draußen? Die Morgendämmerung füllte unseren Schlafraum mit blassem Licht. Ich sah, dass meine Mitschläfer entspannt dalagen und ruhig atmeten. Auch Alexander. Toni schnarchte leise. Da war das Wimmern wieder, es kam durch die dünne Holzwand aus dem Schlafraum der Frauen.

Ich erhob mich leise und drückte die Hand des Doktors. Er setzte sich auf und sah mich fragend an. Ich zeigte auf die Holzwand und meine Ohren. Jetzt hörte er das Wimmern auch. Er stand auf, nahm seine Schuhe in die Hand und verließ auf Socken den Raum. Ich hörte ein paar leise Geräusche von nebenan, dann die Zimmertür und danach Schritte auf dem Holzboden zur Haustür. Ich zog mir eine Hose über, nahm meine Schuhe und folgte.

Auf der Bank neben der Haustür saßen der Doktor und Annabel. Die frische Morgenluft war nach der stickigen Schlafstube wie eine kalte Dusche. Ich atmete tief ein und setzte mich neben Annabel. Sie zitterte.

»Wollen Sie den Traum erzählen?«, fragte der Doktor.

Es dauerte, aber schließlich nickte sie.

»Ich war in der Gewalt von einer Art Dämon, eines Teufels, ich weiß es nicht, und der hatte mich in so etwas wie eine Gummizelle eingesperrt, eine Plastikblase; man konnte in alle Richtungen springen, treten, boxen und wurde immer nur federnd zurückgeworfen, es gab keinen Ausweg, man konnte die Wände nicht durchdringen. Aber der Teufel war so gemein, kleine Löcher in die Außenhaut zu bohren, damit ich die Freiheit draußen sehen und riechen konnte, die bunten Farben, die Düfte. Aber er hat immer gelauert, dass ich die Nase nicht zu weit aus dem Loch stecke. Doch einmal hat der Teufel nicht aufgepasst und ich habe das Loch mit aller Kraft erweitert, es wurde größer und größer, ich konnte schon meine Hand hindurchstecken und riss mit beiden Händen, um es weiter zu vergrößern. Der Kopf passte schon hindurch, gleich würde ich die Schultern durchzwängen können, dann wäre ich frei und könnte fliehen – aber da kam der Teufel und stieß mich zurück und verschloss das Loch wieder, und die Farben und Düfte blieben draußen und ich war weiter eingesperrt in mein Gefängnis.«

Annabel schwieg erschöpft.

In diesem Augenblick glommen die Steine der Terrasse auf, auf der wir saßen; ein leuchtendes Orangerot flammte am Himmel auf und fiel auf unsere Gesichter, die Sonne war über den Kamm der östlichen Berge gestiegen. Erste Strahlen fielen ins Tal, ließen hier ein weißes Haus aufleuchten, dort einen Bachlauf glitzern.

»Das ist die Landschaft, die ich gesehen habe aus meinem Gefängnis«, sagte Annabel.

»Sie können loslaufen und alles erreichen. Sie sind nicht gefangen. Niemand sperrt Sie ein außer Sie selbst.«

Annabel nickte. »Ich weiß.«

Aus der Hütte hörten wir das Klirren von Geschirr und das Klappern von Töpfen. Der Wirt war aufgestanden und machte Frühstück.

Als ich in den Schlafraum zurückkam, waren alle wach. Toni hatte das Fenster weit aufgemacht, und Alexander war dabei, seinen Verband abzuwickeln. Als er fertig war, betrachtete er erstaunt seinen Knöchel und murmelte: »Ich glaube es nicht.« Die Schwellung war kaum noch zu sehen. Stefan kam dazu und schüttelte den Kopf. »Murmeltierfett!«

»Oder der Glaube«, bemerkte der Doktor, der gerade ins Zimmer gekommen war. Er untersuchte den Knöchel und fasste das Ergebnis in dem Satz zusammen: »Ich gebe zu, dass ich verblüfft bin.«

Nach dem Frühstück erläuterte uns Toni, der zuvor lange die Wanderkarten studiert hatte, die Lage. »Wir sind durch den gestrigen Tag und die Übernachtung hier etwas vom Kurs abgekommen. Es gibt nur einen sinnvollen Weg von dieser Hütte zum Ziel unserer Wanderung, aber er führt über einen Pass, der nicht einfach ist. Der Weg ist in der Karte als ›alpine Route‹ gekennzeichnet, ›teilweise nur für Kletterer‹. Ich bin ihn schon einmal gegangen. Man braucht kein Seil – aber Mut. Trauen Sie sich das zu?«

»Ja!« Fünf Menschen, eine Antwort. Selbst Alexander hatte ohne Zögern zugestimmt. Toni sah ihn scharf an. »Ganz sicher?«

»Ganz sicher«, antwortete Alexander.

Nur der Doktor maulte scheinbar: »Mich fragt ja keiner.«

Wir brachen auf. Gestern Abend bei unserer Ankunft hatte ich mir einen Augenblick lang die Frage gestellt, wie der Weg wohl weiterginge. Die Hütte stand nämlich auf einem Steinplateau, das von lauter steilen Hängen umgeben war. Jetzt sah ich es. Der Weg führte im Zickzack einen dieser Hänge hinauf in einem so steilen Winkel, dass ich schon beim bloßen Anblick schwer atmete.

Die nächste Stunde hörte man nichts außer Keuchen. Jeder Schritt war anstrengend wie ein Klimmzug und ich fragte mich, wie Alexanders Knöchel wohl auf diese Tortur reagieren würde. Andererseits war ich so mit meinem eigenen Wadenschmerz beschäftigt, dass mir Alexanders Knöchel völlig egal war und ich ernsthaft zweifelte, ob Bergwandern wirklich Empathie und Kameradschaft stärkt. Manchmal glich der Weg eher einer Treppe mit Riesenstufen, von Felsabsatz zu Felsabsatz wuchtete man sich und seinen Rucksack aufwärts; dann verlief er wieder ein kurzes Stück flacher, überquerte ein zu Tal rauschendes flaches Wildwasser, das manchmal gar keine Übergangssicherung hatte, manchmal einen rot-weiß gestrichenen Baumstamm als Markierung und Tritthilfe.

Endlich waren wir oben. Jetzt sahen wir den Beginn des Passes, eines Felsenpfads, der parallel zu dem schäumenden Wildwasser verlief, das sich hier durch den Berg gefressen hatte. Jetzt begriff ich auch, was Toni mit Mut gemeint hatte. Der schmale Pfad verlief zum Teil in beträchtlicher Höhe über dem donnernden Fluss, hatte aber keinerlei Geländer. Nur auf der Bergseite war ein Drahtseil gespannt, an dem man sich festhalten konnte.

Toni ließ uns keine Zeit zum Nachdenken. Er ging voran, griff nach dem Drahtseil und beschritt den Pfad. Die Gruppe folgte, der Doktor in der Mitte, ich wieder als Letzter. Der Weg als solcher war nicht schwer zu gehen, nur mit dem seltsamen Kribbeln im Bauch beim Blick am linken Schuh vorbei in die Tiefe musste man fertig werden. Es erstaunte mich, dass den anderen das anscheinend ganz gut gelang.

***»Das schaffe ich nicht,
das mache ich nicht …«***
CAROLA

Nach etwa einer halben Stunde mündete der Pfad auf ein Steinplateau von Garagengröße. Toni ließ uns stoppen. »Pause.«

Wir setzten uns. Ich erkannte jetzt, was an dieser Stelle geschehen war. Wasser oder Frost hatten den ursprünglichen Fels abgesprengt, er lag in riesigen Brocken unten im Flussbett. Bei diesem Gewaltakt war das Plateau entstanden, auf dem wir saßen. Und noch etwas erkannte ich. Der Weg führte nicht weiter. Es gab eine Art Steintreppe, die ein paar Meter nach unten führte und dann auf eine Brücke, die den Fluss überquerte. Diese Brücke bestand aus zwei parallel gespannten Drahtseilen, auf denen kurze Holzbohlen befestigt waren, zum Gehen und einem dünnen Drahtseil in Hüfthöhe zum Festhalten.

Und dann sah ich noch etwas Weiteres: die Anspannung in den Gesichtern meiner Mitwanderer. Besonders mitgenommen wirkte Carola, die sich sonst in gelernter Chefsekretärinnen-Art besonders diszipliniert gezeigt hatte. Ihr Mund war zusammengepresst, ihre Wangenknochen traten vor, und von der Sonnenbräune der letzten Tage war nichts mehr zu sehen. Sie war blass. »Das schaffe ich nicht.« Ihre hohe Stimme klang heiser. »Das mache ich nicht!«

Ihr Gesicht sah maskenhaft aus, starr, sie atmete hektisch und flach. Ihre angstvolle Gereiztheit steckte anscheinend die anderen an; ein nervöser Druck lag plötzlich auf der Gruppe.

»Wir legen erst mal eine Pause ein«, sagte der Doktor. »Sie soll auch eine kurze Rast für die Seele sein. Wer Gefühle der Anspannung und Angst empfindet, ist eingesperrt in seinem eigenen Innenraum. Wir wollen ihn deswegen öffnen, den Blick nach außen lenken, frische Luft herein- und schlechte Gefühle herauslassen. Deswegen bitte ich Sie, eine kleine Übung zu machen.«

Blickwechsel von innen nach außen

»Schauen Sie sich die Bäume an, die hier wachsen, betrachten Sie sie genau und suchen Sie sich einen, der Ihnen besonders gut gefällt – weil Sie seinen Wuchs schön finden, sein Laub oder seinen Stamm. Lehnen Sie sich mit dem Rücken an den Stamm dieses Baumes und schließen Sie die Augen. Versuchen Sie, etwas von seinem Leben zu spüren, von der Kraft, mit der er im Boden verwurzelt ist, von der Stärke, mit der er Wasser und Nährstoffe aus dem Boden zieht und in seine Blätter und Triebe weiterleitet, von der bunten Vielfalt des Lebens, die er anderen bietet, Blattläusen und Käfern, Spinnen und Ameisen, Vögeln und Eichhörnchen. Öffnen Sie jetzt langsam die Augen und schauen Sie in die Krone Ihres Baumes. Welche Form hat sie? Welches Grün? Was unterscheidet es von den Farben der anderen Bäume? Schauen Sie sich um und versuchen Sie festzustellen, wie viel unterschiedliche Grüntöne es gibt. Was unterscheidet sie? Welches Grün gefällt Ihnen am besten, welches könnten Sie sich als Wandfarbe in Ihrer Wohnung vorstellen?

Und jetzt konzentrieren Sie sich auf das, was Ihre Nase wahrnimmt. Riecht sie ›Wald‹ oder riecht sie verschiedene Nuancen von Wald? Hat Ihr Baum einen eigenen Duft? Woran erinnert er Sie? Stellen Sie sich vor, es wäre der Duft

eines Parfüms und Sie sollten dem einen Namen geben, wie würde er lauten?
Nun kommen die Ohren an die Reihe. Was hören sie? Vögel, aber wie viele? Wie viele verschiedene? Singen sie oder reden sie? Durcheinander oder miteinander? Wie klingen ihre Stimmen – fröhlich, aufgeregt, ärgerlich, prahlerisch, stolz? Welcher Vogelruf gefällt Ihnen am besten? Können Sie ihn nachpfeifen? Versuchen Sie es!«

An dieser Stelle brach rund um das kleine Plateau ein wildes Gepfeife aus, das rasch in Gelächter überging. Der Doktor war zufrieden.

»Trinkt und esst jetzt etwas.«

Toni packte die Brote aus, die der Hüttenwirt für uns zurechtgemacht hatte. Die Männer kauten, aber Carola fehlte es an Appetit. Sie starrte auf die Brücke.

Stefan wandte sich an den Doktor.

»Sie wissen ja, wo ich wohne. In Steinschluchten. Wenn ich diese Übung zu Hause nachmachen will, kann ich mich dann auch an eine Hausfassade lehnen, Fenster zählen und die Farben von Autos vergleichen?«

»Auch das würde helfen, den Blick von innen nach außen zu lenken, aber es ist eine Notlösung. Die Natur hat eine eigene Wirkung, sie ist eine besondere Therapeutin. Wahrscheinlich hängt es damit zusammen, dass wir ein Teil von ihr sind und bei ihr immer so etwas wie Heimkehr und Heimat empfinden. Erinnern Sie sich daran, was ich vor ein paar Tagen über das ›Erden‹ sagte. Sie sollten also auch in der Großstadt stets versuchen, wenigstens einen Park zu finden, wo Bäume wachsen, Vögel zwitschern und wo Ruhe herrscht.«

Toni war es nicht entgangen, dass Carola nichts aß und immer noch angespannt und unruhig wirkte. Er stand auf, ging zur Brücke und überquerte sie. Ein paar Mal blieb er stehen, trat fest auf die Holzbohlen, rüttelte am Handlauf. Er kam zurück und sagte kurz: »Fest.« Dann setzte er sich wieder, aß ein Brot. Zwischendurch begann er zu erzählen, als säßen wir abends beim Bier zusammen.

»Sommers und winters sind hier früher Menschen gegangen, mit Säcken auf Maultieren und Lasten auf den Schultern, Wein, Öl, Waffen, aber hauptsächlich Gewürze. Muskat und Gewürznelken, die Schätze der fernen orientalischen Welt, die im Mittelalter mit Gold aufgewogen wurden. Die hatten einen weiten Weg hinter sich, von den Molukken nach Arabien, durch die Wüste bis ans Mittelmeer, von Venedig bis zu den Alpen. Wenn sie dann hier über die Berge getragen wurden, hatten sie ihren Wert vervielfacht. Die Menschen zahlten jeden Preis, denn sie glaubten, dass die Gewürze den Duft des Gartens Eden verströmen, aus dem Adam und Eva nach dem Sündenfall einst vertrieben wurden. Das ist der Grund, weshalb wir unsere Lebkuchen bis heute mit gemahlenen Nelken und Muskat würzen – damit es in den Weihnachtsstuben nach dem verlorenen Paradies riecht. Und darum gingen sie hier zu jeder Jahreszeit und bei jedem Wetter und schleppten in schweren Säcken den Duft des Paradieses über den Pass. Bei Nebel und Schneetreiben war es oft lebensgefährlich, es wurden Glocken als Orientierungshilfe geläutet, aber trotzdem kamen viele um durch plötzlichen Wetterwechsel, Kälteeinbrüche, Eis und Lawinen. Aber sie lebten von den Transporten, die kargen Bergwiesen gaben zu wenig her, um eine Familie zu ernähren. Wären sie nicht gegangen, wären ihre Kinder verhungert. Deswegen mussten sie ihre Angst überwinden.«

Nachdenklich kauten alle auf ihren Broten.

Der Doktor ergriff das Wort. »Sie werden immer wieder in solche Situationen kommen und vor der Frage stehen: Beherrscht mich die Angst oder beherrsche ich die Angst? Sie sind hier, weil Sie das Zweite wollen, die Angst beherrschen. Dann müssen Sie Ihren Blick von innen nach außen lenken, weg von der Angst, hin auf die wirkliche Situation; schauen Sie sich diese Situation genau an und fragen Sie sich:

Wie berechtigt ist meine Angst?

Ist das Drahtseil rostig? Nein.

Sind die Holzbohlen brüchig? Nein.

Wäre es ein Problem für mich, über die Brücke zu gehen, wenn der Abstand zum Fluss nur zehn Zentimeter betragen würde? Nein.

Also ist die Höhe das Problem, nicht die Brücke, sondern meine Empfindung. Sie ist es, die mir Angst macht.

Erinnern Sie sich an den kleinen Jungen im Wald und seinen Schrecken, als wir in seine Hütte einbrachen! Was tat er? Er erkannte seine Angst, rief um Hilfe, das heißt, er organisierte sich Beistand, stellte Nähe her, hatte Vertrauen, ließ sich entängstigen und überwand so seine Angst. Und genau das werden wir jetzt auch tun.«

Der Doktor forderte Carola auf, sich zwischen Stefan und Alexander zu stellen, Stefan musste ihr auf die rechte Schulter fassen, sie Alexander auf seine rechte Schulter, dann mussten die drei in kurzen gleichmäßigen Schritten im Kreis gehen und dabei laut mitsprechen:

»Rechter Fuß vor, linker Fuß vor, schaut nach vorn, nicht hinab, rechter Fuß vor, linker Fuß vor, schaut nach vorn ...«

Es sah ein wenig wie eine Polonaise beim Kinderfasching aus, wie die drei mit ihren Wanderklamotten und dem Hand-Schulterschluss im Watschelgang über das Plateau stapften; trotz aller Angespanntheit der Situation konnte ich mir das Lachen nicht verbeißen, und den anderen ging es ebenso. Annabel prustete plötzlich los, und das wirkte wie eine Befreiung: Alle lachten, alle außer Carola. Aber auch die hatte wieder etwas Farbe im Gesicht.

»Jetzt los«, sagte der Doktor. »Bevor Sie den Gleichschritt wieder verlernen.«

Diesmal ging er voran und sprach den Text vor: »Rechter Fuß vor, linker Fuß vor ...«

Die Troika folgte und sprach mit:

»... schaut nach vorn, nicht hinab ...«

Sie betraten die Brücke. Carolas Hand umklammerte die Schulter von Alexander so fest, dass ihre Fingerknöchel weiß wurden, aber sie ging. Mit der linken Hand hielten die drei sich am Drahtseil fest, die Rechte fasste die Schulter des Vorangehenden, die Köpfe blieben gerade, die Augen starr nach vorn gerichtet, und die Füße machten gleichmäßige kleine Schritte im Gleichtakt.

Als sie auf der anderen Seite des Flusses ankamen, ließ Carola sich auf einen Stein sinken, aber Stefan und Alexander rissen die Arme hoch, hüpften und schrien ein so lautes »Jippiiiieeee ...«, dass das den brausenden Donner des Flusses spielend übertönte.

Wir auf der anderen Seite des Flusses antworteten ihnen, schrien und jubelten auch.

Dann folgten wir ihnen auf die gleiche Weise.

Toni als erster, gefolgt von Annabel, die sich an seiner Schulter festhielt, gefolgt von Bea, deren Hand auf Annabels Schulter lag, gefolgt von mir, der Beas Schulter hielt. Es war ein Kinderspiel.

Am anderen Ufer angekommen, drängten sich alle zu Carola, um ihr zu gratulieren. Sie ließ sich stumm die Hand drücken, hatte Tränen in den Augen und lächelte.

Die Fortsetzung des Weges war eigentlich ebenso unangenehm wie das Stück, das hinter uns lag; wieder war es der Felspfad ohne Geländer, der parallel zum Fluss verlief, mit dem einzigen Unterschied, das der Handlauf jetzt links und der Abgrund rechts war. Dennoch lief die Gruppe den Weg anders als bisher, leichter, beinahe beschwingt. Mir fielen die Gesichter und Erzählungen von Menschen ein, die einen Bungee-Sprung hinter sich hatten, ihre euphorischen Glücksgefühle. Ähnlich schien das Brückenerlebnis gewirkt zu haben. Die Brücke war wie eine schwere Prüfung, nach deren Bestehen man den Weg als ein anderer fortsetzte.

An einer Weggabelung verließen wir den Flusslauf und begannen abermals, einen Pfad hinaufzusteigen, der direkt nach oben in den Bergwald führte, manchmal so steil, dass provisorische Stufen aus Baumstammsegmenten in den Waldboden gerammt waren, um den Aufstieg überhaupt zu ermöglichen. Noch vor ein paar Tagen hätte diese weitere Anstrengung zu einer Meuterei geführt, jetzt gab es in der Gruppe weder Gejammer noch Geschimpfe. Natürlich war auch unsere körperliche Kondition nach fünf Wandertagen deutlich besser geworden; aber entscheidender war wohl der Zugewinn an seelischer Kraft, der sich aus beidem speiste, der physischen Stabilisierung und dem psychischen Trainingseffekt der zurückliegenden Tage.

Bei einer kurzen Rast auf dem Kamm kam der Doktor auf diese Zusammenhänge zu sprechen und erzählte, dass die junge Wissenschaft der Psychoneuroimmunologie immer noch dabei sei, herauszufinden, wie das Zusammenspiel von Körper, Seele und Immunsystem im Einzelnen funktioniert und die Beteiligten sich wechselseitig beeinflussen. Organe, die für das Immunsystem offenbar eine besondere Bedeutung haben, wie Milz, Thymus und Lymphknoten, seien mit einer Vielzahl von Nervenfasern ausgestattet; über sie werde anscheinend das Gehirn informiert, das nach diesen Informationen die Hormonproduktion steuere. »Das heißt«, sagte der Doktor, »positive körperliche Veränderungen haben wahrscheinlich unmittelbaren positiven Einfluss auf das Immunsystem und das psychische Befinden. Wie auch umgekehrt: Glauben, Hoffnung, Vorstellungskraft können den Organismus messbar beeinflussen. Wir sind wirklich eine Einheit – so wie die Alten es gesagt haben – von Körper, Seele und Geist.«

Unser Weg blieb jetzt auf dem Bergkamm, führte weiter durch dichten Wald, machte dann einen weiten Bogen, fiel leicht ab und eröffnete plötzlich den Blick auf ein kleines Hochtal. Der Wald hörte auf, zu unseren Füßen lagen grüne Wiesen, in denen ein weißes Kirchlein stand; neben dem schmalen Kirchenschiff erhob sich ein viereckiger Glockenturm, auf dem ein spitzes achteckiges Dach saß wie ein Tiroler Filzhut. Unterhalb der Kirche lagen in einer flachen Talsenke ein halbes Hundert Häuser – das Dorf, unser heutiges Ziel. Das Bild der Kirche, die über das Dorf wachte, hatte etwas von einem Schäfer, der auf seine Herde aufpasst.

Jetzt war es wirklich wie Schweben, als wir den sanften weichen Wiesenweg talwärts gingen. Mitten im Dorf lag ein mächtiger Gasthof mit vielen Fenstern und einem prächtigen Portal, und als wir hindurchschritten, fanden wir, dass es genau den richtigen Rahmen bildete für uns und unser heutiges Selbstbewusstsein.

Eine halbe Stunde später, nach Dusche und Wäschewechsel, suchte ich die Gruppe. Am Tresen der Gaststube wurde mir die Tür zu einem separaten Gastraum gezeigt. Ich betrat ihn – und glaubte, ich sei in eine falsche Veranstaltung geraten. An der Wand stand eine lange Reihe von Holzstühlen, über die gerade Alexander, Carola und Stefan im Gänsemarsch stapften, wie auf der Brücke mit den Händen auf der Schulter des Vorangehenden, im Chor skandierend »rechter Fuß vor, linker Fuß vor ...«; und zwischendurch mussten sie immer wieder stoppen, weil einer von ihnen in Gelächter ausbrach.

Vor allem Carola schüttete sich aus und bekam kaum noch Luft vor Lachen. »Wisst ihr, was mir am meisten geholfen hat«, prustete sie, »dass ich mich wahnsinnig konzentrieren musste, weil ich immer rechts und links durcheinander bringe.« Alle lachten.

Die Tür ging auf, und zwei Mädchen brachten die Platten mit dem Abendessen, gebratenes Perlhuhn mit Fenchel. Schnell stellten wir die Stühle wieder an den Tisch und begannen zu essen. Ich bemerkte, dass Alexander neben seinem Teller heimlich einen Bierfilz bemalte. Dann bohrte er ein Loch hinein, steckte einen Petersilienstängel durch das Loch, fädelte einen Schnürsenkel ein und schlug mit seinem Messer leicht gegen sein Glas. Die Gespräche verstummten. Alexander erhob sich, blickte feierlich in die Runde und sprach dann mit komischem Pathos:

»Hochverehrte Wandergemeinde, sehr geehrter Herr Doktor, hochgeschätzter Bergführer, liebe Freunde und Feinde der Berge, meine Damen und Herren! In Anerkennung ihrer besonderen Leistung und in Erinnerung an diesen Tag wird der Bergfreundin Carola hiermit der große vaterländische Suworow-Orden mit Schwertern und Brillanten verliehen.«

Er überreichte Carola den Bierfilz und fuhr fort. »Der Berg hat Suworow besiegt, Carola aber den Berg.«

»Und die Angst«, erweiterte der Doktor.

»Bravo«, rief Annabel.

»Prost«, ergänzte Stefan.

Später saß ich mit dem Doktor in der Wirtsstube noch bei einem Kaffee zusammen.

»Du weißt ja«, begann er, »dass wir Mediziner Angststörungen in verschiedene Formen einteilen. Da gibt es die generalisierte Angst, traumatische Ängste, Panikattacken und Dutzende von Phobien. Und für alle diese Angstformen gibt es vielfältige Erklärungen ihrer Entstehungsbedingungen. Ein polnischer Kollege von mir behauptet aber, dass es eigentlich nur zwei Arten von Angst gibt, nämlich eine, die aus der Vergangenheit, und eine, die aus der Zukunft kommt. Für beide ist die Ursache eine Diskrepanz. Die Erste resultiert aus dem Gefühl ›Meine Lebenspläne waren anders als die Realität meines Lebens, ich habe versagt‹; die Folgen sind Schuldgefühle, Depressionen, Ängste. Bei der Angst, die aus der Zukunft stammt, ist es die Diskrepanz zwischen unserem Plan, was im Leben passieren soll, und dem, was tatsächlich passiert, also mangelnde Kontrolle, Unsicherheit, Ohnmacht, die dann zur Angst werden kann. Ich frage mich oft, ob der polnische Kollege Recht hat und das wirklich die beiden Quellen aller Ängste sind.«

»Würde es denn an der Therapie etwas ändern?«

»Nein.« Der Doktor grinste. »Wandern ist die beste Medizin.«

»Ich dachte, Lachen sei die beste Medizin.«

»Na, sie sind beide gut. Also am besten lachend wandern.«

»Das musst du mir vormachen.«

»Mach ich. Aber erst morgen.«

Tag sieben. Ziel

Licht weckte mich. Ein zartes orangefarbenes Leuchten, welches das Zimmer erfüllte. Der Vorhang war nicht ganz geschlossen, ich zog ihn auf und sah, dass der Himmel von den Farben des Tagesanbruchs überflutet war. Über dem Horizont lag noch eine dunkle Wolkenbank, aber darüber breitete sich der rote Widerschein des bevorstehenden Sonnenaufgangs aus.

Am geöffneten Fenster verfolgte ich ihn. Vögel begannen zu singen, ein paar frühe Schwalben zickzackten ums Haus, irgendwo bellte ein Hund. Ein Traktor wurde angelassen und entfernte sich tuckernd. Dann herrschte wieder Stille. Und dann schob sich der pralle rote Sonnenball über die Wolkenbank, die auf den Bergen lag, und tauchte Tal, Häuser, mein Bett und mich in kupfernes Licht.

Es hielt mich nicht mehr im Zimmer. Ich wollte eintauchen in dieses Licht, zog mich rasch an und verließ leise das Haus. Im Dorf war noch alles ruhig. Nur eine alte Frau begegnete mir, sah mich neugierig an und murmelte einen Gruß. Ich schlug den Weg nach Osten ein, der Sonne entgegen. Die Häuser des Dorfes und die Gärten, an deren Bäumen reife Quitten hingen wie kleine gelbe Lampions, ließ ich hinter mir und ging durch die Wiesen. Graue Kühe käuten wieder und blickten mir nach, weiße Schafgarbe verneigte sich, gelb glühte Rainfarn.

Dieser Morgen war wie ein Kinderlied. Als gäbe es keine Gemeinheit auf der Welt und keinen Fanatismus, nirgendwo Zweifel oder Angst, als wären alle Herzen so rein wie die Luft. An diesem Morgen gab es nur frischen Wind, klaren Himmel und dieses unendlich weiche, warme Sonnenlicht, dem ich entgegenging wie geöffneten Armen.

Wohin wollte ich eigentlich? Egal. Einfach gehen auf dem weichen Gras, hinein in diesen seidigen Morgen.

Der Weg, der aus dem Dorf führte, näherte sich einem Wäldchen von Föhren und Kiefern, die vor einer Felswand zur Linken des Weges wuchsen und ihren harzigen Duft in die Morgenfrische verströmten. Ich hörte das Rauschen von Wasser und sah eine kleine Holzbrücke vor mir, die über einen Wildbach führte. Zehn Meter neben der Brücke stürzte sein Wasser von einem Felsabsatz in Baumkronenhöhe herab in ein kleines natürliches Bassin und sprudelte von dort weiter talwärts. Wasserfälle haben immer etwas Magisches. Ich blieb stehen und sah dem kalten, weißen, schäumenden Wasser zu, das sich in Jahrtausenden seinen Weg in den harten Fels gefräst hatte. Die Sonne war inzwischen höher gestiegen und schien mir kräftig auf den Rücken. Plötzlich überkam es mich. Ich sprang von der Brücke, kletterte die paar Meter bis zum Rand des Bassins, zog meine Sachen aus und stieg ins Wasser. Es war lähmend kalt. Schnell watete ich bis zu der herabstürzenden Kaskade, gab mir einen Ruck und stellte mich darunter. Das Wasser traf mich so hart, dass ich seine Kälte kaum spürte, es peitschte und prügelte mich und ließ mich gleichzeitig nach Luft schnappen und meinen Kreislauf beschleunigen. Ich schrie vor Schreck, Wollust und Schmerz, aber mein Schrei wurde verschluckt vom Donnern des Wasserfalls. Ich weiß nicht, wie lange ich es ausgehalten habe unter dem eisigen Katarakt, wahrscheinlich nicht mehr als fünf Sekunden. Aber ich fühlte mich danach, als hätte ich Schwimmbadbesuch, Massage und Achterbahnfahrt in einem hinter mir.

Sonne und Wind trockneten mich schnell, ich zog mich wieder an und kehrte zurück zum Dorf. Der Schock des Wasserfalls hatte einen unbändigen Appetit auf Frühstück in mir geweckt. Bei den ersten Häusern traf ich Annabel, die offenbar ebenfalls auf einem Morgenspaziergang war. Ich freute mich, sie zu sehen, und begrüßte sie.

»Hat dich auch die Sonne geweckt?«

»Nein«, erwiderte sie, »ein Traum. Ein Traum, der schrecklich begann und dann sehr schön endete.«

»Du machst mich neugierig. Erzählst du ihn?«

»Wenn du mich ein paar Schritte begleitest.«

»Vielleicht bin ich dabei,
mein altes Leben zu besiegen,
jedenfalls kämpfe ich mit ihm …«
ANNABEL

Nebeneinander schlenderten wir durch die Siedlung, sahen den Hühnern beim Picken, den Hunden beim Dösen und den Frauen beim Aufhängen der Wäsche zu.

Annabel erzählte ihren Traum:

»Ich schwamm in einem großen Wasser – in einem Meer, in einem See oder einem Teich, das weiß ich nicht; aber ich weiß, dass plötzlich Fangarme wie von einem riesigen Kraken nach mir griffen und sich mit Saugnäpfen an mir festklammerten. Sie versuchten mich nach unten zu ziehen, und ich kämpfte mit aller Kraft, um an der Wasseroberfläche zu bleiben und weiter Luft holen zu können. Ich versuchte, die Saugnäpfe von meinem Körper zu reißen und mich aus den Fangarmen zu befreien, aber sie klebten fest an mir, als seien sie angeschweißt, und ich spürte, wie meine Kräfte immer mehr schwanden und ich nach unten gezogen wurde. Aber plötzlich warf mir jemand – ich weiß nicht, wer – ein Schwert zu. Ich konnte es ergreifen und begann jetzt mit aller Kraft, die ich noch hatte, die Fangarme, die mich umklammerten, abzuschlagen. Am Anfang hatte ich das Gefühl, dass für jeden Arm, den ich durchtrennte, zwei neue nach mir griffen, aber ich ließ nicht nach, auf sie einzuschlagen, all die Arme abzuhacken und abzusäbeln. Es war widerlich. Ich schwamm inzwischen in einer blutigen, schleimigen Brühe, in der alle die abgetrennten Arme herumtrieben und noch wild zuckten und immer neue Arme nach mir griffen. Aber ich gab nicht auf und schlug und hackte und schnappte nach Luft. Schließlich gewann ich. Ich hatte fast alle Arme durchtrennt, als die letzten sich von alleine von mir lösten. Völlig entkräftet schwamm ich ans Ufer und betrat wieder festen Boden. Und hatte immer noch das Schwert in der Hand. Dann bin ich aufgewacht und lag völlig erschöpft im Bett. So, als hätte es den Kampf tatsächlich gegeben.«

»Es hat ihn gegeben. In deinem Inneren. Die Frage ist nur, wen hast du besiegt?«

»Ich weiß es nicht, vielleicht bin ich dabei, mein altes Leben zu besiegen. Jedenfalls kämpfe ich mit ihm. Erinnerst du dich, dass der Doktor uns vor drei Tagen gesagt hat, wir sollten uns an die Glückspunkte in unserem Leben erinnern? Ich habe es getan. Mich also nicht gefragt, was könnte mich glücklich machen, sondern, wann war ich glücklich? Erst ist mir gar nichts eingefallen außer den frühen Jahren mit meinem Sohn. Die letzten zehn, fünfzehn Jahre waren wie abgestorben, als ob ich sie in Narkose verbracht hätte. Aber dann kam mir ein Urlaub in der Toskana ins Gedächtnis, in dem alles so war, wie man es von einem tollen Urlaub erwartet – ein nobles Hotel in einem umgebauten Weingut, der Park drumherum super gepflegt, Vollpension mit Spitzenessen, erlesene Küche und Weine. Die Gäste waren alles gut betuchte Deutsche und Schweizer. Ärzte, Anwälte, Manager. Ausnahmslos Weinkenner und Liebhaber der feinen Lebensart; es gab keine anderen Themen als Chianti, Trüffeln und Gänseleber. Mein Mann saß im Halbschatten und las die *Frankfurter Allgemeine*, und wenn wir uns mal unterhalten haben, dann über das deutsche Fernsehprogramm, das man selbstverständlich in jedem Zimmer empfangen konnte – mit einem Wort: Es war gruselig.«

»Moment – sagtest du nicht, du warst glücklich?«

»Ich wurde es. Mein Mann bekam nämlich einen Anruf seiner Firma. Es hatte irgendeinen Aktien-Crash gegeben, er musste dringend zurück, und ich blieb da. Und fortan pfiff ich auf die Vollpension und die langweilige Konversation mit Herrn Doktor X und seiner Gemahlin. Allein reisende Männer gab es da sowieso nicht, also interessierte mich auch kein Mann. Ich mietete mir dann einen kleinen Fiat Cinquecento und trieb mich im Land herum, sah mir Städte an, die meinem Gatten zu heiß, und Museen, die meinem Gatten zu langweilig waren, legte mich irgendwo unter einen Ölbaum und las oder träumte, betrachtete die Landschaft, aß Oliven oder in einer Trattoria einfache Spaghetti und kam spät abends erst wieder in mein gähnendes Luxushotel zurück. Es waren, seitdem unser Sohn in den Ferien seine eigenen Wege geht, meine glücklichsten Urlaubstage. Beim Nachdenken darüber habe ich begriffen, dass ich für mein Glück vieles nicht brauche, Hotels wie dieses nicht, das große Auto, den Pelzmantel und das Haus nicht und vor allem nicht meinen Mann. Ich will, wenn ich zurück bin, einen Weg ohne ihn suchen.«

»Dann bist du ja schon am Ziel der Wanderung. Aber bist du dir deiner Entscheidung sicher? Damals ging es um eine Urlaubswoche, jetzt um dein zukünftiges Leben.«

Annabel sah mich ernst an. »Ich bin mir überhaupt nicht sicher. Aber ich spüre, dass ich nicht mehr so viel Angst vor dem habe, was unsicher ist.«

Wir waren an unserem Gasthaus angekommen und betraten den Speiseraum. Ein üppiges Frühstücksbüfett war dort aufgebaut, an dem die zarte Bea gerade stand und sich eine große Portion Rührei auf ihren Teller schaufelte. Sie sah meinen erstaunten Blick und schien das Gefühl zu haben, sich rechtfertigen zu müssen. »Zu Hause esse ich nur Obst zum Frühstück, aber seit ein paar Tagen habe ich morgens richtigen Hunger.«

»Du musst dich nicht entschuldigen. Im Gegenteil, es bekommt dir sichtlich, wenn du richtig isst.«

Annabel unterstützte mich. »Du siehst mit jedem Tag besser aus.«

Bea errötete und setzte sich mit ihrem Rührei schnell an einen sonnigen Fenstertisch, an dem Carola schon saß und Müsli löffelte. Annabel und ich bedienten uns am Büfett und nahmen dann bei ihnen Platz.

Bea schaute aus dem Fenster in den strahlenden Morgen. »Vielleicht liegt es an der Sonne, heute Morgen bin ich aufgewacht und hatte doppelten Appetit, auf das Frühstück und auf den Tag.«

»Zum ersten Mal macht es mir nicht viel aus,
dass ich mein genaues Gewicht nicht weiß,
es schmeckt mir trotzdem ...«
CAROLA

Carola nickte. »Ich esse in den letzten Tagen auch viel mehr. Aber wisst ihr, was merkwürdig ist? Früher hat es mich immer unruhig gemacht, wenn ich morgens mein Gewicht nicht kontrollieren konnte. Ich habe mir sogar eine eigene Reisewaage gekauft, damit ich nicht den ungenauen Hotelwaagen ausgeliefert bin oder, ganz furchtbar, einem Badezimmer ohne irgendeine Möglichkeit der Gewichtskontrolle. Aber immer konnte ich meine Reisewaage nicht mitnehmen, nicht bei Kurzreisen und kleinem Gepäck. Dann hat es mir regelmäßig den Appetit verschlagen. Am liebsten hätte ich gar nichts mehr gegessen. Diesmal musste ich die Reisewaage natürlich auch zu Hause lassen, ich konnte sie schlecht in den Rucksack stecken. Aber zum ersten Mal macht es mir nicht viel aus, dass ich mein genaues Gewicht nicht weiß. Es schmeckt mir trotzdem.«

Inzwischen waren auch Alexander und Stefan im Frühstücksraum erschienen und hatten sich ihre Teller gefüllt. Der breitschultrige Alexander hatte sich auf seinen mehrere Scheiben Toast gestapelt und einen kleinen Berg Räucherlachs daneben gehäuft. »Igitt«, kommentierte Stefan und biss in sein Honigbrötchen, »Fisch zum Frühstück.«

»Solltest du auch essen«, erwiderte Alexander, »Omega-Fette! Sehr gesund und gut gegen Schwindelgefühle.« Stefan nahm sich das zweite Brötchen vor, diesmal mit Frischkäse und Orangenmarmelade. »Schwindel«, fragte er kauend, »was ist das?«

Der Doktor und Toni kamen erst, als wir das Frühstück schon fast beendet hatten. Beide sahen irgendwie feierlich aus. Der Doktor goss sich einen Kaffee ein und wandte sich dann an die Gruppe.

»Heute ist ein besonderer Tag. Nicht nur, weil das Wetter besonders schön ist, sondern weil der heutige Tag der letzte dieser

Wanderung ist. Sie werden heute das Ziel erreichen – das Ziel dieser Wanderung und gewiss auch ein wichtiges Etappenziel in Ihrem Leben. Dazu gehört, dass Sie es allein schaffen. Sie haben in den vergangenen sechs Tagen Führung gehabt und viel gelernt von Toni und mir. Sie brauchen uns nicht mehr. Sie können die Verantwortung für sich selbst übernehmen. Sie werden deswegen diese letzte Etappe allein wandern und uns beide, Toni und mich, erst heute Abend wiedersehen. Natürlich sind wir über Handy erreichbar und können in Notfällen alarmiert werden. Aber ich bin sicher, dass es solche Notfälle nicht geben wird und Sie den Weg schaffen werden. Toni wird ihn anhand der Karte erläutern, die Markierungen sind leicht zu finden, und die Schwierigkeiten, mit denen Sie in den vorangegangenen Tagen fertig geworden sind, waren viel größer als die dieser letzten Etappe.«

Am Tisch herrschte Schweigen. Alexander presste die Lippen zusammen, Stefan starrte auf einen Punkt an der Zimmerdecke, Bea rührte in ihrer Tasse, als bekäme sie Geld dafür, Annabel und Carola stützten ihre Ellbogen auf den Tisch und hatten ihr Kinn schwer in die Hände vergraben. Mich überkam eine alte Erinnerung: der Aufbruch in mein erstes Semester als Student, an eine Universität, an der ich niemanden kannte; der Abschied von meinem Vater, der mich zum Zug gebracht hatte. »Jetzt musst du alleine zurechtkommen«, hatte er gesagt. Angekommen war bei mir nur das Wort »allein«. ALLEIN! Ich wollte nicht allein sein. Mein ganzer Stolz darauf, das Abitur hinter mir zu haben und studieren zu können, war plötzlich weg. Ich wollte nicht wegfahren und allein sein – ich wollte zu Hause und beschützt bleiben.

Stefan stand als Erster auf. Er verließ den Raum und war nach zwei Minuten wieder da. Mit Rucksack. »Worauf wartet Ihr?« Seine Entschlossenheit durchbrach die Lähmung der anderen. Alle sprangen auf, beeilten sich, ihre Jacken und Rucksäcke zu holen und sammelten sich vor dem Gasthof.

»Halt«, rief Toni, »nicht ganz so schnell. Lasst euch erst mal auf der Karte zeigen, wo ihr hin müsst.« Er breitete die Wanderkarte aus, zeigte uns den Verlauf des rot gestrichelten Weges und tippte dann auf ein Dorf: »Das ist euer Ziel.« *Soglio* stand daneben. »Haltet euch an die blau-gelben Markierungen, dann könnt ihr den Weg nicht verfehlen.«

Die Gruppe nickte. Wir brachen auf.

Wieder vorbei an dem kleinen Wäldchen und dem Wasserfall, die ich schon von meinem Morgenspaziergang kannte, dann zwischen steilen Kuhweiden aufwärts. Wir ließen die letzten Zäune hinter uns, das Gras wurde kürzer und härter, viele Disteln standen dazwischen, Latschenkiefern, kleine hartblättrige Büsche mit winzigen weißen Blüten. Hier und da gab es zwischen den Felsen genug Erde, um dem Wurzelwerk eines größeren Baumes Raum zu bieten, einsame grüne Heroen, deren verformtem Wuchs und zerfetzten Kronen man ihre ständigen Kämpfe mit den Unwettern der Berge ansah.

»Stetig der Atem, langsam der Schritt,
schaffst du den Weg, findest den Tritt ...«
ALEXANDER

Wir stiegen stetig. Wie immer zog sich dabei die Gruppe weit auseinander. Annabel und Stefan waren ziemlich weit zurückgeblieben. Bea, Carola, Alexander und ich liefen zusammen. Plötzlich blieb Alexander stehen. »Ich hab's!«

»Was hast du?« Carola sah ihn irritiert an.

»Seit Tagen versuche ich eine Art Mantra für das Laufen in den Bergen zu finden, jetzt habe ich es. Hört zu!« Und Alexander deklamierte: »Stetig der Atem – langsam der Schritt – schaffst du den Weg – findest den Tritt.«

»Das ist toll!« Bea war begeistert und stimmte sofort ein: »Stetig der Atem – langsam der Schritt – schaffst du den Weg – findest den Tritt.«

Beide liefen jetzt im Rhythmus ihres neuen Mantras und murmelten es dabei wie tibetanische Mönche. Carola versuchte eine Zeit lang ebenfalls, sich dem neuen Lauftempo anzupassen, verlor aber die Geduld. »Entschuldigt, aber euer Schritt ist mir zu langsam. Lasst mich lieber in meinem eigenen Tempo gehen.«

Sie überholte und entfernte sich dann rasch von uns.

Da mir die Möglichkeit vorauszulaufen genommen war, ließ ich mich sachte zurückfallen. Ich hatte eigentlich nichts gegen das Tempo von Bea und Alexander, aber ihr Gemurmel störte mich. Ich wollte lieber allein laufen und nachdenken.

Stimmten die Thesen des polnischen Psychiaters, von denen der Doktor gestern Abend erzählt hatte? Gab es eigentlich nur zwei Arten von Ängsten, die beide das Resultat von Diskrepanzen sind? Vielleicht verursachte es mir Angst, dass meine Lebensentwürfe und die Realität meines Lebens nicht deckungsgleich waren. Aber war das nicht eigentlich bei fast jedem so, den ich kannte – jedenfalls bei jedem, der ein Leben voller Herausforderungen, Überraschungen, Experimente, Abenteuer, also zwangsläufig auch Seitenwege, Sackgassen und Niederlagen lebte? Oder machte es mir insgeheim Angst, dass ich das, was in der Zukunft passieren würde, nicht unter Kontrolle hatte? Natürlich könnte ich die neue Liebe meines Lebens wieder verlieren, verlassen werden, ein Kind sterben sehen, alt und kraftlos werden; Letzteres war sogar ganz sicher. War es eine Quelle von Angst? Wäre es besser, nach dem Lebensprinzip der Stoiker zu handeln und zu lernen, sein Herz an nichts zu hängen? Kein Geld, kein Gut, keinen Partner, keine Familie, nicht einmal das eigene Leben? Dann, so sagen die alten Philosophen, könne einem nichts mehr Angst machen, weil man keinen Verlust mehr fürchte. Aber was bliebe dann vom Leben?

Ich war noch längst nicht am Ende meiner Betrachtung, als mich plötzlich ein merkwürdiges Phänomen unterbrach: Der Weg, auf dem ich ging, führte in der Mitte eines hohen Hanges auf eine Art Grat zu, hinter dem man nur noch Himmel sah und der Hang anscheinend abfiel; dieser Grat war von zwei großen Nadelbäumen markiert, die dort direkt nebeneinander standen. Schon einige Zeit lief ich auf diese Bäume zu, es trennten mich vielleicht noch 50 Meter von ihnen – und plötzlich waren sie weg.

Verschluckt von einer Wolkenwand, die von der Rückseite des Berges über den Grat gezogen war und jetzt mit unglaublicher Geschwindigkeit weiter in meine Richtung zog. Keine fünf Minuten dauerte es, und alles um mich herum versank in graue Undurchsichtigkeit. Es war lächerlich, aber selbst der Weg, den ich gerade eben noch im warmen Sonnenlicht mühelos überblickt hatte, war weg – reduziert auf wenige Meter und schwer zu finden. Manchmal zweigten schmale Ziegenpfade von ihm ab, die eigentlich kein Problem darstellten, weil der Verlauf des Hauptweges regelmäßig markiert war. Doch jetzt war selbst eine nur vier Meter entfernte Markierung unsichtbar wie ein gesunkenes Schiff, und die Wegverzweigungen wurden zum Ratespiel. Außerdem wurde es kalt. Wir waren hoch, die Sonne war weg und die Wolke, durch die ich ging, bestand aus Abertausenden winziger kalter Wassertropfen, die im Handumdrehen alles nass machten, Haut, Haare, Hemd, Hose. Ich holte die warme Jacke aus meinem Rucksack und zog sie an. Und nun? Ich dachte an die anderen. Was würden sie tun? Weitergehen? Abwarten? Den Doktor anrufen? Ich dachte selbst daran, mein Handy zu benutzen – einfach aus Sehnsucht, die Stimme eines anderen Menschen zu hören und nicht so verdammt allein zu sein in dieser nasskalten wegelosen grauen Unwirtlichkeit. Aber was hätte er mir schon sagen können? »Kopf hoch, alter Junge, und weiter, du schaffst das schon ...« Das konnte ich mir auch selbst sagen. Abwarten schien auch keine Lösung. Vielleicht blieb die Wolke eine Woche an diesem Berg hängen. Und ohne Bewegung würde es sehr schnell unangenehm kalt werden. Zurückgehen? Dann würde ich früher oder später auf Annabel und Stefan treffen. Aber in die eine Richtung war der Weg ebenso schwer zu finden wie in die andere; außerdem wollte ich natürlich gerne das heutige Tagesziel erreichen.

Also, weiter. Langsam, mit vor Konzentration tränenden Augen.

Ich erreichte die beiden Bäume, die ich so lange vor mir gesehen hatte, und wusste jetzt wenigstens, dass ich noch auf dem richtigen Weg war. Tatsächlich neigte sich der Hang auf der anderen Seite des Grads nach unten, der Weg führte abwärts. Aber er führte nicht aus der Wolke heraus. Im Gegenteil, ich hatte den Eindruck, dass sie hier noch dichter war und noch nasser. Der Weg wurde glitschig. Dann tauchten schwarze Schatten vor mir auf, ein Bergwald. Zwischen den Bäumen war es noch dunkler und undurchsichtiger, aber auch einfacher, den Weg zu finden. Doch dieses Gehen im nieselnden Grau, ohne Sicht, ohne Kontakt zu anderen, ohne andere Geräusche als das patschende Auftreten meiner Schuhe, zerrte an den Nerven. Ich lief wie durch einen langen dunklen Tunnel und wartete sehnsüchtig auf das Licht an seinem Ende.

Das Licht blieb lange aus, aber irgendwann hörte ich Stimmen. Es waren die von Carola, Bea und Alexander, die ich kurz darauf auch sah. Sie saßen auf einer Bank dicht nebeneinander, um sich gegenseitig zu wärmen. Der Wald war zu Ende, der Weg gabelte sich. Nur die eine Richtung hatte die blau-gelbe Markierung, der wir folgen mussten; sogar unser Ziel *Soglio* stand auf dem Wegweiser an der Gabelung; doch die drei hatten beschlossen, an dieser Stelle erst einmal zu warten.

Ich dachte daran, wie schwer ich mit dem undurchsichtigen Nebelgrau zurechtgekommen war, und fragte Carola nach ihren Erlebnissen. Sie zögerte einen Moment, sprach dann aber ganz offen. »Anfangs empfand ich Panik. Ich fühlte mich so hilflos, so ausgeliefert, war aber auch wütend, weil ich dachte, wenn ich die richtige Ausrüstung hätte, wäre es leichter.«

Alexander unterbrach sie. »Die richtige Ausrüstung? Was hätte das sein sollen?«

»Keine Ahnung, vielleicht ein GPS-Gerät.«

»Unsinn, das zeigt dir, wo du bist, und in welcher Richtung dein Ziel ist, aber ob du in dieser Richtung laufen kannst, zeigt es dir nicht.«

»Na, jedenfalls spürte ich, wie ich mich immer stärker aufregte und drauf und dran war, irgendetwas Verrücktes zu tun; ich habe meinen ganzen Rucksack ausgepackt, um zu checken, was ich bei mir habe, und war dabei so aggressiv, dass meine Sonnenbrille entzweigegangen ist, was mich noch aggressiver gemacht hat;

aber als ich so weit war, habe ich es selbst gemerkt und mir erst einmal den Beruhigungsatem verordnet.«

»Und?«, fragte Bea.

»Es hat geholfen. Ich habe mich beruhigt und konnte wieder klar denken. Dann habe ich mir gesagt, ich gehe so lange weiter, bis ich einen einigermaßen geeigneten Rastplatz finde, und warte da ab. Hier ist er.«

»Gut gemacht«, sagte Bea. »Ich glaube, ganz allein hätte ich die Situation nicht bewältigt; ich war schon wieder ganz und gar auf der Katastrophenschiene»…«

»Ach was!« Alexander legte seinen Arm um sie. »Du warst sehr tapfer.«

»Aber insgeheim der festen Überzeugung, dass wir vom Weg abkommen, uns verirren, abstürzen, kurz dass alles ein schreckliches Ende nimmt.«

»Welchen Weg bist du dann gegangen«, fragte ich sie, »den des Herzens oder den des Kopfes?«

»Letzteren.« Bea lachte. Ein erstaunliches Lachen für die Person, die noch vor fünf Tagen nach einer schlaflosen Nacht morgens an meine Tür geklopft hatte und nur wispern konnte. »Alexander und ich haben alles detailliert durchgesprochen und sind zu dem Ergebnis gekommen, dass wir eine gewisse Chance haben zu überleben.«

»Eigentlich habe ich gesagt, wir haben keine Chance, aber wir nutzen sie«, warf Alexander ein.

Wieder lachte Bea. »Darüber musste ich lachen, und dann konnte ich auch wieder laufen.«

»Weil du inzwischen laufen kannst«, sagte Alexander, »dank fünf Tagen Konditionstraining.«

»Was gibt es heute eigentlich zu essen«, fragte Carola, »ich habe schon wieder Hunger.«

Wir packten unsere Lunchpakete aus. Kaltes Huhn, kräftiges Graubrot mit Büdner-Fleisch, eine dicke Scheibe Käse, Äpfel und Nüsse. Wir aßen mit Appetit.

Als wir unsere kleine Mahlzeit fast beendet hatten, hörten wir

Stimmen und sahen zwei Gestalten, die sich aus dem Wolkengrau schälten. Annabel und Stefan. Auch sie hatten mit dem dunklen Nebeldunst und mit Zweifeln gekämpft, ob sie den Weg finden würden, waren dann aber zum gleichen Schluss gekommen wie wir anderen: Nicht aufgeben, nicht umkehren, weitergehen! Jetzt hatten sie es geschafft und waren hungrig. Wir machten ihnen Platz auf der Bank und sahen ihnen bei ihrem Imbiss zu.

Die Gruppe war jetzt wieder vollzählig und machte sich zum Aufbruch bereit. Stefan schlug vor, dass alle zusammenbleiben. »Es ist besser so. Wir können uns helfen, falls wir uns brauchen.«

Keiner widersprach.

Die Gruppe ging los. Immer noch lastete der Wolkennebel auf uns, und das Tempo war langsam. Der Weg wurde jetzt allerdings breiter, man musste nicht mehr ständig auf die Markierungen aufpassen, um die Richtung zu halten. Die Anspannung der anderen hatte nachgelassen. Nur Annabel wirkte noch sehr angestrengt. Wir gingen als Letzte los.

»Vielleicht war ich heute Morgen etwas zu optimistisch«, begann sie. »An einem klaren Morgen bei Sonnenaufgang sieht die Zukunft einfach aus, einfach und glänzend. Aber als wir in den Nebel kamen, war ich wieder voller Zweifel und Angst.«

»Ist das nicht normal? Menschen denken, planen, wägen ab, zweifeln, haben Ängste, überlegen von neuem. Ich glaube, wichtig ist nur, dass man seine Richtung findet und sie sich nicht von Angst diktieren lässt.«

»Aber wie findet man die richtige Richtung? Ich wünschte, wir wären alle noch eine Woche zusammen und würden weiter wandern. Es ist gut, bei der Gruppe zu sein. Außerdem hat mir Stefan heute sehr geholfen. Er hat tatsächlich so etwas wie spontanen Optimismus entwickelt. Vielleicht einfach deswegen, weil er seit Tagen keine gesundheitlichen Störungen mehr erlebt – keine Schwindelattacken, keine Kopfschmerzen, keine Kreislaufprobleme, stattdessen einen richtigen Schub an körperlicher Kraft und Frische. Deswegen hat ihm auch das Umkippen des Wetters wenig ausgemacht, er blieb zuversichtlich. Und hat mich damit angesteckt. Ich dachte dann: Versuch doch einfach mal, was der Doktor gepredigt hat, und glaube! Also habe ich geglaubt – geglaubt, dass wir es schaffen, dass alles gut geht, dass Stefan mir meine Annäherungsversuche nicht übel genommen hat. So war es dann auch. Trotzdem fällt es mir schwer, an etwas zu glauben, ganz besonders an mich.«

»Du hast einen Anfang gemacht.«

»Zu Hause habe ich niemanden, mit dem ich über Dinge sprechen kann, die mir wirklich wichtig sind. Als der Doktor vorgestern diesen Test gemacht hat mit der Frage, wen man morgens um drei anrufen kann, wenn man vor Sorgen keinen Schlaf findet, ist mir niemand eingefallen. Ich wünschte, ihr alle würdet in meiner Nähe wohnen. Aber in zwei Tagen sind wir wieder in alle Winde zerstreut.«

Sie hatte Recht, ich wusste es und fand keine tröstliche Antwort. Schweigend trotteten wir durch den nässenden Nebel, der uns den Horizont und irgendwie auch die Zuversicht raubte. Wir waren gefasst, aber grau. Der lichtvolle Morgen dieses Tages schien Lichtjahre entfernt.

Und dann, in einem Augenblick, war alles wieder ganz anders. Die Wolkenwand hob sich vor uns wie ein Theatervorhang, auf der Bühne dahinter präsentierte sich ein fantastisches Panorama, blau-violette Berge mit weißen Spitzen, hintereinander gestaffelt wie gefaltete Stoffservietten, hingestreckt im hohen Licht des Mittags, zwischen ihnen tiefschattige Täler voll ferner Dörfer und über ihnen, schwebend, die blassen Konturen weißer Wolken. Darin entdeckten wir zwei schwarze Punkte, die sich in langen Kreisen vom thermischen Wind tragen ließen, näher kamen und größer wurden.

»Adler«, stellte Alexander bewegt fest.

Wir waren stehen geblieben und blickten gebannt auf die aus dem Nebel wiedererstandene Welt, jetzt folgten wir dem eleganten Flug der beiden Raubvögel. Ich beobachtete Alexander aus den Augenwinkeln. Er schien fasziniert – wie vor vier Tagen. War er auch innerlich wieder so erschüttert?

»Ich könnte den ganzen Tag bleiben und den beiden zuschauen.« Es war Carola, die Chefsekretärin, unsere Ordnungs- und Kontrollspezialistin, die sich an dem Anblick der beiden großen Vögel, die da ganz ohne Gepäck, Karten und Kompass so mühelos durch den Himmel schwebten, nicht satt sehen konnte. Und es war merkwürdigerweise Alexander, der als Erster an die Strecke erinnerte, die noch vor uns lag, und zum Aufbruch drängte.

Lag es an der Wiederkehr der Sonne? War es der Trainingseffekt der ganzen Woche? Das Laufen war jetzt anders. Leichter. Lustvoller. Die Bewegung des Körpers gelöster. Die Haltung lockerer. Die Sinne offener. Ständig blieb einer von uns stehen, betrachtete einen besonderen Stein oder machte die anderen auf die Farbe einer Blüte aufmerksam. Der Weg war breit, weich, folgte dem Verlauf einer Steilwand, die neben ihm abfiel, und bot immer wieder atemberaubende Blicke in das Tal, das tief unter uns lag.

Wir waren den ganzen Tag keinem anderen Wanderer begegnet. Deswegen fiel uns die junge Frau, die unter einem Baum am Wegesrand saß, besonders auf. Sie war nicht älter als Mitte zwanzig, hatte eine dünne Regenjacke um ihre Hüfte geknotet und einen kleinen Tagesrucksack neben sich. Sie hob kaum den Kopf, als wir an ihr vorbeigingen und sie freundlich grüßten. Bea blieb zögernd stehen, sah die Frau an und fragte dann, ob alles in Ordnung sei oder ob sie irgendeine Hilfe brauche. Statt einer Antwort vergrub die Angesprochene ihren Kopf in den Händen. Stefan, Alexander und ich standen hilflos da und wussten nicht, was wir tun sollten; aber jetzt mischte sich Carola mit der Resolutheit der Chefsekretärin ein.

»Sie brauchen Hilfe, das sieht jeder. Was ist geschehen?«

Es dauerte, bis die Frau antwortete. »Mein Freund«, sagte sie und brach dann ab. Ihre Schultern bebten.

»Was ist mit Ihrem Freund? Ist ihm etwas zugestoßen?«

»Er hat mich weggeschickt.«

Es war nicht ganz einfach, den Sachverhalt herauszufinden, aber schließlich ergab sich Folgendes: Die junge Frau hatte mit ihrem Freund eine kleine Wanderung gemacht. Sie waren wie wir von der Wolkenwand überrascht worden, aber weitergegangen, weil der Weg leicht zu gehen und gut zu erkennen war. Dann war der Nebel gewichen, sie hatten die Umgebung wieder sehen können und plötzlich war der Freund ganz seltsam geworden, irgendwie verändert, abwesend und dann aggressiv; es hätte keinen richtigen Streit gegeben, trotzdem habe er sie am Ende angeschrien: »Geh doch endlich weg!«

Carola war empört. Partnerstreit sei eine Sache, aber eine Frau im Hochgebirge davonzujagen und sich selbst zu überlassen eine ganz andere. »Unglaublich. Wo steckt Ihr Freund jetzt?«

Die Frau zeigte vage den Weg hinunter und auf die Talseite. »Wenn er da noch ist.«

»Kommt«, sagte Carola zu uns Männern, »den suchen wir, den nehmen wir uns vor. Bea und Annabel bleiben hier.«

Es dauerte nicht lange, bis wir den Mann entdeckt hatten. Er kam mir noch jünger vor als seine Freundin, war sehr schmal und kauerte hinter einem großen Stein, den Kopf auf den Knien, die er mit seinen Armen umschlungen hatte. Das Gegenteil eines Berserkers. Warum hatte er seine Freundin so behandelt?

Das Rätsel löste sich langsam. Der Mann war anfangs kaum ansprechbar, wirkte apathisch und wollte nicht mit uns reden. Aber dann setzte sich Carola, bei der die Empörung in Mitleid umgeschlagen war, in einer Aufwallung von spontaner Mütterlichkeit neben ihn und legte ihren Arm um seine Schulter. »Lassen Sie sich doch helfen und reden Sie!« Das wirkte.

Er sei zum ersten Mal im Gebirge, begann er zu erzählen, es war eine Idee seiner Freundin, die das Abschaltprogramm für ihn wollte; gestern erst angekommen, heute dann die kleine Wanderung, auf der es ihm anfangs gut gegangen wäre, er hätte sich auch wieder besser mit seiner Freundin verstanden nach einem kleinen Streit am Morgen; bis dann der Nebel plötzlich verschwand und er das Tal unter sich gesehen hätte, da habe es angefangen: Schwindel, ein Gefühl von Übelkeit, weiche Knie und Schweißausbruch. Er habe kaum noch einen Schritt gehen können, hätte am liebsten geheult und auf gar keinen Fall gewollt, dass seine

Freundin, die ihn in letzter Zeit immer wieder kritisiert hatte, ihn in diesem Zustand sah – deswegen habe er sie weggeschickt.

Carola sah uns mit hochgezogenen Augenbrauen an, wir nickten. Es war eindeutig. Der Mann hatte Panik. Er war gelähmt von Höhenangst, begriff aber seine eigene Lage nicht.

»Ich erinnere an den kahlköpfigen Psychiater«, bemerkte Alexander leise.

Carola verstand. »Ich glaube, wir können Ihnen helfen«, sagte sie zu dem jungen Mann, »aber vorher müssen Sie mir helfen.« Sie kramte in ihrem Rucksack und holte ihre Sonnenbrille heraus, der ein Bügel fehlte. »Ich brauche die Brille dringend, aber sie ist kaputtgegangen; die fehlenden Teile müssen im Rucksack sein; meine Augen sind zu schlecht für eine so filigrane Arbeit. Sie sind jung, bitte versuchen Sie es, die Brille wieder zu reparieren.«

Der Mann schien erstaunt, wollte aber anscheinend nicht unhöflich sein, nahm die Brille und begann, den Bügel und die Schraube im Rucksack zu suchen. Den Bügel fand er schnell, aber die winzige Schraube nicht.

»Sie müssen ihn auspacken«, sagte Carola, »aber vorsichtig, damit nichts verloren geht.«

Er tat es. Räumte behutsam den Rucksack aus und musste sich dabei sehr konzentrieren, weil Carola unentwegt alles kommentierte, was er in die Hand nahm, und ihn immer wieder zur Vorsicht ermahnte. Schließlich konnten wir sehen, dass sich seine Starre löste und seine Bewegungen wieder etwas normaler wurden. Dann fand er die Schraube und versuchte, sie mit den Fingerspitzen einzudrehen, rutschte aber immer wieder ab.

»Vielleicht geht es mit einer Messerspitze«, sagte Carola und gab ihm ihr Taschenmesser. Der Mann legte die winzige Schraube auf ihre Führung und schaffte es nach vielen Versuchen tatsächlich, die Messerspitze in den Kreuzschlitz der Schraube zu bekommen und sie mit ein paar Drehungen festzuziehen. Carola freute sich sehr, und der junge Mann hatte Farbe im Gesicht und war wieder ansprechbar. Wir erfuhren jetzt, dass er Dirk hieß.

»Ich bin zu Ärzten gelaufen,
Internisten, Neurologen, Kardiologen,
alle haben mich behandelt,
keiner hat etwas gebessert ...«
STEFAN

»Ich kenne das, was Ihnen widerfahren ist, Dirk«, sagte Stefan, »ich habe es in letzter Zeit leider selbst oft erlebt.«

»Hier in den Bergen?«

»Nein. In Konferenzräumen, vor großen Auditorien, wann immer ich eine Gästebegrüßung, ein Kurzreferat oder einführende Worte vortragen sollte. Nicht dass Sie glauben, ich leide an Lampenfieber – es gehört zu meinen Alltagsaufgaben, vor Menschen aufzutreten und frei zu sprechen. Es hatte mir nie etwas ausgemacht. Aber von einem Tag auf den anderen war alles anders, ich bekam plötzlich weiche Knie, Schwindelanfälle und das Gefühl, ich würde gleich ohnmächtig.«

»Und was haben Sie dann getan?«

»Anfangs habe ich Entschuldigungen gemurmelt, mich zurückgezogen und hingelegt. Dann bin ich zu Ärzten gelaufen, Internisten, Neurologen, Kardiologen, alle haben mich behandelt, keiner hat etwas gebessert.«

»Haben Sie die Anfälle immer noch?«

»Seit neuestem nicht mehr. Ich habe eine Atemtechnik gelernt, die entspannend wirkt. Alle Symptome verschwinden. Ich zeige sie Ihnen – Sie werden sehen, der Schwächeanfall geht vorüber.«

Stefan sprach von einem »Schwächeanfall« und nicht von Angst, weil er wohl aus eigener Erfahrung wusste, dass dieses Wort leicht Ablehnung und Abwehr provoziert. Seine Angst als Angst wahrzunehmen und zu akzeptieren, setzt bei den meisten Menschen einen Erkenntnisprozess voraus. Da es aber lediglich um »Schwäche« und »Entspannung« ging, war Dirk ganz offen, als Stefan ihm jetzt die Übung des Beruhigungsatmens zeigte.

Sie hatte tatsächlich positive Wirkung. Dirks Anspannung löste sich, als er die Atemübung nachmachte, er wurde deutlich ruhiger. Zur Unterstützung der Wirkung versuchte Carola, mit ihm auch noch die verschiedenen Grüntöne der Baumkronen und die Unterschiede der Vogelstimmen herauszufinden, aber damit hatte sie überhaupt keinen Erfolg.

»Ich bin Techniker«, sagte er knapp, »Computerspezialist. Natur bedeutet mir nichts.«

Carola schien entmutigt, aber Alexander griff das neue Stichwort sofort auf.

»Computerspezialist? Endlich jemand, der mir sagen kann, was ich gegen den ganzen Spam-Schrott in meinem Maileingang tun kann. Kommen Sie, Dirk, wir gehen zusammen!«

Alexander ergriff die Hände von Dirk, zog ihn auf die Beine, hakte ihn resolut unter und wollte mit ihm losmarschieren. Aber Dirk wehrte sich.

»Ich kann nicht.«

Man sah, dass er wieder blass wurde und zitterte. Er starrte in das Tal, in den Abgrund. Aber jetzt hakte ihn Stefan auf der anderen Seite unter. Mit sanfter Gewalt drehten er und Alexander den Widerstrebenden um und schoben ihn zurück auf den Weg. Dabei redete Alexander ununterbrochen auf ihn ein.

»Schauen Sie einfach nicht nach unten, schauen Sie nach oben, in die Bäume, in den Himmel, und erklären Sie mir, wie man es immer wieder schaffen kann, die Spam-Filter zu überlisten ...«

Dirk gab noch keine Antwort, wehrte sich aber auch nicht mehr, sondern trottete zwischen den beiden mit wie ein Angetrunkener.

»Geht ruhig voraus und bringt ihn wieder zu sich«, sagte Carola zu mir, »ich hole die Frauen und komme mit ihnen nach.«

Als ich wieder zu Dirk und seinen Begleitern stieß, hatte Alexander ihn gerade so weit, dass er begann, Antworten zu geben. Anfangs zögerlich, dann aber immer offener erzählte er von sich und seinem Leben. Er war der Computerspezialist einer großen Maklerfirma, zuständig für Einbau, Wartung, Reparaturen und vor allem für Feuerwehreinsätze bei Pannen. Oft bis in die Nacht und fast jedes Wochenende, weil auch da in der Agentur gearbeitet wird. Dirks Chefs erwarteten, dass sein Handy immer eingeschaltet war, und zitierten ihn manchmal sogar sonntags zu sich nach Hause, wenn sie wieder mal Probleme mit dem Empfang oder Versenden ihrer Emails hatten.

Seine Aufgabe sei interessant und gut bezahlt, seufzte Dirk, man müsse in diesen Zeiten ja dankbar sein, wenn man überhaupt einen Job habe, aber die Arbeit habe immer mehr zugenommen. Kein Feierabend sei planbar, kein Wochenende. Er komme nicht mehr dazu, Sport zu treiben, und habe in letzter Zeit ständig Krach mit Carmen, seiner Freundin. Die finde, dass er zu wenig Zeit für sie habe, und wenn sie dann endlich mal zusammen seien, sei er gestresst und kaputt. Deswegen der Kurzurlaub in den Bergen, den er ihr und sich gönnen wollte, eine Woche, mehr sei nicht drin. Gestern seien sie angekommen, aber schon aus dem Ausschlafen heute Morgen sei nichts geworden, weil er wie immer Punkt sieben Uhr wach geworden sei. Der erste Urlaubstag: Carmen sauer, er ruhelos, das Frühstück einsilbig. Die Wanderung sollte dann die Partnerharmonie wieder gerade rücken – »den Rest kennen Sie«.

»Wenn man Glück hat, spürt man die Angst,
wenn man Pech hat,
ist einem dieses Gespür irgendwann ausgetrieben worden;
dann hat man die Angst immer noch,
aber man spürt sie nicht mehr ...«
STEFAN

Inzwischen waren die Bäume zu beiden Seiten des Weges dichter geworden, der Blick ins Tal hinter der grünen Mauer des Bergwaldes verborgen. Dirk atmete jetzt ruhiger und konnte wieder allein laufen. Aber für die Begleitung an seiner Seite schien er durchaus dankbar zu sein.

»Was Sie erzählen, kenne ich alles aus eigener Erfahrung«, Stefan sprach ohne jegliche Scheu. »Ich habe einen Job in der Verlagsbranche, Sie wissen vielleicht, was da in den letzten Jahren los war – andauernd schluckte ein Großer zwei Kleinere und wurde ein paar Monate später selbst von einem noch Größeren geschluckt. Ich bin nicht im kaufmännischen, sondern im PR-Bereich, aber auch dort kamen die Erschütterungen natürlich an. Die Belastung meines Lebens war schon ziemlich hoch. Trotzdem wollten meine Frau und ich unbedingt ein Kind haben. Sie hörte ihre biologische Uhr ticken und musste schon mit einer Hormonbehandlung nachhelfen, damit es überhaupt noch klappte. Und dank der Hormone wurden dann aus dem einen Wunschkind Zwillinge. Zwei süße Mädchen, denen meine ganze Liebe gehört, die aber unser Leben komplett umkrempelten. Die Nächte wurden unruhig, wir waren ständig müde, unser eheliches Leben kam zum Erliegen, meine Frau gab ihren Job auf, das Geld wurde knapp, gleichzeitig brauchten wir eine größere Wohnung, meine Arbeit im Büro explodierte durch die Fusionen, aber wenn ich mittags zu Hause anrief, flehte meine Frau, ich möchte doch bitte, bitte früh nach Hause kommen, weil sie nach den vielen Stunden allein mit den Zwergen und dem zwölften Windelwechsel unter akuten Anfällen von Mutterstress und sozialer Isolation litt. Nur das Kindergeschrei den ganzen Tag ohne ein Wort zu einem anderen Erwachsenen, das hielt sie nicht aus. Ja, und dann gab es bei mir eines Tages plötzlich den ersten Schwindelanfall, dem viele weitere folgten. Ich denke heute, ihre wahre Ursache war das Gefühl, dass ich meine Aufgaben nicht mehr bewältigen konnte, dass mir die Dinge entglitten, dass ich nicht mehr Herr der Lage war – es war Angst.«

»Angst?«, fragte Dirk. »Aber Angst spürt man doch?«

»Wenn man Glück hat. Wenn man Pech hat, ist einem dieses Gespür irgendwann ausgetrieben worden. Dann hat man die Angst immer noch, aber man spürt sie nicht mehr. Weil sie aber noch da ist, sucht sie andere Wege, um sich bemerkbar zu machen. Weiche Knie zum Beispiel, Schwindel, Kopfschmerzen, Migräne, Übelkeit, Herzrasen, es gibt viele Möglichkeiten.«

Man merkte, wie es in Dirk arbeitete. »Angst«, murmelte er nachdenklich, »vielleicht sollte ich mich damit mal befassen.«

»Das sollten Sie«, bestätigte Stefan.

Nach ungefähr einer halben Stunde kamen wir an eine Gabelung, wo sich unsere Wege trennen sollten. Der von Dirk führte nach links, hinunter ins Tal und in das Dorf, wo er mit Carmen wohnte. Die blau-gelbe Markierung, der wir folgen sollten, wies nach rechts, auf einen Weg, der auf der Höhe der Berge blieb. Wir stellten die Rucksäcke ab, machten es uns auf dem Stamm eines umgestürzten Baumes bequem, hingen unseren Gedanken nach und warteten auf die Frauen.

Sie kamen bald, in ein reges Gespräch vertieft, das verstummte, als sie uns sahen. Ich war sicher, dass Bea, Annabel und Carola ihre Möglichkeiten diplomatisch genutzt hatten, Carmen über den wahren Zustand ihres Freundes aufzuklären. Anzumerken war ihr davon aber nichts. Sie und Dirk sahen sich verlegen an, fanden aber keine Worte, und ich dachte: Wenn sie jetzt nicht sofort und auf der Stelle die Chance nutzen, sich um den Hals zu fallen, wird es für sie schwierig werden. Doch sie fanden nicht zueinander, fanden auch keine Worte füreinander, blickten zur Seite und ließen die Gelegenheit zur spontanen Versöhnung verstreichen. Es würde für sie schwierig werden.

Dirk schien das ebenfalls zu spüren. Es kam mir so vor, als wollte er unbedingt vermeiden, jetzt mit Carmen allein zu sein und das lange Stück ins Dorf in Erklärungsnot und schwerem Schweigen zurückzulegen.

»Sie haben mir wirklich geholfen«, sagte er zu uns. »Und ich kann Sie nicht ziehen lassen, ohne mich für Ihre Hilfe erkenntlich zu zeigen. Können Sie uns nicht ins Dorf begleiten und sich wenigstens auf ein Glas einladen lassen?« – »Oh ja, bitte«, bekräftigte Carmen die Einladung von Dirk, »kommen Sie mit!«

Die Meinungen in der Gruppe waren geteilt. Aber die drei Frauen mit ihrem besonderen Gespür für eine Stimmungslage fanden den Gedanken von andauerndem Geleitschutz für unsere neuen Freunde offenbar gut. Also studierten wir die Wanderkarte und stellten fest, dass auch aus dem Dorf ein Weg nach Soglio führte.

»Der Umweg dürfte nicht länger als drei Kilometer sein«, meinte Alexander. »Also weniger als eine Stunde«, freute sich Bea, »dafür kommen wir aber zu einer richtigen Pause und tun vielleicht ein gutes Werk.«

Dieses Argument war nicht zu schlagen. Wir brachen auf. Nach links.

Wieder gingen die Männer ein paar Schritte voraus, die Frauen folgten. Das Thema Angst schien Dirk anhaltend zu beschäftigen.

»Wenn es bei Ihnen Angst war«, wandte er sich wieder an Stefan, »wie haben Sie das in den Griff gekriegt? Nur mit Atemübungen?«

»Fragen Sie mich in vier Wochen wieder. Die Dinge ›in den Griff zu kriegen‹, ist genau die Aufgabe, die vor mir liegt.«

»Und wie wollen Sie es anstellen?«

»Ein kluger Mann hat mir ein Rezept verraten. Es lautet: ›Ändere das, was du nicht ertragen kannst, aber lerne das zu ertragen, was du nicht ändern kannst.‹ Ich werd's versuchen. Aber ein Rezept und eine fertige Mahlzeit auf dem Tisch sind bekanntlich zwei sehr verschiedene Dinge.«

»Vor allem, wenn mehrere Köche am Herd stehen.« Dirk seufzte.

»Könnte es sein, dass der mit der höchsten Mütze Carmen heißt«, fragte Alexander.

Dirk nickte düster. »Ich kann mich eigentlich nur falsch verhalten. Kümmere ich mich richtig um meinen Job, verliere ich Carmen. Kümmere ich mich richtig um Carmen, verliere ich meinen Job.«

»Das ist es, was den größten Druck im Leben erzeugt, ein Konflikt, den man nicht lösen kann.« Alexander wusste, wovon Dirk sprach. »Er erzeugt lähmende Angst. Ich kenne das. Eine Angst, die immer da ist, dich nie loslässt. Die mit dir lebt wie eine Schlingpflanze mit dem Baum, an dem sie wächst, mit dir und von dir. Aber ich habe kürzlich etwas über die verborgenen Glaubenssätze gelernt, die wir mit uns herumschleppen, und die uns manchmal schwer in die Irre führen.«

Alexander hatte gut aufgepasst. Der Doktor hätte seine Freude gehabt. Doch Dirk konnte nicht folgen.

»Glaubenssätze?«, unterbrach er ihn, »was soll das sein?«

Alexander ließ sich nicht aus dem Konzept bringen. »Manche Sachen glauben wir einfach, haben diesen Glauben aber nie überprüft. Sie glauben zum Beispiel daran, dass der Konflikt zwischen Job und Partnerschaft nicht lösbar ist. Aber haben Sie das je versucht? Mir ist vorhin aufgefallen, dass Sie kaum ein Wort mit Carmen gesprochen haben, als sie zu uns stieß. Sie haben sie noch nicht einmal richtig begrüßt. Haben Sie ihr jemals den Konflikt erklärt, in dem Sie stecken? Sie um Verständnis gebeten? Um Hilfe?«

Dirk begehrte auf. »Na klar habe ich ihr gesagt, was ich alles auf dem Zettel habe. Immer wieder.«

»Das meine ich nicht. Haben Sie ihr erklärt, wie Ihnen zumute ist und wovor Sie Angst haben? Haben Sie ihr Verständnis gesucht, haben Sie gesagt: ›Ich brauche dich, bitte hilf mir!‹?«

Dirk schwieg. Man konnte so etwas wie Trotz bei ihm spüren. Er lief nicht mehr, er stampfte und steigerte dabei sein Tempo. Aber Alexander blieb an seiner Seite und ließ ihn schmoren. Je länger das Schweigen dauerte, desto belastender wurde es. Schließlich knurrte Dirk: »Hilf dir selbst, dann hilft dir Gott. So habe ich es gelernt.«

»Das meine ich: Sie haben sich von dem insgeheimen Glaubenssatz leiten lassen, dass Sie diese Hilfe nicht bekommen, also haben Sie sie erst gar nicht erbeten. Noch was: Haben Sie je mit Ihren Chefs gesprochen? Haben Sie je zu ihnen gesagt: Ich mache einen guten Job, ich arbeite gerne und viel, aber wenn ich keinen Feierabend und kein Wochenende mehr habe, geht meine Partnerschaft in die Brüche? Ihre Chefs leben mit Sicherheit auch in Partnerschaften, haben Familien, Kinder; sie wissen doch, was diese Seite des Lebens bedeutet – weshalb sollten sie kein Verständnis haben? Weshalb sollte es keine Lösung geben? Haben Sie jemals versucht, sie zu finden?«

Wieder schwieg Dirk.

»Aha. Das dürfte der nächste verborgene Glaubenssatz sein: ›Keiner im Betrieb versteht mich, keiner wird mir helfen.‹«

»Ein Glaubenssatz muss allen anderen vorausgehen: Ich bin es wert, geliebt zu werden …«
STEFAN

Die Vorgesetzten, die Alexander zum Abteilungsleiter machen wollten, musste man beglückwünschen. Er hatte eine besondere Begabung zur Empathie, konnte Menschen wahrnehmen, auf sie eingehen und ihnen ihre Fehler bewusst machen.

Dirk schwieg anhaltend, und wir folgten ohne weiteres Gespräch dem Weg, der sich in langen Serpentinen ins Tal schlängelte. An den Spitzen der Kehren konnte man weiter unten schon die ersten Häuser des Dorfes sehen.

Einige Serpentinen später nahm Dirk das Gespräch plötzlich wieder auf.

»Was tut man denn, wenn man solche versteckten Glaubenssätze bei sich feststellt?«

»Man ersetzt sie durch andere. Man sagt beispielsweise: ›Ich glaube, meine Partnerin wird mich verstehen und mir helfen.‹ Oder: ›Meine Chefs werden Verständnis für meine Situation haben und mit mir eine Lösung finden.‹«

Stefan mischte sich ein.

»Alles richtig. Aber ein Glaubenssatz muss, glaube ich, allen anderen vorausgehen. Der lautet: ›Ich bin es wert, geliebt zu werden.‹«

»Und wenn man diesen Glauben verloren hat?«, fragte Dirk.

»Dann muss man wandern, so lange, bis man ihn wiedergefunden hat.«

Dieser Satz musste für Dirk merkwürdig klingen, aber inzwischen waren wir bei den ersten Dorfhäusern angelangt, die Frauen schlossen auf, und unser Gespräch verebbte.

Das Hotel, in dem die beiden wohnten, war ein ziemlich protziger Kasten mit modernistischer Einrichtung und kalter Atmosphäre. Für ein paar Flittertage und die Wiederherstellung von Partnerschaft hätte ich ihnen eine nettere Umgebung gewünscht.

Dirk nötigte uns in die Bar, in der wir um diese Zeit die einzigen

Gäste waren. Er wollte unbedingt eine Runde Grappa von einer besonderen, sündhaft teuren Marke ausgeben, aber alle winkten ab. Auch Alexander. Die Männer ließen es bei einem Glas Wein, die Frauen bei Schorle. Der Wein schmeckte enttäuschend, der Verzicht auf ein zweites Glas fiel leicht.

Dirk trennte sich schwer von uns. »Ich glaube, ich habe heute etwas gelernt«, sagte er beim Abschied, »ich hoffe, ich kann es fortsetzen«.

»Das müssen Sie!« Alexander drückte ihm die Hand, die Frauen umarmten sich, alle winkten, dann waren wir wieder unterwegs.

Jetzt ging es bergauf, ziemlich steil sogar. Das war eigentlich klar gewesen, aber ein Umstand, den wir bei unserem Kartenstudium glatt übersehen hatten. Drei Kilometer und drei Kilometer können verdammt unterschiedliche drei Kilometer sein.

Wir waren schon eine knappe Stunde gestiegen und noch immer nicht zurück auf unserer alten Höhe, als hinter einer Biegung plötzlich Schluss war. Ein riesiger Baum war anscheinend bei einem der vergangenen Stürme umgestürzt und hatte noch zwei, drei kleinere Bäume mitgerissen; sie lagen quer über dem Weg, übereinander gefallen und mit ihren Ästen und Zweigen einen so dichten Verhau bildend, dass kein Durchkommen war. Links des Weges war eine Schlucht, rechts eine Felswand. Das Umgehen des Hindernisses war ebenso unmöglich wie Überklettern – es schien nur eine einzige mögliche Richtung zu geben: Zurück.

Doch die Reaktionen meiner Mitwanderer spielten sich alle auf einer Skala zwischen Unglauben und Empörung ab. Rufe wie »Das kann doch nicht wahr sein«, »Das glaube ich nicht«, »Das ist ja das Letzte« schwirrten durcheinander. Schließlich kam Carola auf die Idee, den Doktor anzurufen. Sie kramte ihr Handy aus dem Rucksack, wählte seine Nummer und schilderte ihm ohne viele Vorreden, was geschehen war und wo wir jetzt waren und buchstäblich feststeckten. Anscheinend aber war der Doktor ziemlich ungerührt. Mehrere Anläufe Carolas mit »Können Sie nicht ...« und »Da muss es doch eine Möglichkeit ...« blieben ohne Ergebnis. Schließlich schaltete sie grußlos ihr Handy aus und stampfte mit dem Fuß auf. »Umkehren sollen wir, wieder zurück auf den alten Weg. Mehr fällt ihm nicht ein.«

Insgeheim fragte ich mich, was ihm denn einfallen sollte. Sollte uns hier ein Hubschrauber abholen? Die GSG 9 raushauen? Doch die allgemeine Stimmung in der Gruppe hatte die Tendenz von Carolas Empörung.

»Mehr hat er nicht gesagt?«, wollte Stefan wissen.

»Doch. ›Wir halten euch das Essen warm‹, hat er noch gesagt.«

»Klugscheißer!« Alexander machte abrupt auf dem Absatz kehrt und schlug mit wütenden Schritten die Richtung ein, aus der wir gekommen waren. Mürrisch folgten die anderen. Wir wussten, dass der Weg hinunter ins Dorf ein Kinderspiel war, aber dann stand uns abermals ein langer mühseliger Aufstieg bevor, all die Serpentinen des Nachmittags noch einmal in umgekehrter Richtung.

Als wir ins Dorf kamen, entdeckten wir, dass die Wandermarkierung des Weges, der uns zur Umkehr gezwungen hatte, mit zwei dicken roten Klebebändern durchgekreuzt war; wir hatten es einfach übersehen. Als wir weitergehen wollten, hielt uns Stefan zurück. »Ich habe mir etwas überlegt«, begann er. »Was haltet ihr davon, wenn wir einfach hier unten bleiben in dem Hotel von Carmen und Dirk? In zehn Minuten stehen wir unter der Dusche, in einer halben Stunde sitzen wir beim Essen und machen unsere eigene Abschiedsparty. Der Doktor hat ja Toni zum Feiern. Sollen sie doch Schach gegeneinander spielen.« Einen Moment lang herrschte verblüfftes Schweigen, dann folgte Beifall. Alle waren dafür. Doch ein paar Minuten später gab es lange Gesichter. Auf dem Parkplatz vor dem Hotel standen zwei Reisebusse, die Rezeption bedauerte: »Ausgebucht«.

Jetzt wurde es wirklich hart. Eine Hoffnung geplatzt, der bevorstehende Aufstieg lang und steil, dann noch ein unbekannt langes Stück bis zu unserem Ziel, und der Nachmittag ging dramatisch zur Neige. Doch es gab keine Alternative. Also los. Keiner sprach. Alle kämpften mit ihrer Enttäuschung.

Der Aufstieg begann, Bea ging neben mir, sichtlich deprimiert, und ich dachte darüber nach, weshalb Enttäuschungen auf manche Menschen immer bestätigend, auf andere aber eher überraschend wirken. Zog die Erwartung die Enttäuschung nach sich? Erlebten diejenigen, die immer das Beste erwarteten, weniger Enttäuschungen, oder verarbeiteten sie sie nur besser? Bea gehörte auf jeden Fall zu denen, die gegen drohende Enttäuschungen immer noch die Strategie anwendeten, sie für sicher zu halten.

»Ich glaube nicht, dass wir es vor Dunkelheit schaffen.«

Ich musste lachen. »Du bist auf dem richtigen Weg, Bea.«

Sie sah mich verständnislos und ein wenig wütend an. Lachte ich sie aus?

»Wie meinst du das?«

»Vor einer Woche hättest du noch gesagt: ›Wir schaffen es nicht vor Dunkelheit, und dann stürzen wir ab und fallen in eine Schlucht und brechen uns das Genick oder mindestens beide Beine und werden nicht gefunden und müssen verhungern und werden nicht bestattet und von wilden Tieren gefressen.‹ Deine Katastrophen haben abnehmende Tendenz.«

Sie schien zuerst unschlüssig, wie sie es aufnehmen sollte, musste dann aber lachen.

Wie um sich gegen drohende Gefahren von außen zu schützen, blieb die Gruppe auf diesem langen monotonen Wegstück der Serpentinen eng beisammen. Trotzdem wurde wenig gesprochen. Man brauchte Atem und Kraft für den Aufstieg.

»Ich sollte mich doch nicht mehr in die Enge treiben lassen, weshalb stecke ich denn trotzdem schon wieder in der Klemme?«
ALEXANDER

Es war schon nach vier Uhr nachmittags, als wir endlich wieder die Abzweigung erreichten, an der wir uns für die Begleitung von Carmen und Dirk und den Umweg ins Tal entschieden hatten. Die Sonne stand tief, das Tageslicht würde uns höchstens noch zwei

Stunden erhalten bleiben. Aber würden wir dann schon am Ziel sein? Und wenn nicht? Wandern mit dem Funzellicht unserer kleinen Taschenlampen?

Es war, als ob jeder in der Gruppe die gleichen Gedanken in seinem Kopf bewegte. Jedenfalls legten alle einen Schritt zu, als wir den Aufstieg hinter uns hatten und wieder auf dem Höhenweg liefen. Das Tempo wurde schneller, die Wanderung entwickelte sich zu einem Wettlauf mit der sinkenden Sonne. Diesem Match fehlte aber der sportliche Charakter, es schien im Gegenteil Aggressionen auszulösen.

»Ich sollte mich doch nicht mehr in die Enge treiben lassen«, fluchte Alexander, »weshalb stecke ich denn trotzdem schon wieder in der Klemme?«

»Eine Schnapsidee, uns heute alleine laufen zu lassen«, stimmte Stefan in das Geschimpfe ein, »warum ist eigentlich Toni nicht bei uns, mit ihm wäre das nicht passiert.«

Das Murren nahm noch zu, als wir feststellten, dass der Weg wieder anstieg. Verbissen liefen wir weiter, so schnell es den Frauen möglich war, und sahen sorgenvoll, wie die Baumschatten länger und länger wurden. Die Berge wurden blau, dann grau, dann schwärzer und schwärzer. Keiner hatte mehr einen Blick für die Schönheit des abendlichen Bergpanoramas, alle sahen nur noch nach vorn, dorthin, wo irgendwann Lichter auftauchen sollten, unser Ziel; aber da waren nur Bäume und Berge.

Noch immer wand sich der Weg durch den inzwischen schwarzen Bergwald nach oben, dann jenseits eines Grates wieder hinab in ein fernes dunkles Tal. Es schien, soweit man das bei dem schwachen Licht beurteilen konnte, eine andere Anmutung zu haben, die Vegetation wechselte, und es roch irgendwie südlicher. Aber dies war nicht der Augenblick, solche Eindrücke auf sich wirken zu lassen. Höchstens noch eine Viertelstunde blieb uns genügend Licht, um den Weg zu erkennen, und noch immer war von Soglio nichts zu entdecken. Es wurde kühl.

Nach einer Biegung des Weges sahen wir plötzlich zwei schwarze Silhouetten, die direkt auf uns zu kamen, sie gingen schnell und trugen große runde Gegenstände in ihren Händen. Der Anblick war unheimlich, und Bea griff unwillkürlich nach meiner Hand. Ich bekam selbst einen Schreck, beruhigte mich aber schnell wieder. Immerhin waren wir sechs, also in dreifacher Überzahl. Als die beiden Gestalten näher kamen, erkannten wir sie. Es waren der Doktor und Toni, beide mit Handscheinwerfern.

»Wir werden sie nicht mehr brauchen«, sagte Toni erleichtert, »es sind nur zwanzig Minuten bis zum Dorf. Das schaffen wir noch.«

Eine Last fiel von uns ab. Den Rest des Weges legten wir mühelos zurück, die Lichter des Dorfes strahlten jetzt durch die schnell zunehmende Dunkelheit. Dann hatten wir endlich das Kopfsteinpflaster der schmalen Dorfstraße unter unseren Füßen, spürten dankbar die Wärme der Häuser, den Geruch von Kuhställen und Weinkellern. Am kleinen Platz, der das Zentrum bildete, lag unser Hotel – »Palazzo Salis«, ein ehemaliger Adelspalast. Wir betraten ihn und waren überwältigt. Steinbögen und Kassettendecken, eine Freitreppe, die in die oberen Stockwerke führte, eine Art Rittersaal mit alten Bildern und Geweihen an der Wand, einer gedeckten Tafel mit brennenden Kerzen auf silbernen Leuchtern und einem für uns vorbereiteten prächtigen Büfett. Es war ein perfekter Empfang.

»Geduscht wird später«, sagte der Doktor, »jetzt wollen wir erst einmal anstoßen.«

Toni schenkte die Gläser voll, und zum ersten Mal sah ich, dass er sich auch Wein eingoss.

Wir ließen die Gläser klingen und tranken. »Ich gratuliere Ihnen«, sagte der Doktor, »willkommen in Soglio. ›La soglia‹ ist das italienische Wort für Schwelle, und man sagt hier, Soglio sei die Schwelle zum Paradies. Das Dorf liegt auf halber Höhe zwischen Bergen und Tal und genau auf der Linie, an der Norden und Süden sich küssen; oben liegt der Schnee des Nordens, unten wachsen Rosmarin und Lorbeer. Willkommen also auf der Schwelle – zwischen Ihrem bisherigen Leben und einem neuen, zwischen der alten Angst und der neuen Freiheit.«

Die Stimmung war feierlich. Aber Stefan hatte die Wut des Nachmittags anscheinend noch nicht verdaut. Mit hörbarer Aggressivität in der Stimme ergriff er das Wort.

»Sie führen uns in das Reich der Freiheit, großer Guru, aber was ist eigentlich mit Ihnen selbst? Über sich haben Sie nie gesprochen. Aber soll der Lehrer nicht ein Vorbild für seine Schüler sein? Sind Sie das, Herr Doktor? Sind Sie angstfrei?«

Der Doktor hatte ernst zugehört.

»Nein, das bin ich nicht. So wenig wie alle Menschen. Ich habe Angst davor, nicht geliebt zu werden, verlassen zu werden, krank zu werden, arm zu werden, gebrechlich zu werden – ich könnte die Liste lange fortsetzen. Manche dieser Ängste überfallen mich aus geringsten Anlässen. Vielleicht habe ich sogar größere Ängste als die Mehrheit der Menschen. Aber ich habe lange gebraucht, um das herauszufinden. Denn ich habe mir im Laufe meines Lebens auch eine unbewusste Abwehrstrategie gegen die Angst antrainiert. Ich bin der gleiche Typ wie Stefan, ein Somatisierer. Als ich vor ein paar Jahren zu einem Positionswechsel gezwungen war und mich nicht zwischen zwei Angeboten entscheiden konnte, die beide Vorzüge, aber auch schwere Nachteile hatten, bekam ich prompt gesundheitliche Probleme. Bei einer zufälligen Untersuchung stellte sich heraus, dass ich einen massiv erhöhten Blutdruck hatte. Ich habe dann natürlich Ärzte konsultiert, weil ich das Untersuchungsergebnis nicht glauben wollte. Aber auch eine 24-Stunden-Blutdruckmessung zeigte ganz deutlich, dass ich selbst nachts nicht herunterschaltete. Der nächste Schritt waren Medikamente, widerwillig eingenommen. Doch sie senkten den Blutdruck nicht ausreichend. Erst nachdem mir der Kardiologe anriet, die doppelte Menge zu nehmen, habe ich ›Halt! Stopp‹ gesagt. Erst dann habe ich angefangen, in der anderen Richtung nachzudenken. Theoretisch weiß man als Psychiater ja, dass Bluthochdruck auch etwas mit hoher innerer Anspannung zu tun hat. Und nachdem alle möglichen körperlichen Ursachen bei mir ausgeschlossen waren, blieb ja kaum etwas anderes übrig – da musste ich mich mit meiner inneren Belastung auseinander setzen. Erst dann wurde mir klar, dass die Ursache schlichte Angst war. Angst, einen Fehler zu machen in der Entscheidung, welchen Weg ich einschlagen sollte. Angst, die ich als solche nicht empfinden konnte. Wir werden an unseren Strategien nicht sehr viel ändern können, aber wir können es schaffen, hinter diesen Strategien die Angst zu erkennen, die sie auslösen. Wenn uns das gelingt, werden wir mit den Anlässen solcher Ängste gelassener umgehen. Rechtfertigte mein kleines Karriereproblem die Existenzangst, die es unbewusst bei mir auslöste? Nein. Hätte ich mir das klar machen können, wäre ich nicht an den Rand eines Kreislaufzusammenbruchs geraten. Carola wird sich immer sicherer fühlen, wenn in ihrer Umgebung alles unter ihrer Kontrolle ist und so abläuft wie immer. Aber rechtfertigt es eine Panikattacke, wenn sie morgens feststellt, dass der vertraute Bäcker geschlossen hat und sie heute anderswo Brötchen kaufen muss? Sicher nicht. Wenn Alexander sich bewusst macht, dass es nicht die scheinbare Unlösbarkeit eines betrieblichen Konfliktes ist, die ihn die zweite Weinflasche öffnen lässt, sondern Angst, kann er die Flasche zulassen und trotzdem schlafen. Denn, ich wiederhole, was ich vor ein paar Tagen schon einmal gesagt habe: Die Angst besetzt den Raum, den wir ihr geben. Wie groß dieser Raum ist, liegt an uns. Angst ist ein Gefühl, das mächtig ist, weil es von unserer Ohnmacht lebt. Sie signalisiert uns eine Gefahr, gegen die wir hilflos sind und versetzt unser Gemüt und unseren Körper in angstvolle Erregung – mitunter so sehr, dass es, wie bei mir, zu andauerndem Bluthochdruck kommt oder, wie bei Stefan, zu ständigem Schwindel. Aber die Angst bleibt ein Gefühl, das von anderen Gefühlen besiegt werden kann. Sie haben dazu in den vergangenen Tagen viel gelernt. Wenden Sie es an! Und lassen Sie mich noch etwas sagen: Gegen viele Angstauslöser können wir nichts tun. Es gibt Trennung, Verlust, Krankheit, Tod, sie gehören zum Leben. Aber wir können etwas für unsere Widerstandsfähigkeit gegen die Angst tun. Wenn das Leben ein wildbewegtes Meer ist, dann sind wir darin wie Plattformen, die auf Säulen stehen; fünf sind es, wie ich Ihnen vor ein paar Abenden mit kleinen Marmeladengläsern und einer leeren Ravioli-Schale demonstriert habe. Die eine Säule ist die Gesundheit und Kraft unseres Körpers, für die wir mit unserer Ernährung, Bewegung und Erholung sorgen. Die zweite Säule sind Familie und Partnerschaft, die für unser Bedürfnis nach Geborgenheit, Austausch, Intimität und Erotik entscheidende Bedeutung haben. Die dritte Säule ist das soziale Netz unserer Freunde und Bekannten, das, wie die Familie, für unseren Austausch mit anderen sorgt und uns schützt und auffängt, wenn es in der Partnerschaft oder Familie Probleme gibt. Die vierte Säule ist der Beruf, die materielle Grundlage unseres Lebens, die gleichzeitig mentale Herausforderung ist und unsere Weiterentwicklung fördert. Die fünfte Säule sind Glaube und geistige Sinnerfüllung, der Bereich, in dem wir seelische Widerstandskraft und inneren Frieden finden. Auf dem Meer des Lebens wird es immer wieder schreckliche Stürme geben, wilde Wellen, brutale Brecher, die eine unserer Säulen beschädigen oder sogar in sich zusammenstürzen lassen. Doch solange die anderen stabil sind, steht unsere Plattform fest und sicher. Es gibt keine bessere Vorsorge gegen Angst, als sich darum zu kümmern, dass diese fünf Säulen, die Basis unserer Existenz, kräftig und haltbar sind. Vergessen Sie nicht die elementaren Erfahrungen der vergangenen Woche – und vergessen Sie nicht, diese in Ihren Alltag mitzunehmen. Wir haben unseren Körper gekräftigt durch Wandern, Bergluft und gute Ernährung; wir waren uns Familie und Freunde, haben uns ausgetauscht, geholfen und beigestanden; wir haben alle unsere Wahrnehmungskanäle wieder weit geöffnet und unserer Seele neue Nahrung verschafft durch den Kontakt mit der Natur, den Blick auf Berge und Himmel, Blumen und Wolken; wir haben uns um Glaube, Hoffnung und Liebe und die Stärkung unserer inneren Widerstandskraft bemüht. Lassen Sie diese Erfahrungen an sich vorbeiziehen, wenn Sie heute vor dem Schlafengehen noch einmal Ihr Notizbuch zur Hand nehmen und die Gedanken und Gefühle aufschreiben, die Sie jetzt, am Ende der Wanderung, in sich spüren.«

Wir alle hatten während dieser langen Ansprache des Doktors

noch immer gestanden, mit unserem Glas in der Hand. Jetzt merkte jeder, dass er erstens seit sechs Stunden nichts mehr gegessen hatte und zweitens in dieser Zeit fast ununterbrochen bergauf oder bergab gegangen war. Die Mägen knurrten bösartig, und die letzten Schritte, zu denen die Gruppe sich noch aufraffte, waren die zum Büfett. Mit beladenen Tellern und schweren Füßen saßen wir dann an der Tafel, erschöpft und glücklich, todmüde und so munter, dass der Gedanke, bald ins Bett zu gehen, mit jedem Glas in weitere Ferne rückte. Bea, die zurückhaltende, war aufgedreht, als hätte sie gerade ein Examen bestanden, und sagte immer wieder »Ich bin hier, ich bin wirklich hier«; Alexander schüttete viel Wasser und wenig Wein in sich hinein und hatte trotzdem strahlende Laune; Stefan entkorkte schon seine zweite Flasche und juxte »Mal sehen, ob ich herausfinden kann, was Schwindel ist«; Annabel kicherte »Wenn ich Männerverbot bekomme, muss ich wohl auf Frauen umsteigen«; und Carola sagte todernst »Im Frühjahr mach ich Last-Minute-Urlaub in Afrika« und prustete danach los.

Später wurde es auch wieder ernst am Tisch. »Die Brücke werde ich nie vergessen«, Annabel erinnerte sich plötzlich wieder an diese dramatischen Minuten. »Wenn ich eine Pistole gehabt hätte, hätte ich jeden über den Haufen geschossen, der mich dazu zwingen wollte, die zu überqueren. Aber als ich es hinter mir hatte, war es einfach grandios.«

»Bei mir war es der Augenblick, als der Doktor mich zwang, meinen Rucksack auszupacken und alles Überflüssige zurückzulassen«, fiel Carola ein, »das war schlimmer als erzwungener Striptease. Ich hätte ihn umbringen können. Es hat danach bestimmt noch zwei Tage gedauert, bis ich wirklich Vertrauen zu ihm und Toni entwickelt hatte. Ihr glaubt gar nicht, was es für mich bedeutet, mich auf andere Menschen zu verlassen.«

»Bei mir war das Verblüffendste das Brot und das Wasser da oben auf der Wiese«, sagte Alexander. »Ich glaube, ich habe in den vergangenen Jahren gar nichts mehr geschmeckt, wurscht, ob ich bei McDonald oder im Fünf-Sterne-Restaurant gegessen habe.

Als ob meine Geschmacksnerven, nein, eigentlich meine ganze Wahrnehmung narkotisiert war. Und plötzlich war da wieder Geschmack, und dann kam noch Geruch dazu. Ich denke, die Kanäle für das Fühlen sind auch wieder offen, jedenfalls freue ich mich auf meine Frau.«

»Für mich war diese Wanderung eine völlig kranke Idee«, setzte Stefan die Rückblicke fort. »Ich konnte mich doch kaum noch auf den Beinen halten. Ständig Schwindel, Übelkeit, Kopfschmerzen. Und dann eine Bergwanderung! Einfach irre. Vielleicht habe ich mich aus einem unbewussten Todeswunsch darauf eingelassen – endlich Schluss und Ruhe. Aber heute habe ich wieder Lust zu leben.«

Noch einmal meldete sich der Doktor zu Wort.

»Der Wind in den Bergen war kalt, aber bald wird Ihnen wieder ein ganz anderer Wind um die Ohren wehen. Es wird Situationen geben, in denen Sie unter Druck geraten, Momente, in denen Sie Angst haben. Das ist normal. Es ist auch normal, wenn man darauf reagiert – der eine mit Schwindel, der andere mit Rotwein, der dritte mit Rückzug. Achten Sie aber darauf! Sorgen Sie dafür, dass die Symptome wieder verschwinden! Gewinnen Sie Abstand! Machen Sie Pausen! Legen Sie Auszeiten ein! Gehen Sie in die Natur! Erden Sie sich! Essen Sie gut und lustvoll! Trinken Sie wenig Alkohol! Sprechen Sie mit anderen Menschen! Suchen Sie ihre Nähe! Seien Sie dankbar für alles Gute, was Sie erleben! Und versuchen Sie, zu glauben – wenigstens an das halb volle Glas! Und damit sage ich zum letzten Mal für heute Abend Prost.«

»Halt!« Toni meldete sich. Er hatte den ganzen Abend geschwiegen. Als jetzt Ruhe eintrat und sich alle zu ihm wandten, wurde er etwas verlegen, fing dann aber zu sprechen an.

»Ich bin leider kein ordentlicher Mensch, lieber draußen als drinnen in meiner Wohnung. Seit ich allein lebe, bin ich da noch weniger. Das führte dazu, dass die Wohnung nach ein paar Wochen immer völlig verschlampt aussah, dann habe ich mich irgendwann aufgerafft und wie ein Berserker alles sauber gemacht und aufgeräumt. Danach hatte ich das Gefühl, jetzt reicht es erst einmal für ein paar Wochen. Und dann ging alles von vorne los. Also, was ich sagen will, ist, dass ich inzwischen gelernt habe, man muss jeden Tag wieder neu anfangen mit dem Kampf gegen die Unordnung, und ich glaube, das gilt auch für den Kampf gegen die Angst.«

Es war nach Mitternacht, als ich endlich auf meinem Bett saß und mir die Wanderschuhe auszog. Das Duschen verschob ich auf morgen. Ich wollte schon das Licht ausknipsen, als mir die Bitte des Doktors einfiel, unsere Gefühle am Ende der Wanderung aufzuschreiben. Ich schlug das Notizheft auf und las, was ich zu Beginn geschrieben hatte: *Hoffnung, Skepsis* und *Neugier.* Ich dachte darüber nach, wie ich mich jetzt fühlte und schrieb es auf: *Vollständiger.*

Tag acht. Rückfahrt

Ich sah aus dem Zugfenster und fühlte mich betrübt. Wovon musste ich mich verabschieden?

Die Berge draußen wurden niedriger. Kaum noch schroffe Pyramiden, keine Spitzen mehr, die ins Wolkengrau ragten, kein Schnee. Der Zug fuhr nach Norden, das Land wurde flach.

Wieder war es zu warm. Aber als ich die Heizung herunterdrehen wollte, protestierte das gut gebräunte ältere Paar, mit dem ich das Abteil teilte. Wahrscheinlich hatten sie Recht. Wahrscheinlich war es nicht die Heizung, die zu warm war, sondern ich war es, der der Heizungsluft entwöhnt war.

Ich dachte an die Gruppe, die mir in diesen sieben Bergtagen ans Herz gewachsen war, die fünf, die jetzt auch in Zügen, Autos oder Flugzeugen saßen und zurückkehrten zu ihren schwierigen Ausgangspunkten, von denen sie zu unserer gemeinsamen Wanderung aufgebrochen waren.

Bea, die Zarte, die gewiss sehnsüchtig von ihrer kleinen Tochter erwartet wurde, aber auch von den Gespenstern ihres alten Lebens, die ihr Dasein so vergiftet hatten, dass ihr jede Freude daran abhanden gekommen war. Würde sie es schaffen, die Gespenster zu verjagen, und die Freude in ihren Alltag zurückholen?

Carola, die in den letzten Tagen immer lockerer geworden war und viele harte Rüstungsteile ihres Kontroletti-Panzers abgeschüttelt hatte, würde an diesem Abend wieder auf ihren schwierigen Sohn treffen, der ihr längst entglitten war, den sie aber trotzdem zu halten suchte; und am nächsten Morgen würde sie wieder in das Kostüm der Chefsekretärin und das Korsett eines durchorganisierten Lebens schlüpfen, in dem jeder echte menschliche Kontakt fehlte. Würde sie allein die Kraft finden, ihren Sohn loszulassen und ihr Leben umzugestalten?

Annabel, die Unstete, die in den vergangenen Tagen so viel Stetigkeit entwickelt hatte, sie würde zu Hause wieder der Luxus eines großzügigen Heimes und einer materiell sorgenfreien Existenz umgeben – würde sie daraus den Absprung in die Ungewissheit eines neuen Lebens finden?

Auf Alexander, den Kuschelbären mit den breiten Schultern, die den falschen Eindruck erweckten, dass auch seine Seele so belastbar sei, wartete das schwere Stress-Paket der Abteilungsübernahme und der fälligen Kündigungsschreiben. Würde er es ohne Rotwein und Tranquilizer bewältigen?

Und Stefan, der Reinfresser, der sich Belastungen auflud, bis seine Knie buchstäblich weich wurden, würde er sich ausreichende Freiräume und Erholungszeiten freiboxen, auch gegen die geliebte Familie?

Ich dachte an Tonis Worte von gestern Abend, an die Macht des Alltags und die Kraft der Gewohnheit und wusste, dass die fünf es schwer haben würden. Bertolt Brechts Satz kam mir in den Sinn: »Die Mühen der Berge liegen hinter uns, vor uns liegen die Mühen der Ebenen.«

Draußen zog die grüne Hügellandschaft des Allgäu vorbei, die langsam grau wurde. Es begann zu regnen.

»Ach, Meran«, sagte die gebräunte Frau seufzend zu ihrem gebräunten Mann, »wenn ich an das Wetter zu Hause denke, bekomme ich Angst.« Der Mann nickte sorgenvoll, und ich musste mir ein Lächeln verbeißen.

Ich sah auf das Fenster, das der Regen jetzt blind machte, und sah die Gesichter meiner fünf neuen Freunde vor mir, die Falten und Narben, die das Leben auf ihnen hinterlassen hatte, ihre Verletzungen, ihre Eigenarten, ihre Schwächen, aber auch ihre Wärme, ihre Herzlichkeit, ihre Kraft, ihre Fröhlichkeit, ihre Menschlichkeit.

Würden sie es schaffen?
Würden wir es schaffen?
Ja.

Fakten –
das sollten Sie wissen

Angstformen

In der psychiatrischen Diagnostik unterscheidet man nach international anerkannten Kriterien sieben Angststörungen. Sie zeigen oft überlappende Symptome, unterscheiden sich aber durch ihre Auslöser. Angststörungen gehören zu den häufigsten psychischen Krankheiten. Mehr als ein Viertel der gesamten Bevölkerung leidet im Laufe des Lebens mindestens einmal darunter.

Die sieben Krankheitsbilder der Angst lassen sich folgendermaßen zuordnen:

1. Die Panikstörung
2. Die Agoraphobie
3. Die spezifische Phobie
4. Die soziale Phobie
5. Die Zwangsstörung
6. Die generalisierte Angststörung
7. Die traumatische Angst

Die Panikstörung

Als Panikattacken werden plötzlich eintretende, zeitlich begrenzte Zustände bezeichnet, die mit starker Furcht, zumindestens Unbehagen und – manchmal extremen – körperlichen Begleiterscheinungen einhergehen. Solche Panikanfälle können bei allen Angststörungen auftreten. Bei der *Panikstörung* sind die Panikattacken wiederkehrend, unerwartet und nicht durch äußere Umstände ausgelöst.

Paniksymptome können sein: Herzklopfen oder Herzrasen; Schweißausbrüche; Zittern und Beben; Atemnot oder Kurzatmigkeit; Erstickungsgefühle; Schmerzen und Beklemmungsgefühle in der Herzgegend; Übelkeit oder das Gefühl drohenden

Durchfalls; Schwindel, Benommenheit oder Angst, ohnmächtig zu werden; das Gefühl von Unwirklichkeit oder Sich-losgelöst-Fühlen; Angst, die Kontrolle zu verlieren oder verrückt zu werden; Angst, zu sterben; Taubheit oder Kribbeln; Hitzewallungen oder Kälteschauer.

Genau genommen ist Panik eine falsche bzw. unangemessene Alarmreaktion des Körpers.

Die Agoraphobie

Bei *Agoraphobie* handelt es sich um eine krankhafte Angst vor Menschenansammlungen und öffentlichen Orten wie Supermärkten, Stadien, öffentlichen Verkehrsmitteln usw. Die Betroffenen fühlen sich dort hilflos, überfordert, eingeengt und bedroht, weil ihnen die Flucht in eine sichere Umgebung nur schwer möglich erscheint. Sie fürchten, eine Panikattacke zu erleiden und vermeiden deren Risiko. Es handelt sich also auch um die Angst vor der Angst.

Die spezifische Phobie

Die Ängste vor bestimmten Objekten und Situationen wie Tieren, Dunkelheit, Höhe, Enge usw. werden *spezifische Phobien* genannt. Ausgelöst werden sie durch konkrete Anlässe wie Fahrstuhlfahren, das Betreten eines Flugzeugs oder das Überqueren hoher Brücken. Aber auch Spinnen, Hunde, Schlangen und andere Tiere, oder Ärzte, Krankenhäuser und Spritzen können solche phobischen Angstanfälle auslösen. Für bestimmte Phobien nimmt man eine gewisse instinkthafte Bereitschaft an. Eine Spinnen- oder Schlangenphobie kann beispielsweise auftreten, ohne dass der von dieser Angst Betroffene jemals ein konkretes negatives Erlebnis mit einer Spinne oder Schlange gehabt hat.

Ähnliches gilt für Spritzen und Blut, Tunnel, Höhen und Flugzeuge. Hier scheint auch eine alte instinkthafte Prägung am Werk zu sein, die uns warnt vor dem hilflos Ausgeliefertsein.

Menschen, die unter einer spezifischen Phobie leiden, tun alles, um den Anlass, der sie auslöst, zu vermeiden. Das verschafft ihnen kurzfristig Entlastung, führt sie aber langfristig oft in die Isolation. Sie nehmen, um eine Brücke oder einen Tunnel zu vermeiden, lange Umwege in Kauf, verzichten auf das Erreichen bestimmter Ziele, um kein Flugzeug benutzen zu müssen, und trauen sich schließlich in schweren Fällen gar nicht mehr aus dem Haus. Diese Vermeidungshandlungen führen auch dazu, dass die gedankliche Vorstellung der Gefährlichkeit einer bestimmten Situation immer mächtiger wird und immer weniger von der Wirklichkeit korrigiert werden kann.

Die soziale Phobie

Die *soziale Phobie* ist eine unangemessen starke Angst, die in öffentlichen Situationen, beispielsweise beim Sprechen vor anderen oder dem Essen in Gesellschaft, auftritt. Unter ihr leidet etwa 1,7 Prozent der Bevölkerung. Leichtere Formen von sozialer Angst sind weit verbreitet, der Übergang von noch normaler Schüchternheit, Lampenfieber und Unsicherheit in sozialen Situationen zu krankhaften Störungen ist fließend. Als Krankheit werden soziale Ängste dann definiert, wenn die Betroffenen in ihrer sozialen Funktionsfähigkeit erheblich beeinträchtigt sind.

Menschen, die an sozialer Phobie leiden, haben intensive, anhaltende und unangemessene Angst vor der kritischen Beobachtung und Beurteilung durch andere. Sie fürchten, sich zu blamieren und in den Augen anderer abgewertet zu werden, weil die bemerken könnten, dass sie erröten, ihre Hände zittern oder sie ins Schwitzen geraten. Deswegen werden selbst kleine Gruppen, in denen sie in den Mittelpunkt geraten könnten, gemieden. Die Konsequenz im beruflichen wie im privaten Bereich ist häufig vollständiger Rückzug.

Zusammenfassend für die bisher genannten Angststörungen gilt:

- Sie sind gewaltige Überreaktionen auf nicht wirklich gefährliche Situationen.

- Sie können von den Angsterkrankten nicht kontrolliert werden.
- Sie können in der angstauslösenden Situation nicht durch rationale Erklärungen widerlegt werden.
- Sie führen infolge der Angst vor einer möglichen Panikattacke zur Vermeidung der gefürchteten Situationen und zur oft überzogenen Inanspruchnahme sozialer Unterstützung.
- Sie sind aus all diesen Gründen schwer zu verändern.

Die Zwangsstörung

Menschen, die unter einer *Zwangsstörung* leiden, haben ständige oder häufig wiederkehrende Angst vor einer Bedrohung von außen, beispielsweise der Übertragung von Schmutz oder Krankheitskeimen beim zufälligen Kontakt mit anderen, etwa in öffentlichen Verkehrsmitteln. Das Denken der Betroffenen kreist ständig um diese Bedrohung und die Möglichkeit, sie unter Kontrolle zu behalten. Manchmal wird auch die eigene Person als eine Quelle möglicher Bedrohung betrachtet, zum Beispiel in der übertriebenen Sorge, den eigenen Kindern könne etwas zustoßen und man müsse darum die Kontrollmöglichkeiten perfektionieren.

Patienten mit Zwangsstörungen tendieren oft zu fast zwanghaftem Vermeiden. Kann die befürchtete Situation oder Kontakt mit anderen, beispielsweise bei einer Busfahrt, nicht vermieden werden, treten oft Symptome auf wie Herzklopfen, die Angst, umzufallen, Schweißausbrüche und Ähnliches.

Solchen Zwangsgedanken liegt der Impuls zugrunde, vermeintliche Gefahren abzuwenden. Die vom Gefühl des Bedrohtseins hervorgerufene Unruhe wird manchmal auch durch zwanghafte Handlungen, beispielsweise ständige Kontrollen, abgeschwächt.

Dieses Gefühl des Bedrohtseins kann nicht nur von realen Szenarien hervorgerufen werden, sondern auch von der Vorstellung. Dann bekommen Zwangshandlungen oft den Charakter eines Zaubers, der solche Gedanken bannen oder neutralisieren soll:

Bestimmte Zahlen werden ausgesprochen, bestimmte Dinge in der Wohnung in einer festen Reihenfolge berührt; verbreitet ist auch die ständige Kontrolle von Haustüren, Gashähnen, Wasserhähnen oder – gegen »schmutzige« Gedanken – das zwanghafte Händewaschen. Versuche der Betroffenen, solche Handlungen zu unterdrücken, steigern ihre Anspannung oft bis ins Unerträgliche.

Die generalisierte Angststörung

Die *generalisierte Angststörung* ist gekennzeichnet durch übertriebene, unrealistische, andauernde Sorgen, Ängste und Befürchtungen, die jeden Aspekt des Lebens betreffen können.

Nach neueren Untersuchungen ist sie eine besonders schwere, chronische Erkrankung, die die Betroffenen häufig ihr ganzes Leben lang belastet. Etwa 5 Prozent der Bevölkerung leiden an einer generalisierten Angststörung. Von ihnen unternehmen 13 Prozent einen Suizidversuch, 35 Prozent müssen irgendwann im Lauf ihrer Erkrankung stationär psychiatrisch behandelt werden. Im Unterschied zu den anderen Angsterkrankungen tritt die generalisierte Angststörung besonders im höheren Lebensalter auf.

Ohne dass auslösende Erlebnisse erkennbar sind, halten Angst und ständige Sorge bei den Betroffenen über einen längeren Zeitraum an und schwanken lediglich in ihrer Intensität. Da es keine auslösenden Situationen gibt, gibt es auch kein spezifisches Vermeidungsverhalten. Die Betroffenen können sich nur kurzfristig von den Ängsten ablenken oder distanzieren. Häufig kommt es zum Missbrauch von Beruhigungs- oder Suchtmitteln. Bei vielen Patienten wird aus der Angststörung eine Depression.

Ursache dieser schwer zu behandelnden Angststörung ist vermutlich ein komplexes Zusammenwirken von psychischen, sozialen und neurobiologischen Faktoren.

Die traumatische Angst

Angst als Symptom lässt sich auch in der Folge von belastenden Lebensereignissen beobachten. Dabei unterscheidet man verschiedene Schweregrade. Von einer *akuten Belastungsstörung* wird gesprochen, wenn die Symptome nur ein paar Stunden oder wenige Tage anhalten.

Eine *Anpassungsstörung* mit Angstsymptomen wird diagnostiziert, wenn belastende Lebensveränderungen wie ein Trauerfall, eine Trennung, der Verlust der Arbeit, eine schwere körperliche Erkrankung oder Ähnliches sie ausgelöst haben und die Symptome länger als ein paar Tage anhalten.

Die Diagnose *posttraumatische Belastungsstörung* wird gestellt, wenn das auslösende Trauma ein außergewöhnlich bedrohliches Ereignis oder eine Situation von katastrophalem Ausmaß darstellt, die eine tiefe Verstörung hervorruft. Man denke hier beispielsweise an Vergewaltigungsopfer oder Kinder, die Zeugen brutaler Kriegshandlungen waren.

Das charakteristische Symptom der posttraumatischen Belastungsstörung ist das ungewollte Wiedererleben von Aspekten des traumatischen Ereignisses. Die Betroffenen haben die gleichen sensorischen Eindrücke wie während dieses Erlebnisses, sie sehen die gleichen Bilder, hören die Geräusche des Geschehens wieder, empfinden den gleichen Geschmack und erleben auch die gleichen gefühlsmäßigen und körperlichen Reaktionen. Situationen und Personen, die an das Trauma erinnern, werden als sehr belastend empfunden und rufen starke körperliche Reaktionen hervor. Sie werden also möglichst vermieden. Andererseits wird über Zustandekommen, Ablauf und mögliche Verhinderung des traumatischen Ereignisses unaufhörlich gegrübelt. Die Betroffenen sind in einem emotionalen Spektrum, das von intensiver Furcht über Ärger, Trauer, Schuld und Scham bis zu emotionaler Taubheit reicht. Weitere Symptome sind starke Schreckreaktionen, Reizbarkeit, Konzentrations- und Schlafstörungen.

Alltagsängste

Neben den Angststörungen, die ein krankhaftes Ausmaß annehmen und somit in die psychiatrische Diagnostik aufgenommen sind, gibt es eine Vielzahl von alltagsbezogenen Angstthemen, beispielsweise Ängste, die bestimmte Lebensphasen begleiten. Es sind Ängste, denen jeder ausgesetzt ist. Bei einer hohen ängstlichen Grundhaltung oder wenn in der jeweiligen Lebensphase zusätzliche massive Probleme auftauchen, die die Personen an ihre Belastungsgrenzen bringen, können diese Lebensthemen zu Problemen werden, da sie eine Eigendynamik entwickeln und dann zu einem krankhaften Ausmaß an Angst führen.

Besondere Bedeutung haben folgende Lebensabschnittsängste:

In der Zeit der Pubertät, also zwischen 13 und 16 Jahren: die Angst vor dem anderen Geschlecht.
Bei dramatisch negativen und kränkenden Erfahrungen kann hier der Grundstein für eine *soziale Phobie* gelegt werden mit lebenslanger Schüchternheit im Umgang mit dem anderen Geschlecht.

Zwischen 16 und 20 Jahren: die Angst, sich für die falsche Ausbildung, den falschen Beruf zu entscheiden.

Mit 30 Jahren: Angst vor der Festlegung, der Endgültigkeit im Bereich Beruf und Familie.
Die Statistik zeigt, dass in den industriellen Ländern Ehen später geschlossen werden und die Zahl der Erstgeburten von Müttern über 30 Jahre sprunghaft gestiegen ist.

Mit 40 Jahren: Angst vor der Chancenlosigkeit auf dem Arbeitsmarkt.
Ein neues großes Angstthema ist durch die lang anhaltende Rezession mit hoher Arbeitslosigkeit und mit mangelnden Jobchancen gerade der Älteren entstanden.

Mit 50 Jahren: die Angst, Chancen verpasst zu haben.
Für Kinderlose ist es zu spät, jetzt noch an Familienplanung zu denken; für Väter und Mütter bricht die Zeit des neuen Alleinseins an – die Kinder sind aus dem Haus. Viele Ehefrauen erleben

das als Sinnkrise. Männer verdrängen die Angst häufig mit dem »zweiten« oder »dritten Frühling«.

Mit 65 Jahren: die Angst vor der Leere.

Was bleibt, wenn der Beruf das Ein und Alles war?

Mit 75 Jahren: die Angst vor dem körperlichen Versagen und letztendlich dem Tod.

Werden wir einen lebenswürdigen letzten Abschnitt haben, statt in der Isolation eines würdelosen Altersheimes zu vereinsamen?

Wurzeln psychischer Störungen

Bei einer Untersuchung der Familienerfahrungen von Menschen, die im Laufe ihres Lebens Angststörungen oder eine Depression entwickelten, zeigte sich, dass die emotionale Beziehung zwischen den Betroffenen als Kindern und ihren Eltern beeinträchtigt war.

Es wurden zum Beispiel folgende Familienerfahrungen genannt:

- von der Mutter nicht erwünscht
- Mutter kühl, lieblos, zurückweisend
- Mutter hat häufig keine Zeit für das Kind
- mangelndes Verständnis/Eingehen auf die kindliche Welt
- mangelndes Verständnis des Vaters bei Kummer
- Kind hat generell Zärtlichkeit vermisst
- Sehnsucht nach mehr Zärtlichkeit von der Mutter
- mangelnde Geborgenheit/liebevolle Zuwendung
- mangelnde Toleranz/ Resonanz von Mutter und Vater bei kindlichen Äußerungen
- Mutter und Vater beschäftigen sich nicht spielerisch/anregend mit dem Kind
- als unangenehm erlebte familiäre Unternehmungen
- mangelnde Anerkennung durch die Eltern
- von Vater nicht gelobt wegen Leistungen/Intelligenz
- Vater fördert nur bestimmte Fähigkeiten/Leistungen des Kindes
- Eltern in der Erziehung uneinig
- schlechte Ehe der Eltern
- Eltern in ihrem Wesen erheblich voneinander verschieden
- Angst des Kindes vor Mutter und / oder Vater
- Kind fühlt sich zu Hause nicht wohl, läuft öfters weg
- Kind sehr verschlossen, erzählt spontan kaum etwas

- Kind bewundert nicht Vaters Intelligenz/Wissen/Fähigkeit
- Kind zeigt nicht direkt seine Wut bei ungerechten Strafen
- bei Kontaktaufnahme mit anderen Kindern scheu, gehemmt
- Tagträume handeln nicht von Freiheit/Abenteuer/Selbstständigkeit.

Keine dieser Beeinträchtigungen bedeutet, dass sich daraus zwangsläufig eine psychische Störung des Erwachsenen entwickelt. Aber sie prägen eine bestimmte Empfindlichkeit, die weitere Belastungen im späteren Leben schwerer ertragen und verarbeiten lässt. Kommt es zu solchen Belastungen oder sogar zu einer längeren Überlastung, kann die Stabilität des psychischen Systems zusammenbrechen.

Entstehung von Angst

Angst, die Spitze eines Eisbergs

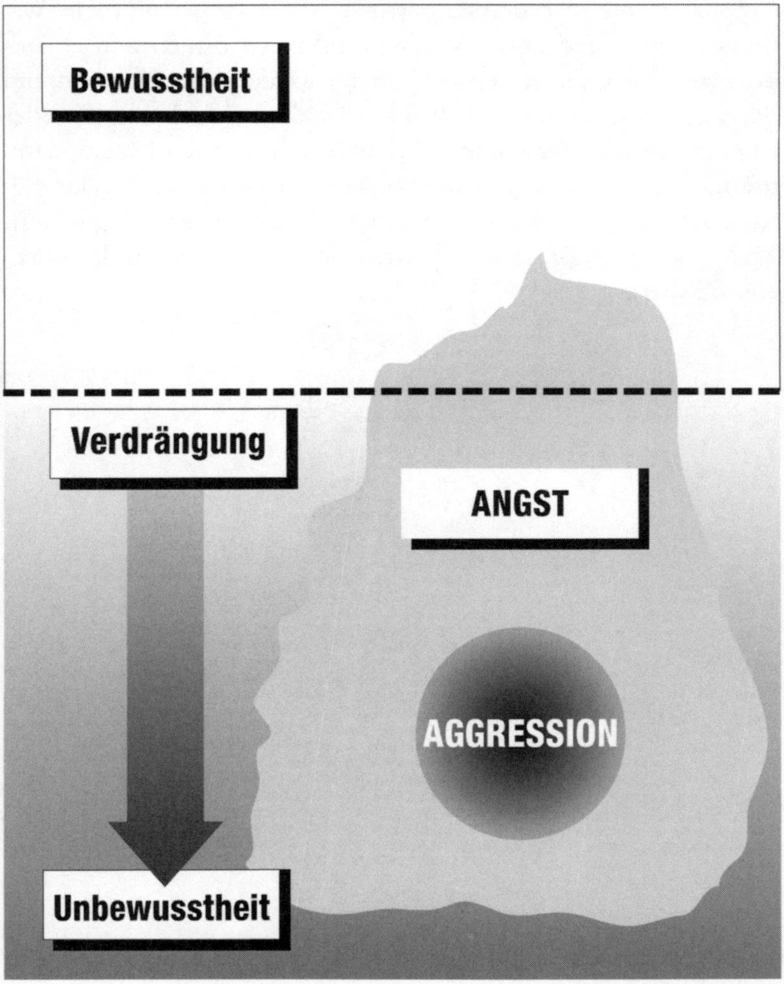

Dinge, die Angst machen, die man aber nicht wahrhaben will oder die man aus bestimmten situativen oder gesellschaftlichen Gründen nicht zeigen darf, werden verdrängt. Gleiches gilt auch für die anderen negativen Gefühle, insbesondere auch für Wut und Aggression. Verdrängung ist im Prinzip ein gesunder und brauchbarer Mechanismus unserer Psyche, um uns zu entlasten. Wir würden verrückt, wenn wir alles, was wir erleben und was Gefühle in uns hervorruft, bewusst wahrnehmen würden. Wir müssen sozusagen unsere Ablageschubladen öffnen und einiges dort verstauen, um es eventuell später wieder hervorzuholen und dann genau zu betrachten. Wird die Ablage jedoch zu voll, oder rumort eines der verdrängten Erlebnisse dort weiter herum, dann drängen diese abgelagerten unbewussten Dinge wieder ins Bewusstsein. Doch sie tun es nur selten in ihrer ganzen Komplexität. Meistens sind es Bruchstücke, wir sehen sozusagen nur die Spitze eines Eisbergs.

Der Teufelskreis »Angst vor der Angst«

Körperliche und seelische Beschwerden gehören zu unserem Alltag. Doch bei Menschen, die besonders ängstlich sind oder unter starkem seelischem Druck stehen, erzeugen Missempfindungen Befürchtungen, die Beschwerden in einer Art Teufelskreis verstärken. Man beobachtet sich genauer und kritischer. Dies bestärkt die Befürchtungen, die schließlich zu ausgeprägten Ängsten werden. Das ist der Teufelskreis der Erwartungsangst, der Angst vor der Angst.

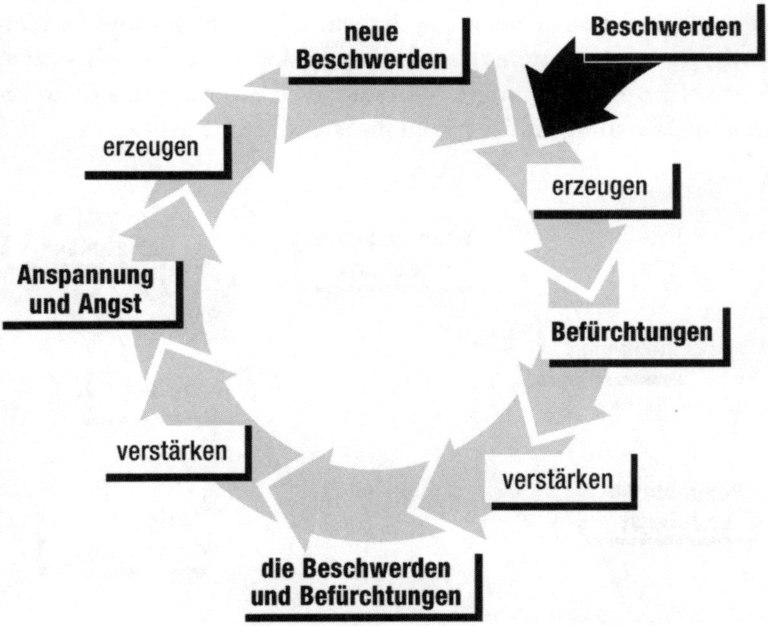

Der Teufelskreis »Die sich selbst erfüllende Prophezeiung« oder »Die Furcht verwirklicht, was sie fürchtet«

Manche unserer Denkabläufe können sich im Wechselspiel mit den Emotionen, die sie auslösen, verstärken und dabei bestimmte Denkrichtungen verfestigen. Wir haben beispielsweise ein negatives Erlebnis, oder wir interpretieren ein Erlebnis als negativ. Dies erzeugt automatisch die Furcht, das sich dieses Erlebnis in dieser Form wiederholen könnte. Damit fixieren wir unsere Erwartungshaltung für ähnliche Situationen. Wenn wir aber schon mit der negativen Erwartungshaltung in die Situation hineingehen, dann erhöhen wir ganz automatisch die Wahrscheinlichkeit, erneut ein negatives Erlebnis zu haben. Allein schon durch die erhöhte innere Anspannung sind wir nicht locker und gelassen, zum Beispiel bei Prüfungsangst. Wir sind eher verkrampft, unsere Erinnerungsleistung ist bei erhöhtem Stress geschwächt.

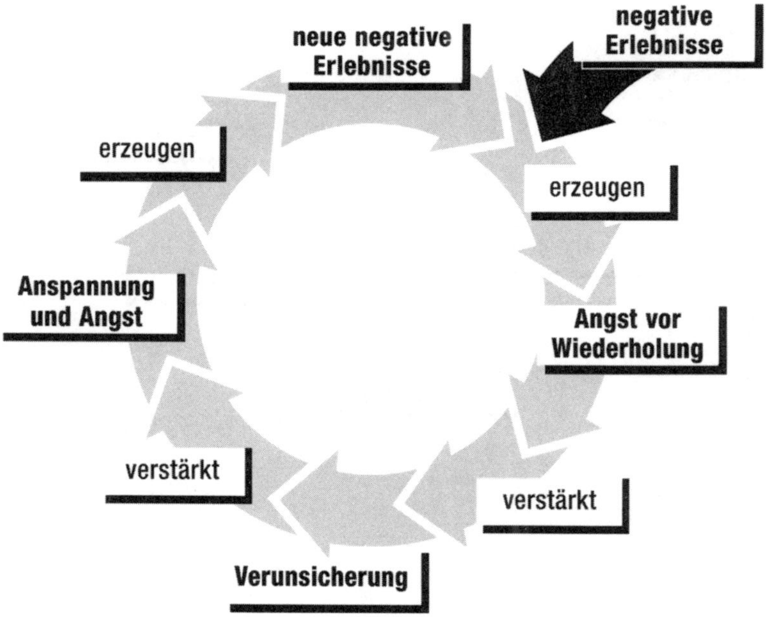

Der Teufelskreis des inneren Leistungsanspruchs

Chronische Ängste und sorgenvolles Dauergrübeln entstehen durch den Teufelskreis des inneren Leistungsanspruchs. Wenn dieser zu hoch und unrealistisch ist, dann fördert er uns nicht mehr, indem er uns zu guten Leistungen anspornt, sondern er behindert uns, stürzt uns in Ängste und Sorgen und eine andauernde depressive Grundstimmung. Damit sind wir geschwächt in unserer Initiative und trauen uns nicht mehr an Situationen und Aufgaben heran, die wir eigentlich problemlos bewältigen könnten. Die Wahrnehmung und Einschätzung unserer tatsächlichen Leistungsfähigkeit verschiebt sich zum Negativen.

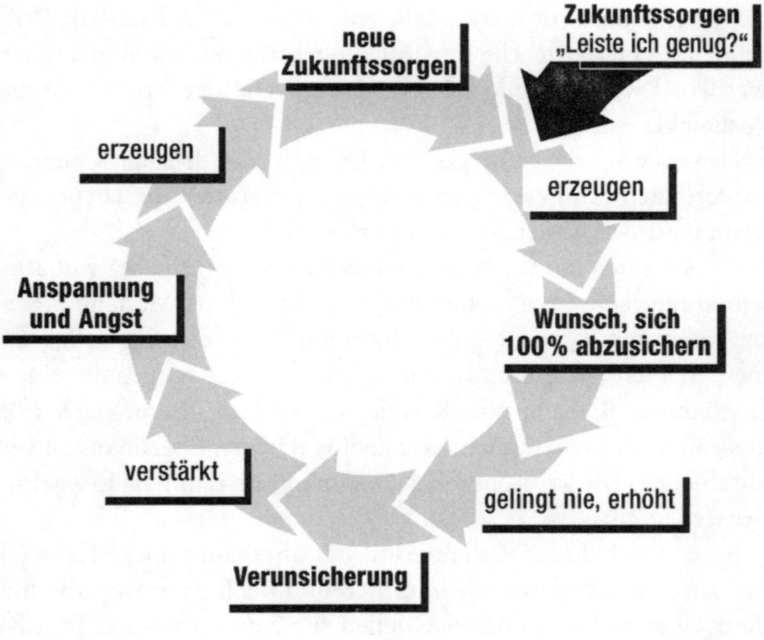

Methoden zur Unterbrechung der Teufelskreise

Mentale Teufelskreise kann man unterbrechen, wenn man sich ihren Automatismus vergegenwärtigt. Dies erfordert allerdings ein gewisses Maß an Gedankendisziplin. Sobald sich ein solcher negativer Gedankenteufelskreis anbahnt, muss er unterbrochen werden. Notfalls ganz deutlich, indem man sich innerlich laut sagt:

»Halt, Stopp. So will ich nicht mehr denken. Ich gehe jetzt neu und unvoreingenommen an die Situation heran. Ich habe mich gut vorbereitet. Mir kann nichts passieren. Ich entspanne mich.«

Diese Methode der Autosuggestion ist umso erfolgreicher, desto disziplinierter und konsequenter man sie anwendet.

Auch die hohe innere Leistungsorientierung, die zu einer unrealistischen Angst vor dem möglichen Versagen führt und als Konsequenz dauerhafte Überanstrengung bedeutet, kann relativiert werden. Zwei generelle Schritte werden von der Psychotherapie vorgeschlagen:

Der erste Schritt ist der, zu überlegen, woher diese Leistungsanforderungen stammen. Vergegenwärtigt man sich die Ursprünge, kann man sich besser davon verabschieden.

Oft sind sich selbst überfordernde Menschen in Lebenssituationen aufgewachsen, in denen nur Leistung zählte. Manchmal waren Liebe und Zuneigung der Eltern nur über Leistung zu bekommen, manchmal ermöglichten es nur die Leistungen in einem bestimmten Bereich, zum Beispiel Ausbildung, Beruf, sich früh aus einem als unerträglich oder lieblos erlebten Elternhaus zu verabschieden. Die kritische Frage, die man sich dann als Erwachsener stellen muss, ist:

Brauche ich dieses Verhaltensmuster überhaupt noch? Kann ich nicht freundlicher mit mir umgehen und mich davon verabschieden? Über welche anderen Quellen für Zuneigung und positive Rückmeldung verfüge ich?

Welche Kraftquellen kann ich bewusst aufsuchen?
Hilfreich sind Dinge, die Spaß machen, zum Beispiel Hobbys oder

Begegnungen mit Menschen, die im eigentlichen Sinn gut tun, bei denen man nicht mehr scheinen als sein muss.

Der zweite Schritt ist, sich und seine tatsächliche Leistung mit anderen realistisch zu vergleichen. Dazu ist es manchmal sinnvoll, einen neutralen Dritten, zum Beispiel einen Therapeuten, zu Hilfe zu holen.

Sich diese Teufelskreise immer wieder deutlich zu machen, ist der wichtigste Schritt, den allgegenwärtigen Erwartungsängsten den Boden zu entziehen.

Tipps zur Selbsthilfe

Dieses Buch soll helfen, sich eventuell entwickelnde Angststörungen frühzeitig zu erkennen. Je früher wir auf eine solche Problematik stoßen und sie bewusst angehen, desto eher hat gezielte Selbsthilfe eine Chance. Folgende Stichworte geben Anhaltspunkte zur Selbsthilfe:

1. Verstehen und Begreifen
Das Wesen der Angst begreifen, verstehen, was in mir abläuft. Was tut die Angst mit mir? Welche Symptome benutzt sie? Woher kommt sie? In welchen Situationen tritt sie auf?

2. Die Energiefasskur[1]
Welche meiner Lebensbereiche habe ich vernachlässigt? Wie ist die Bilanz zwischen meinen Kraftquellen und Kraftschluckern in den Bereichen Arbeit und Ausbildung, Familie, Partnerschaft, Freunde, Bekannte, was ist mit Hobbys, Gesundheitsfürsorge, Sport, Ernährung? Wie kann ich Krafträuber in den einzelnen Bereichen zurückfahren? Wie kann ich alte oder neue Energiequellen erschließen?

---

[1] Stark & Sandmeyer: Wenn die Seele SOS funkt. Eine Fitnesskur gegen Stress und Überlastung. rororo Reinbek 2002

3. Konfrontation mit der Angst

Mit neuem Mut an die angstauslösenden Situationen herangehen.

- *Neues Vertrauen zu sich gewinnen durch:*

Rational darüber nachdenken, denn die Angst ist nur ein Vergrößerungsglas. Der Angst ihre Ecke lassen. Angst ist an sich ein normales wichtiges Gefühl. Das Ausmaß muss angemessen bleiben.

- *Konfrontieren:*

Eine Angsthierarchie aufstellen, d. h. auflisten, wann die Angst auftritt und wie stark sie jeweils ist. Die Angstanlässe in Häppchen zerlegen von leichten bis starken Ängsten. Diese Liste durch schrittweise Konfrontation von der am wenigsten angstauslösenden Situation bis zur stärksten Angst abarbeiten.

- *Den Blick von innen nach außen lenken:*

Gedankenteufelskreise unterbrechen durch die Innen-Außen-Übung siehe Seite 122.

- *Sich entspannen und entstressen, allgemeine Grundlagen:*

Entspannung – lenkt ab und ist unvereinbar mit der Angstanspannung.

Sport – senkt die erhöhte Nervosität, beruhigt die erhöhte Stressreaktionsbereitschaft.

Ernährung – gesunde und regelmäßige Ernährung bietet dem Körper die notwendigen Grundbausteine für die Nervenbotenstoffe im Gehirn. Verzicht auf Alkohol und Nikotin bedeutet weniger Vergiftung der Gehirnzellen.

Tagesrhythmus – ein ausgeglichener Tagesrhythmus mit regelmäßigen Erholungspausen und regelmäßigem Nachtschlaf bringt dem Körper das notwendige grundlegende Erholungspotenzial.

- *Sich Mut machen und am Ball bleiben:*

Freunde als Unterstützer gewinnen, Unterstützung fest verabreden.

Was tun, wenn Selbsthilfe nicht ausreicht?

Reicht die Selbsthilfe nicht aus oder zeigen sich die Angstsymptome weiterhin hartnäckig, ist der nächste Schritt die Suche nach kompetenter fachlicher Hilfe.

Empfehlenswert bei Angststörungen, die eine Bearbeitung der konkreten Problematik im Hier und Jetzt erfordern, sind Therapeuten mit der Berufsbezeichnung »Psychologische Psychotherapeuten« mit dem Ausbildungsschwerpunkt Verhaltenstherapie. Die Aufarbeitung der eigenen kindlichen und jugendlichen Entwicklung und deren Einfluss auf die heutigen Einstellungen ist der therapeutische Ansatzpunkt der tiefenpsychologisch orientierten Therapeuten, der aber sehr viel langwieriger ist. Jede Krankenkasse gibt in der Regel über Therapeuten mit den entsprechenden Ausbildungsschwerpunkten Auskunft.

Medikamente sind bei Angststörungen nur in den seltensten Fällen sinnvoll, in speziellen Fällen helfen Antidepressiva. Einige der modernen antidepressiven Medikamente haben eine offizielle Zulassung für generalisierte Angststörungen. Diese Medikamente sollten dann von psychotherapeutisch erfahrenen Psychiatern verschrieben werden.

Die genaue Berufsbezeichnung, nach der Sie Ausschau halten sollten, ist »Facharzt für Psychiatrie und Psychotherapie« oder »Facharzt für Psychosomatik und Psychotherapie«.

Die Belastung des Lebens durch Angst und Angstabwehr

B. ANDRESEN

Jeder Mensch entwickelt im Umgang mit Angst eine eigene Strategie ihrer Abwehr und Bewältigung. Diese Angstabwehr ist ein normales Phänomen, sie kann aber, wie die Beispiele der Wanderer zeigen, selbst zu einem Problem werden. Von Angstabwehr kann das Leben ebenso eingeengt und dominiert werden wie von Angst selbst.

Der folgende Testbogen ermöglicht es, den eigenen Stil beim Umgang mit Ängsten zu erkennen und herauszufinden, in welchem Maß Ihr Leben von Angst bzw. ihrer Abwehr bestimmt wird.

Da es stark von der Persönlichkeit des Einzelnen abhängt, welche Strategien und Stile zur Angstbewältigung gewählt werden, enthält dieser Selbsttest viele Fragen, die Aspekte der ganzen Persönlichkeit erfassen.

Der Testbogen kann allein ausgewertet werden und erfordert keine Vorkenntnisse.

Für ein unverfälschtes Ergebnis sollte der Test vor der Lektüre der Textabschnitte, die sich mit den Angstbewältigungsstrategien der Wanderer befassen, abgeschlossen sein.

Testbogen zu den Angstabwehrstrategien

Sie sollten sich für das Ausfüllen des folgenden Testbogens etwa eine Stunde Zeit nehmen, in der Sie sich gut konzentrieren müssen. Es geht darum, Ihren eigenen Stil der Angstbewältigung auszuloten, um Ihnen anschließend eine Selbstauswertung Ihres Ergebnisses zu ermöglichen.

Der Test umfasst 18 Bewältigungsstrategien, die in vier Ausprägungsstufen – von »sehr schwach ausgeprägt« (1) über »ziemlich schwach ausgeprägt« (2), »ziemlich stark ausgeprägt« (3) bis »sehr stark ausgeprägt« (4) – erfasst werden.

Die Resultate des Tests sind keine Werturteile. Angstbewältigungsstrategien besitzt jeder Mensch in ganz unterschiedlicher Kombination und Stärke. Es ist gut, diese zu kennen.

Zur Beantwortung der einzelnen Fragen können Sie zwischen vier Stufen wählen, denen jeweils eine Zahl von 1 bis 4 zugeordnet ist:

Völlig falsch (1) Eher falsch (2)
Eher richtig (3) Völlig richtig (4)

Die zutreffende Zahlen tragen Sie bitte neben den jeweiligen Nummern auf dem Antwortbogen (Seite 201) gut leserlich ein. Wenn noch weitere Personen den Test durchführen wollen, benutzen Sie am besten einen Bleistift.

Verwenden Sie bei Ihren Antworten alle Stufen, legen Sie sich also nicht vorschnell nur auf bestimmte Stufen (zum Beispiel nur die »Eher«-Antworten) fest.

Bitte lassen Sie keine Frage aus. Wenn die Wahl einmal sehr schwer fällt, folgen Sie Ihrem Gefühl, und geben Sie die Antwort, die wahrscheinlich noch am besten zutrifft. Grübeln Sie nicht zu lange über einzelne Fragen nach. Es gibt keine guten oder schlechten Antworten. Bitte antworten Sie ehrlich und ohne fremde Einflussnahme.

Der Test

1	Eine genaue Planung gibt mir die Sicherheit, dass keine Katastrophen passieren.
2	In die heutige Welt darf man wirklich keine Kinder setzen.
3	Auch wenn andere Leute denken, ich hätte Angst, stimmt das meistens nicht.
4	Ein gespanntes Unwohlsein schlägt bei mir leicht in unkontrollierte Wut um.
5	Ich ziehe mich leicht in mein Schneckenhaus zurück, wenn man mich angreift.
6	Ängstliche Gefühle drücke ich meistens sehr intensiv aus (z. B. durch Schreien, Zittern oder Weinen).
7	Gerade, wenn ich unter Druck stehe, verliebe ich mich leicht.
8	Unter Belastung spielt mein Körper verrückt.
9	Über Angsthasen machen ich mich gern lustig.
10	Ich habe mit angeblich zuverlässigen Leuten sehr schlechte Erfahrungen machen müssen.
11	Ich finde, dass die meisten Menschen viel ängstlicher sind als ich.
12	Soziale Rücksichtnahme hindert mich oft daran, meine berechtigten Interessen zu vertreten.
13	Wenn ich mich nicht wohl fühle, betäube ich mich gern durch überzogenen Konsum.
14	Es macht keinen Sinn, etwas zu versuchen, das wahrscheinlich scheitern muss.

15	Ich gehe Dingen, die mir Angst machen könnten, gern aus dem Weg.
16	Manchmal reagiere ich zutiefst frustriert und schmeiße dann buchstäblich alles hin.
17	Ich habe festgestellt, dass ich Ängste durch viel Arbeit bekämpfen kann.
18	Ich lasse mich gern auf Mutproben ein, um es allen zu zeigen.
19	Ich versuche, alles im Griff zu behalten, damit nichts Schlimmes passiert.
20	Unsere Zivilisation läuft auf einen Mega-Crash zu.
21	Im Grunde habe ich noch nie richtig Panik bekommen.
22	Ich reagiere schnell jähzornig, wenn ich in einer ängstlichen Grundstimmung bin.
23	Ich bin sehr schüchtern und gehemmt.
24	Wenn man mich erschreckt, zucke ich mit einem Schreckenslaut zusammen.
25	Ich suche aktiv den Kontakt zu anderen, wenn ich eine innere Leere spüre.
26	Stress macht mich krank.
27	Leuten, die Angst vor dem Rauchen haben, sage ich: »Sterben müssen wir alle!«
28	Heute kann man sich auf niemanden mehr verlassen, wenn es um Leben und Tod geht.
29	Ich finde es peinlich, dass die meisten Menschen keine Zivilcourage besitzen.
30	Ich vergesse oftmals mich selbst, wenn ich anderen helfe.
31	Ich brauche einen beruhigenden Schluck, bevor ich eine Herausforderung annehme.

32	Man hat mir schon mehrmals Feigheit vorgeworfen, aber ich nenne das eher Klugheit.
33	Ich meide Situationen, die mich garantiert in Verlegenheit bringen.
34	Ich würde zu gerne den Zwängen meiner bisherigen Existenz entfliehen und neu anfangen.
35	Oftmals stürze ich mich in neue Verpflichtungen, die viel Arbeit machen.
36	Ich gebe gerne mit meinen Heldentaten etwas an.
37	Ordnung finde ich wichtig, da man sonst unter Druck nicht gleich das Richtige findet.
38	Die Klimakatastrophe ist schon längst da, wir sollten uns auf das Schlimmste einstellen.
39	Ich kann mich als weitgehend angstfrei bezeichnen, auch wenn das andere nicht so sehen.
40	Ich habe schon oft erlebt, dass ich meine Ängste durch Austoben bändigen kann.
41	Unter Belastung verstärkt sich bei mir die Tendenz, mich zurückzuziehen.
42	Wenn ich mich ängstige, kann ich das vor anderen Leuten kaum verbergen.
43	Ich gehe gerne auf erotische Angebote anderer ein.
44	Ich habe viele körperliche Beschwerden, ohne dass Ärzte etwas Ernsthaftes finden.
45	Ich finde es geradezu lächerlich, wovor heutzutage Leute Angst haben.
46	Mein Motto ist: »Vertrauen ist gut, Kontrolle ist besser!«
47	Ich vermisse bei anderen oft das nötige Quäntchen Mut.

48	Ich hätte Schwierigkeiten damit, neue Mitarbeiter auszuwählen und alte zu entlassen.
49	Gerade, wenn ich etwas ängstlich bin, stimuliere ich mich gern intensiv mit lauter Musik.
50	Ich beherzige das Sprichwort: »Wer sich in Gefahr begibt, kommt darin um!«
51	Ich rühre Aufgaben lieber nicht an, denen ich wahrscheinlich nicht gewachsen bin.
52	Ich habe manchmal einen alles beherrschenden Gedanken: Bloß weg von hier!
53	Ich leide unter chronischer Überarbeitung.
54	Ich möchte lieber sterben als öffentlich wegen Feigheit beschimpft zu werden.
55	Ich hänge an meinen lieben Gewohnheiten, da sie mir Sicherheit geben.
56	Ich glaube, dass wir durch den neuen globalen Turbokapitalismus erdrückt werden.
57	Ich bleibe cool und unbeeindruckt, wenn etwas Ängstigendes auf mich zu kommt.
58	Wenn man mich in die Ecke zu drängen versucht, reagiere ich impulsiv und unbeherrscht.
59	Kritik und Zurückweisung führen bei mir leicht dazu, dass ich eingeschnappt reagiere.
60	Ich suche sofort Hilfe und Schutz bei anderen, wenn ich Angst habe.
61	Etwas Angst steigert mein sexuelles Verlangen ungemein.
62	Ängste spüre ich zuallererst im Körper, zum Beispiel als Beklemmung in der Brustgegend.

63	Wenn Leute über Technologiefolgen lamentieren, denke ich »Geht doch zurück in die Steinzeit!«
64	Ich kann letztlich niemandem ganz vertrauen.
65	Ich meine, dass die meisten Menschen viel mehr Schwächen haben als ich.
66	Mein soziales Gewissen ist so streng, dass ich niemandem etwas zuleide tun kann.
67	Ich nehme oft Beruhigungs- oder Schlafmittel.
68	Mit meiner Vorsicht und Besonnenheit konnte ich schon mehrmals Gefahren erfolgreich ausweichen.
69	Ich verstehe Leute nicht, die sich unnötig in Gefahr begeben.
70	Ich werde nirgendwo richtig heimisch, immer treibt mich etwas weiter.
71	Wenn ich die Dinge nicht anpacke, wer soll es denn sonst tun?
72	Auch Dinge, die ich im Grunde fürchte, gehe ich frontal an.
73	Ich habe selten Angst, bin aber trotzdem äußerst vorsichtig.
74	Unser modernes Leben macht uns seelisch krank.
75	Angst ist für mich ein Fremdwort.
76	Angstgefühle mischen sich bei mir oft mit Wut oder Zorn.
77	Ich verschließe mich vor anderen, wenn meine Gefühle verletzt wurden.
78	Ich gelte als überängstliche Natur, der man bereitwillig hilft, wenn es brenzlig wird.
79	Ich bin ein sexueller Abenteurer.
80	Unter Stress bekomme ich keine richtige Angst, sondern nur körperliches Unwohlsein.

81	Ich glaube, dass man heute zehnmal risikoloser lebt als im Mittelalter.
82	Ich möchte mich niemandem völlig ausliefern, selbst meinen engsten Freunden nicht.
83	Ich sehe manchmal im Gesichtsausdruck scheinbar mutiger Leute die verdrängte Angst aufblitzen.
84	Ich opfere mich leicht für andere auf, manchmal ganz ohne Grund.
85	Ich brauche viele beruhigende Mittel, um mit dem Alltag zurechtzukommen.
86	Wegen der Explosionsgefahr würde ich zögern, jemanden aus einem brennenden Auto zu befreien.
87	Es ist immer das Vernünftigste, sich von unkalkulierbaren Risiken fern zu halten.
88	Im Grunde bin ich ein Vagabund, der herumziehen möchte, ohne sich festzulegen.
89	Ich habe schon öfter daran gedacht, dass ich richtig arbeitssüchtig bin.
90	Ich mache oft verrückte und gewagte Dinge, um meine Ängste zu überspielen.
91	Ich versuche immer, auf alles Erdenkliche vorbereitet zu sein.
92	Die Atomgefahren sind im Terrorismus-Zeitalter längst nicht gebannt.
93	Die wenigen Male, als ich Angst hatte, kann ich an einer Hand abzählen.
94	Ich reagiere leicht gereizt, wenn man mich bedrängt oder zur Eile antreibt.
95	Es fällt mir schwer, mich anderen Menschen ganz zu öffnen.

96	Nach einem schockartigen Erlebnis heule ich meistens wie ein Schlosshund.
97	Ich finde, man kann gar nicht genug Freunde und gute Bekannte haben.
98	Ich brauche viel Schonung, um beginnende Krankheiten eindämmen zu können.
99	Ich mache oft grobe Scherze über *Weicheier* und *Warmduscher!*
100	Es gibt gute Gründe, niemandem zu trauen, schon gar nicht völlig Fremden.
101	Ich spüre die Angst anderer Leute, ohne dass ich selbst richtige Angst habe.
102	Für mich ist die Nächstenliebe das absolut oberste Prinzip, auch im Arbeitsleben.
103	Gegen die Angst setze ich oftmals eine Betäubungsstrategie ein.
104	Man hat oft erlebt, dass Leute, die beherzt zupacken, danach die Dummen sind.
105	Ich halte mich zurück, wenn es brenzlig wird.
106	Ich spiele oft mit dem Gedanken auszuwandern.
107	Wenn ich nichts zu tun habe, spüre ich oft ein unbestimmtes Unwohlsein.
108	Ich ertrage es nicht, Angst zu haben, und werde dann geradezu tollkühn.
109	Ich zügle alle unbedachten Impulse und bleibe immer besonnen.
110	Ich glaube, dass unsere Welt am Abgrund steht.
111	Angsterregende Situationen sind für mich gar kein Problem.
112	Wenn ich einen Anflug von Angst spüre, zeige ich oft Drohgebärden.

113	Ich entwickle leicht Angst vor anderen Menschen, die mir überlegen sind.
114	Ich vertraue mich gern bei Gefahr der Führung anderer an.
115	Ich tanze auf allen Hochzeiten und brauche Partys ohne Ende.
116	Ich leide unter einer Fülle verschiedener körperlicher Beschwerden.
117	Über die Essgewohnheiten von Vegetariern kann ich nur lachen.
118	Ich habe ein sehr gutes Gedächtnis für negative Erfahrungen mit meinen Mitmenschen.
119	Leute, die mich ängstlich nennen, fürchten sich oft selbst am meisten.
120	Ich kann nicht aggressiv werden und sage viel zu oft Ja.
121	Ich betäube mich gern mit starken Reizen, wenn ich nervös oder verunsichert bin.
122	Ich kann hilfesuchendes Verhalten anderer schlecht ertragen, weil meistens Abzocke dahinter steckt.
123	Ich bin leicht einzuschüchtern und gebe dann meistens nach.
124	Ich habe innerlich schon gekündigt und bin bereit für den Absprung.
125	Ich brauche viel Beschäftigung und Aktivität, um mich ausgefüllt zu fühlen.
126	Ich spüre eine seltsame Angst-Lust, wenn ich mich auf etwas Gewagtes einlasse.
127	Ich bin grundsätzlich gut organisiert und habe etwas gegen chaotische Verhältnisse.
128	Bald werden die Maschinen über uns herrschen.
129	Ich halte es mit dem Spruch: »Angst ist ein schlechter Ratgeber!«

130	Wenn man mich in die Enge treibt, greife ich manchmal ganz plötzlich an.
131	Ich spüre, dass ich nicht so attraktiv und charmant bin wie andere.
132	Bei äußerer Bedrohung schließe ich mich gern einer Gruppe an.
133	Ich flirte wahnsinnig gern, auch wenn es eigentlich gar nicht zur Situation passt.
134	Ich leide oft unter Schwindelgefühlen.
135	Ich gehe mit sensiblen und zartbesaiteten Leuten oft sehr ruppig um.
136	Ich spüre genau, dass ich bei bestimmten Menschen besonders auf der Hut sein muss.
137	Wer mir Feigheit vorwirft, soll erst einmal selbst seinen Mut beweisen.
138	Ich sorge mich oft um andere.
139	Ich falle leicht auf süchtig machende Dinge herein.
140	Ich habe festgestellt, dass angeblich mutige Menschen oftmals nur leichtfertig sind.
141	Ich mache um gefährliche Menschen am liebsten einen großen Bogen.
142	Ich habe fast immer ein unbestimmtes Fernweh, irgendetwas zieht mich weg.
143	Ohne meine Arbeit bin ich nur ein halber Mensch.
144	Je mehr Angst ich innerlich habe, desto unberechenbarer und wagemutiger werde ich.

Der Antwortbogen

Bitte tragen Sie bei den entsprechenden Fragenummern Ihre zutreffenden Zahlenwerte von 1 bis 4 gut leserlich unter die jeweilige Fragennummer ein.

Zur Erinnerung:
Völlig falsch (1) Eher falsch (2)
Eher richtig (3) Völlig richtig (4)

Zahlenwerte								Zeilen-summe	Skala
1	19	37	55	73	91	109	127		A
2	20	38	56	74	92	110	128		B
3	21	39	57	75	93	111	129		C
4	22	40	58	76	94	112	130		D
5	23	41	59	77	95	113	131		E
6	24	42	60	78	96	114	132		F
7	25	43	61	79	97	115	133		G

8	26	44	62	80	98	116	134		H
9	27	45	63	81	99	117	135		I
10	28	46	64	82	100	118	136		J
11	29	47	65	83	101	119	137		K
12	30	48	66	84	102	120	138		L
13	31	49	67	85	103	121	139		M
14	32	50	68	86	104	122	140		N
15	33	51	69	87	105	123	141		O
16	34	52	70	88	106	124	142		P
17	35	53	71	89	107	125	143		Q
18	36	54	72	90	108	126	144		R

Auswertung

Bitte addieren Sie die einzelnen Punktwerte von jeder der acht Spalten, und tragen Sie diese Zeilensummen (Gesamtpunktwerte) jeweils rechts in die vorletzte Spalte neben dem betreffenden Buchstaben ein.

Um Ihr Angstbewältigungsprofil zu bestimmen, ordnen Sie jeden dieser Summenwerte nach folgender Tabelle eine der vier Ausprägungsstufen zu.

Gesamtwert für A bis R	8-14	15-21	22-27	28-32
Ausprägungsstufe für A bis R	① sehr schwach	② ziemlich schwach	③ ziemlich stark	④ sehr stark

Bitte kreuzen Sie nun die für die 18 Angstbewältigungsstile A bis R ermittelten Ausprägungsstufen 1 bis 4 im Angstbewältigungsprofil auf Seite 204 an, und verbinden Sie diese dann durch eine Linie. Damit ist Ihr Profil fertig.

Auf den folgenden Seiten finden Sie für jeden Angstbewältigungsstil und jede Ausprägungsstufe eine kurze Beschreibung.

Das Angstabwehrprofil

	Ausprägungsstufen			
A Kontrollierer	4	3	2	1
B Katastrophisierer	4	3	2	1
C Verleugner	4	3	2	1
D Abreagierer	4	3	2	1
E Selbstisolierer	4	3	2	1
F Dramatisierer	4	3	2	1
G Kontaktierer	4	3	2	1
H Symptombildner	4	3	2	1
I Bagatellisierer	4	3	2	1
J Paranoiker	4	3	2	1
K Projizierer	4	3	2	1
L Kümmerer	4	3	2	1
M Betäuber	4	3	2	1
N Rationalisierer	4	3	2	1
O Vermeider	4	3	2	1
P Ausreißer	4	3	2	1
Q Workaholic	4	3	2	1
R Kontraphobiker	4	3	2	1

Auswertung: Bedeutung der Skalen A bis R

Wir möchten Ihnen nun die 18 Skalen kurz vorstellen und erläutern, was sehr starke (Stufe 4) oder sehr schwache (Stufe 1) Ausprägungen bedeuten. Generell gilt, dass Stufe 3 (ziemlich starke Ausprägung) der Beschreibung von Stufe 4 entspricht, nur eben nicht in ganz so starker Ausprägung. Ebenso generell gilt die Regel, dass Stufe 2 (ziemlich schwache Ausprägung) der Beschreibung von Stufe 1 entspricht, hier in nicht ganz so schwacher Ausprägung.

Skala A: Der Kontrollierer

Sehr starke Ausprägung (Stufe 4)

Sie haben einen kontrollierenden Angstbewältigungsstil, der in zwanghafter Weise versucht, die Unsicherheiten des Lebens einzudämmen. Viele so genannte Sekundärtugenden (unter anderem Ordnungsliebe, Sparsamkeit, Gehorsamkeit, Zuverlässigkeit) werden zur Reduzierung von Ängsten eingesetzt. Dabei werden die furchtsamen oder Unsicherheitsgefühle oft nicht mehr gespürt, weil sie durch das Kontrollieren fast ganz neutralisiert sind bzw. aus dem Blickfeld verschwinden. Die Folge dieses Stiles kann sein, dass Ihr Leben sehr stark eingeschränkt wird und Sie zum Gewohnheitstier oder Prinzipienreiter werden. Kontrollierer können für ihre Umgebung wegen ihrer scheinbaren Tugendhaftigkeit zum Problem werden, wenn sie, selbst bei berechtigter Kritik, rigide an ihren Zwängen festhalten. An dieser Unflexibilität und tendenziellen Intoleranz merkt man, dass es um die Abwehr von Angst geht.

Sehr schwache Ausprägung (Stufe 1)

Eine überstrenge, allzu gewissenhafte Wesensart kann man Ihnen nicht nachsagen. Sie sehen die Dinge locker. Vorsicht und Impulskontrolle sind bei Ihnen ebenfalls nur schwach vorhanden, so dass Sie oftmals mit neuen und unerwarteten Konsequenzen fertig werden müssen, was Sie aber nicht weiter stört. Sie begrüßen Wechsel und neue Chancen in Ihrem Leben und bemühen sich nicht besonders, die Wechselfälle des Lebens und möglichen Risiken vorauszuplanen. Ihre Mitmenschen schätzen Ihre Flexibilität und Toleranz, aber zugleich wird Ihre Unzuverlässigkeit bemängelt. Denn Sie lassen oft »fünfe gerade sein« und nehmen Dinge, die anderen wichtig sind, nicht ganz so genau.

Skala B: Der Katastrophisierer

Sehr starke Ausprägung (Stufe 4)

Sie sind stark durch einen Angstbewältigungsstil geprägt, der die größtmöglichen Katastrophen an die Wand malt, um von den eigenen Ängsten abzulenken. Sicherlich haben wir in unserer Gesellschaft und weltweit in mehreren Bereichen Entwicklungen zu verzeichnen, die Anlass zu großer Sorge bieten. Aber die Absolutheit, mit der Sie – fast triumphierend – diese katastrophalen Szenarien ins Feld führen, lässt darauf schließen, dass Sie höchstpersönliche Ängste und Unsicherheiten damit zudecken, nach dem Motto »Es hat ja alles doch keinen Zweck!« oder »Selbst wenn ich mich bemühe, führt das doch zu nichts!« Sie nehmen sich selbst und anderen durch diese Denkweise das Hoffnungsprinzip, ohne das das Leben letztlich nicht gedeihen kann. Auch wenn Ihre Mitmenschen Sie hinsichtlich dieser Schwarzseherei vielleicht nicht ganz ernst nehmen, wird wahrscheinlich doch die negative und destruktive Kraft Ihres Gesellschaftspessimismus für andere spürbar und damit zur Belastung.

Sehr schwache Ausprägung (Stufe 1)

Sie neigen nicht zu schwarzseherischen Gedanken über unsere Welt. Obwohl Sie globale ökologische, politische und zivilisatorische Probleme durchaus wahrnehmen, hüten Sie sich davor, diese als ausweglos oder vernichtend zu bewerten. Damit lassen Sie für sich und andere genug Handlungsspielräume, um diesen negativen Entwicklungen entgegenzuwirken. Für Sie müssen die Katastrophen dieser Welt nicht als Rechtfertigung oder Bemäntelung eigener Unzulänglichkeiten, Ängste und Probleme herhalten. Allerdings kann es durchaus sein, dass Sie die Zukunft und unsere

Gesellschaft zu rosig und unbelastet sehen, wodurch der Wille und die Einsicht in Richtung Reform und Umsteuerung reduziert sein können. Positives Denken hat durchaus seine Schattenseiten, vor allem wenn es in ein naives und total unbekümmertes Gemüt einmündet, dem es an Kritikfähigkeit mangelt.

Skala C: Der Verleugner

Sehr starke Ausprägung (Stufe 4)

Sie sind stark durch einen verleugnenden Abwehrmechanismus gekennzeichnet. Dies bedeutet, dass Sie bei sich selbst Angst nicht angemessen wahrnehmen können oder wollen. Man kann diesen Stil auch Verdrängung nennen, eine gebräuchlichere Bezeichnung. Wohlgemerkt steckt hinter diesem Bewältigungsstil keine Täuschungsabsicht. Sie glauben wirklich, dass Sie angstfrei sind, liegen mit dieser Einschätzung jedoch unter Umständen im deutlichen Widerspruch zu den Einschätzungen Ihrer Mitmenschen. Menschen mit verleugnendem Stil zeigen auch körperliche Zeichen von Angst, ohne dass diese bewusst erlebt wird. In gewisser Hinsicht stabilisiert dieser Abwehrstil die Psyche, er beinhaltet aber auch Risiken, da möglicherweise weitgehend unbemerkt körperliche Überforderungen eintreten. Auch für die Mitmenschen sind Verleugner nicht unproblematisch, da sie keine adäquaten Signale über ihr Bedrohungsgefühl abgeben und somit eine falsche Stärke demonstrieren, die dann unerwartet völlig zusammenbrechen kann.

Sehr schwache Ausprägung (Stufe 1)

Sie gehen offen und ohne Verleugnungstendenz mit Ihren Ängsten um. Im wesentlichen sehen Sie sich selbst, wie andere Sie sehen. Angst ist für Sie natürlicher Bestandteil des Lebens und Sie spüren kein Bedürfnis, Ängste und Befürchtungen massiv zu unterdrücken. Durch Ihre gute Beobachtungsfähigkeit hinsichtlich der eigenen ängstlichen Gefühle sind Sie in der Lage, psychische Belastungen sensibel und schnell zu spüren und Gegenmaßnahmen zu ergreifen, wenn der Stress zu groß wird. Für Sie ist Angst eher ein hilfreiches Bauchgefühl, im Gegensatz zu einem geflügelten Wort der deutschen Sprache, nach dem »Angst ein schlechter Ratgeber« sei. Auch für Ihre Mitmenschen und deren Befürchtungen haben Sie ein offenes Ohr und reagieren hinreichend einfühlsam und aufmerksam auf ihre Bedrohungsgefühle.

Als potenzieller Wermutstropfen mag gelten, dass Sie Ängste, die Sie vielleicht überfordern, nicht durch eine Verleugnungsstrategie verdrängen können.

Skala D: Der Abreagierer

Sehr starke Ausprägung (Stufe 4)

Sie verkörpern einen sehr affektnahen Abwehrstil, der, vereinfacht gesprochen, Wut anstelle von Angst einsetzt. Wut ist eine Reaktionsform, die im Rahmen des so genannten Kampf-Flucht-Mechanismus der Angst sehr benachbart ist. Angst schlägt also natürlicherweise leicht in Wut um, wenn eine Bedrohung ausweglos erscheint. Zu einem Abwehrmechanismus wird dieses Umkippen dann, wenn regelmäßig Wut anstelle von Angst auftritt, diese also verdrängt. Subjektiv ist Wut leichter auszuhalten als Angst, insofern entlastet Wut und schafft zudem ein energisches Ventil, das aufgestaute Energie mit enormer motorischer Kraftentfaltung freisetzt. Nicht zuletzt zu erwähnen ist die drohende und damit abschreckende Funktion von Wut. »Bis hierher und nicht weiter!«, signalisiert dieser Affekt. Natürlich ist auch der Schaden durch Wut für den Betroffenen selbst, aber auch für die Mitmenschen potenziell hoch – die Entlastung hat also durchaus ihren Preis. Denn Wut wirkt unmittelbar zerstörerisch, was für die Angst nicht gilt.

Sehr schwache Ausprägung (Stufe 1)

Wutreaktionen kommen bei Ihnen kaum vor. Sie beschreiten auch selten den natürlich vorgeprägten Übergang von der Angst zur Wut. Ebenso wenig tritt bei Ihnen Wut anstelle von Angst auf. Durch diese emotionale Stabilität und Affektkontrolle werden Sie berechenbar und verträglich, wenn es um Konfliktbewältigung geht. Der Verzicht auf Wut als Angstbewältigungsstil schafft zwar ein entspannteres mitmenschliches Klima und ist wegen seiner diplomatischen Effizienz durchaus erfolgreich, Sie brauchen aber oft auch ungebührlich lange, bevor Ihnen etwas unzumutbar erscheint, vor allem dann, wenn bei Ihnen soziale Ängste vorherrschen, die ohne die Wut als Gegengewicht zu übertrieben duldsamem und nachgiebigem Verhalten führen können.

Skala E: Der Selbstisolierer

Sehr starke Ausprägung (Stufe 4)

Unter Stress und in verunsichernden Situationen ist der Rückzug Ihr bevorzugter Abwehrstil. Dies hängt auch mit Ihrer großen Empfindlichkeit (zum Beispiel gegenüber Zurückweisung) zusammen. Schamgefühle machen Ihnen sehr zu schaffen, und Sie ziehen sich bei der leichtesten Kränkung in Ihr Schneckenhaus zurück. Die Meidung der Angstursache, die Ihnen am meisten zusetzt – Ihre Mitmenschen –, führt Sie leicht in eine weitgehende Isolierung hinein, aus der Sie nicht so schnell wieder herausfinden. Wer keine Kontakte und Beziehungen wagt, kann auch nicht verletzt werden, aber die Folgen können ungewollte Einsamkeit sein und der Verlust sozialer Kompetenz, die wie andere Kompetenzen auch der ständigen Übung bedarf.

Sehr schwache Ausprägung (Stufe 1)

Sie neigen nicht dazu, Ängste durch den Rückzug aus belastenden sozialen Kontakten zu reduzieren. Sie stellen sich den Anforderungen des Gemeinschaftslebens und kommen mit kleineren Verletzungen oder Enttäuschungen gut zurecht. Wenn Sie Sorgen und Probleme haben, öffnen Sie sich anderen Menschen, anstatt sich einzumauern und die Dinge in sich hineinzufressen. Sie bekommen so schnell Feedback und Unterstützung von anderen, was Ihnen bei der Bewältigung von Ängsten helfen kann. Ihr offenherziger und kommunikativer Stil macht Sie beliebt und zuversichtlich. Problematisch kann die Tendenz werden, zu leutselig und kontaktbedürftig zu sein, um eine – manchmal hilfreiche – Distanz zu wahren.

Skala F: Der Dramatisierer

Sehr starke Ausprägung (Stufe 4)

Sie erleben Angst ausgesprochen intensiv und drücken diese auch ganz besonders emotional aus. Dies ist nicht nur ein Aspekt des Temperaments, sondern beinhaltet auch einen Angstabwehrstil. Jeder dramatische Ausdruck von Angst, zum Beispiel durch Schreien, Weinen, Zittern etc. enthält eine Signalwirkung auf die Bezugsgruppe, die dadurch zur Hilfeleistung herbeigerufen oder gewarnt wird. Insofern ist der dramatische Stil immer auf die Mitmenschen bezogen und schließt auch die Suche nach mitmenschlicher Unterstützung in angsterregenden Situationen ein. Dramatische Angstäußerungen sind oft bei Ängsten vor konkreten Objekten (zum Beispiel Tieren oder anderen natürlichen Gefahren) zu finden. Dies hat wahrscheinlich seinen Sinn darin, dass hier auch konkrete (evolutionsbiologisch) nachvollziehbare äußere Gefahrenmomente (zum Beispiel gefährliche Tiere) durch Signalgebung an die Gruppe abgewendet werden können, was bei sozialen Ängsten weniger Sinn macht.

Sehr schwache Ausprägung (Stufe 1)

Sie neigen nicht zu einem dramatischen Gefühlsausdruck, wenn Sie Angst haben. Sie machen Ängste eher mit sich selbst ab und mobilisieren die Mitmenschen nicht durch Schreien, Weinen oder ähnliche expressive Reaktionen. Sie suchen auch nicht regelmäßig bzw. reflexhaft nach Unterstützung durch andere, wenn Situationen brenzlig werden, sondern verlassen sich eher auf die eigenen Instinkte und Fähigkeiten zur Abwehr der Gefahr. Dies kann natürlich auch zu einer Überforderung führen, wo Hilfe durch andere sinnvoller wäre. Insgesamt aber stärkt es die eigenen Kompetenzen in kritischen Situationen.

Skala G: Der Kontaktierer

Sehr starke Ausprägung (Stufe 4)

Ihr Abwehrstil gegen Angst ist der wilde, leidenschaftliche Kontakt zu anderen Menschen. Sie brauchen Sexualität und Erotik wie die Luft zum Atmen, verlieben sich auch sehr leicht, paradoxerweise dann besonders, wenn Sie sich angespannt fühlen, wenn Sie verunsichert sind oder wenn etwas Gefährliches in der Luft liegt. Sie tanzen auf allen Hochzeiten und lieben das ausschweifende Partyleben. Sie flirten auf Teufel komm raus, egal, ob es gerade passt oder nicht. In dieser Hinsicht suchen Sie, ähnlich dem Betäuber, die Überstimulation und decken damit Ihre Ängste und Unsicherheiten zu. Wo immer sich eine Gruppe befindet, gesellen Sie sich gern dazu, drängen sich oft geradezu auf – nicht zuletzt, weil Sie ein bisschen ängstlich sind und im Kontakt zu anderen Ihre innere Leere ausfüllen, zugleich aber auch den Schutz der Gruppe genießen können. Im Kampf gegen das Alleinsein werden von Ihnen selten erotische Angebote ausgeschlagen.

Sehr schwache Ausprägung (Stufe 1)

Sie sind kein Mensch, der Partys braucht, schon gar nicht um dadurch gegen Ängste anzukämpfen bzw. diese zu überdecken. Sie sehen den Kontakt zu Menschen nicht als sinnvolle Möglichkeit an, eigene Unsicherheiten zu betäuben. Wildes Flirten ist auch nicht Ihre Sache. Sie sind diesbezüglich sehr besonnen und geben nicht gleich erotischen Impulsen oder Angeboten nach. Hemmungslose Erlebnissucht ist Ihnen so gut wie nie vorgeworfen worden. Sie brauchen das Gruppenleben nicht, um sich sicher und erfüllt zu fühlen. Sie können auch gut allein sein, ohne gleich die Befürchtung zu entwickeln, hilflos und einsam zu werden.

Skala H: Der Symptombildner

Sehr starke Ausprägung (Stufe 4)

Ihre Ängste schlagen sich vorrangig im körperlichen Bereich nieder. Sie erleben Unwohlsein, Schmerzen und spezielle Beschwerden in bestimmten Organen, oftmals ohne eine begleitende Angst im engeren Sinne. Als Angstbewältigungsstrategie kann man dies insofern werten, als körperliche Symptome und Krankheitszustände sozial leichter vermittelbar und akzeptierter sind, während Ängste eine stärkere Negativ-Bewertung erfahren. Um beispielsweise eine Prüfung abzusagen, kann man eine Krankheit ins Feld führen, aber keine Prüfungsangst. Dabei geht es nicht um bewusste Täuschung. So genannte Somatisierer erleben ihre Angst tatsächlich als Körperbeschwerden bzw. -symptome und machen sich echte Sorgen um ihre Gesundheit, obwohl die Ärzte in der Regel nichts Ernstes finden können. Der somatisierende Abwehrstil von Angst ist besonders weit verbreitet.

Sehr schwache Ausprägung (Stufe 1)
Ängste drücken sich bei Ihnen nicht hauptsächlich als Körperbeschwerden aus. Sie neigen damit nicht zum Somatisieren, sind kein Symptombildner, der als Angstabwehrmechanismus die bewusst erlebte Angst durch Körperbeschwerden ersetzt, um damit vor sich selbst und anderen besser, das heißt akzeptierter dazustehen. Dementsprechend findet man Sie auch nicht gehäuft in Arztpraxen, um eingebildete Krankheiten immer und immer wieder abzuklären. Sie neigen nicht zur Hypochondrie und verwandten übertriebenen Gesundheitssorgen.

Skala I: Der Bagatellisierer
Sehr starke Ausprägung (Stufe 4)
Ihr Leitmotiv heißt: Sterben müssen wir alle mal. Deshalb haben Sie auch keine Angst vor nichts und niemandem. Zumindest tun Sie so. Denn Sie neigen dazu, alles zu bagatellisieren, auch wenn es sich dabei um reale Gefahren handelt. Für Sie ist alles nur eine Art Spiel. Und wer spielt, kann eben auch mal verlieren. So ist das Leben. Sie machen sich gern über andere Leute lustig, die überall immer nur Gefahren sehen. Und so manches Weichei muss sich Ihren Spott gefallen lassen. Am liebsten würden Sie diese Warmduscher wieder zurück ins Mittelalter schicken, damit die mal sehen können, wie schön weich die Watte ist, in die sie sich heutzu-

tage eingewickelt haben. Sensible und zartbesaitete Leute, bei denen man jedes Wort auf die Goldwaage legen muss, sind nichts für Ihr scheinbar robustes Gemüt. Am besten können Sie mit Menschen, die genau wie Sie verbal die Flucht nach vorn antreten, einen derben Spruch abkönnen und auch die verfahrenste Situation mit Galgenhumor meistern. Bei all diesem kernigen Auftreten kann man leicht vergessen, das auch dies ein Angstbewältigungsstil ist.

Sehr schwache Ausprägung (Stufe 1)
Ironie, Sarkasmus und Zynismus in ernsten Lebenslagen sind Ihnen fremd. Sie nehmen Ihre eigenen Ängste und die anderer durchaus ernst und versuchen, sie in vernünftige Bahnen zu lenken. Sie sehen die Gefahren dort, wo sie wirklich sind und wiegeln nicht ständig ab. Sie verharmlosen nichts und reden nicht verantwortungslos daher. Wenn Sie sagen: »Jetzt wird's brenzlig!«, dann kann man das durchaus wortwörtlich verstehen und sich schon mal auf die Gefahr vorbereiten, zumindest aber mit erhöhter Wachsamkeit agieren. Sie können gut und verständnisvoll auf andere eingehen, die Ängste haben. Man registriert wohlwollend, dass Sie sich nicht lustig darüber machen. In jedem Fall sind Sie kein Mensch, der eigene Ängste auf Kosten anderer verbal bekämpfen muss. Allerdings fehlt Ihnen manchmal der Humor, der unter Umständen sehr entlastend sein kann.

Skala J: Der Paranoiker
Sehr starke Ausprägung (Stufe 4)
»Vertrauen ist gut, Kontrolle ist besser!« Dieses Motto haben Sie sich nach einigen schlechten Erfahrungen mit angeblich zuverlässigen Leuten zu Eigen gemacht. Sie wollen sich auf niemanden ganz verlassen, vor allem wenn es um Leben und Tod geht. Für negative Erfahrungen mit Menschen haben Sie ein Gedächtnis wie ein Elefant, Sie merken sich genau, auf wen Sie sich nicht mehr stützen können oder wer Ihr Feind ist. Misstrauen ist für Sie ein Instrument zur Wachsamkeit gegenüber bedrohlichen Einflüs-

sen. Argwohn ist eine Ihrer hervorstechenden Abwehrstrategien gegen Angst.

Die Gefahr dieses Stils besteht in der wahnhaften Fehleinschätzung, das heißt der Tendenz, Dinge als gegen Sie gerichtet wahrzunehmen, die tatsächlich neutral oder sogar freundlich gemeint sind. In diesem Falle wirkt dieser Stil wie eine sich selbst erfüllende Prophezeiung. Wenn man Menschen ungerechtfertigterweise als Feinde wahrnimmt, werden sie leicht zu Feinden.

Sehr schwache Ausprägung (Stufe 1)
Sie neigen nicht zu Argwohn und Misstrauen und können gut verzeihen. Sie versöhnen sich gern wieder und gelten als kooperativer Mensch, der keine feindseligen Haltungen in sich trägt. Wenn Sie einmal schlechte Erfahrungen machen mussten, versuchen Sie daraus zu lernen, wobei Sie auch die eigenen Fehler und Versäumnisse fair beachten. Ängste führen bei Ihnen nicht zu einer Verstärkung von Misstrauen. Bei Ihnen besteht nicht die Gefahr, dass Sie in wahnhafte Fehldeutungen von Sachverhalten abgleiten. Sie können sich auch in potenziell gefährlichen Situationen anderen Menschen anvertrauen.

Skala K: Der Projizierer
Sehr starke Ausprägung (Stufe 4)
Sie zeigen in besonderem Maße einen Angstbewältigungsmechanismus, der auf dem Projektionsprinzip beruht. Er besagt, dass Sie Ängste bei anderen wahrnehmen (oder wahrzunehmen glauben), Ihre eigenen Ängste aber nur schlecht erkennen und bewerten können. Mit anderen Worten: Sie dichten leicht anderen an, was Sie selbst verkörpern, sehen den Splitter im Auge anderer als Balken, den Balken im eigenen Auge jedoch nicht, werfen mit Steinen, obwohl Sie im Glashaus sitzen. Mit diesen Redewendungen wird auf die Schwierigkeit hingewiesen, die Projizierer mit der klaren Unterscheidung von Ich und Nicht-Ich haben. Diese Verarbeitungsweise entlastet subjektiv von der eigenen Angst, führt aber zu sozialen Komplikationen, weil sich andere missver-

standen oder auch abgewertet fühlen. Da das Projizieren dem Betreffenden nicht bewusst ist, lebt er in einem Gefühl, andere zu durchschauen und korrekt zu diagnostizieren. Der projizierende Stil ist dem paranoiden verwandt, beide können sich gegenseitig verstärken und wahnhafte Züge annehmen.

Sehr schwache Ausprägung (Stufe 1)
Sie haben nicht die Neigung, Affekte bei anderen zu erkennen, die Sie selbst am stärksten zeigen. Dies gilt im Besonderen für die Angst und verwandte Emotionen und Befindlichkeiten. Daraus resultiert ein gutes Unterscheidungsvermögen im emotionalen Bereich. Sie wissen recht genau, was andere und Sie selbst fühlen, und können Selbst- und Fremdbild klar auseinander halten. Missverständnisse über emotionale Reaktionen kommen deshalb bei Ihnen eher selten vor, andere fühlen sich bei Ihnen oft verstanden und richtig eingeschätzt. Sie verlagern Ihre eigenen Affekte nicht projizierend, quasi stellvertretend in die Sphäre eines anderen Menschen. Dies gilt besonders für die Angst, die Sie realitätsgerecht und fair bei sich selbst wahrnehmen und bewerten können. Damit ist auch eine gute Voraussetzung für die eigene Angstüberwindung gegeben.

Skala L: Der Kümmerer
Sehr starke Ausprägung (Stufe 4)
Soziale Rücksichtnahme ist für Sie ein Argument, das Sie zur Begründung eigener Unsicherheiten, Entscheidungsschwächen und Versagensängste ins Feld führen. Natürlich fällt es bei diesem Angstbewältigungsstil schwerer, das Problem eindeutig zu benennen. Denn wer wollte etwas gegen soziale Sensibilität, Empathie etc. sagen? Aber hinter diesem intensiven Kümmern kann tatsächlich eine Abwehrstrategie gegen eigene Ängste stecken, die damit also nur sozial bemäntelt werden. Hieraus kann so etwas wie ein hilfloser Helfer resultieren, der das Helfen zum Motto macht, aber eigentlich nur die eigene Hilflosigkeit meint. Natürlich muss man bei diesem Abwehrstil besonders vorsichtig sein, dass man

nicht in ungerechtfertigter Weise echtes soziales Denken und Handeln damit vermischt.

Sehr schwache Ausprägung (Stufe 1)
Sie sind kein Mensch, der Entscheidungen ausweicht, soziale Unsicherheiten zeigt oder Versagensängste hat, diese Defizite aber nach außen als soziale Rücksichtnahme tarnt, um vor sich selbst und anderen besser bestehen zu können. Sie überhöhen in Ihrem Selbstbild nicht Ihre soziale und menschenfreundliche Haltung, sondern treffen manchmal harte soziale Entscheidungen und denken an das eigene Wohl und Fortkommen. Wenn Sie einmal unsicher oder weniger durchsetzungs- und entscheidungsstark sind, geben Sie dies zu und bemänteln es nicht mit angeblichen sozialen Motiven. Auch Nachgiebigkeit bleibt für Sie ein eher ängstlicher Charakterzug, der nicht unbedingt sozial aufgewertet werden muss.

Skala M: Der Betäuber
Sehr starke Ausprägung (Stufe 4)
Kaum ein Angstbewältigungsstil ist so bekannt und verbreitet wie die Betäubungsstrategie. Sie verkörpert diesen Weg sehr stark. Zuallererst sind es stoffliche Mittel (Alkohol, Beruhigungsmittel, Schlafmittel und Ähnliches), die zur Angstdämpfung eingesetzt werden. Sie wirken direkt physiologisch und dämpfen Angstzentren im Gehirn und bergen die große Gefahr der Suchtentwicklung und chronischen Abhängigkeit mit weitreichenden Folgen für die Gesundheit.

Daneben sind auch einfache, exzessive Konsumbedürfnisse und übermäßiges Essen ein Teil der Betäubungsstrategie, ebenso Überstimulationen durch Medien aller Art. Nicht zuletzt ist die Spielsucht zu erwähnen. Letztere kann ebenfalls suchtähnliche Entwicklungen hervorrufen, auch wenn keine echte stoffliche Abhängigkeit besteht. Bei allen sekundären Betäubungsmitteln ist die Angstreduzierung als Zudecken durch intensive Reize zu verstehen.

Sehr schwache Ausprägung (Stufe 1)
Sie setzen keine Betäubungsmittel zur Angstkontrolle ein. Weder stoffliche Mittel noch indirekte Betäubungsmittel (zum Beispiel Medienkonsum, Spielen) sind Teil Ihres Angstbewältigungsstils. Sie haben auch keine allgemeine persönliche Neigung zur Suchtentwicklung. Sie haben die Erfahrung gemacht, dass man die eigenen Ängste ohne Betäubungsmittel gut beherrschen kann. Es ist Ihnen klar, dass Süchte und andere Betäubungsfolgen die Angst langfristig eher verstärken, anstatt sie zu dämpfen. Jede Sucht erzeugt sekundär schädigende Wirkung bei den Betroffenen und ihren Angehörigen. Diese wiederum münden leicht in depressive und Angstentwicklungen ein.

Skala N: Der Rationalisierer
Sehr starke Ausprägung (Stufe 4)
Sie sind sehr durch einen rationalisierenden Abwehrstil zur Angstkontrolle und Rechtfertigung von Vermeidung gekennzeichnet. Dies bedeutet, dass Sie die Existenz von Ängsten bei sich nicht offen und selbstkritisch zugeben, sondern scheinbar vernünftige Gründe anführen, um Ihre Ängste zu rechtfertigen, selbst dann, wenn diese oder das zugehörige Vermeidungsverhalten eindeutig schädliche Wirkungen entfalten. So wird die Angst vor dem Helfen-Müssen bei einem Unfall wegrationalisiert durch die Selbstversicherung: »Ich würde doch nur alles falsch machen. Davon hätte niemand etwas.«

Unser Leben wird durchzogen von Angeboten zur Rationalisierung unerwünschter Verhaltensweisen und Emotionen, unter anderem der Angst. So sind viele Aussprüche und Sprichwörter des Volksmundes von dieser rationalisierenden Art: »Wer sich in Gefahr begibt, kommt darin um.« Dieser Spruch beispielsweise entlastet Feiglinge.

Sehr schwache Ausprägung (Stufe 1)
Sie neigen nicht zur Pseudo-Rechtfertigung Ihrer Ängste und Vermeidungsreaktionen, sondern akzeptieren diese so, wie sie sind.

Wenn Ihr ängstliches Verhalten gegen eine ethische Regel oder den gesunden Menschenverstand verstößt, erliegen Sie nicht der Versuchung, diese Fehler und Defizite wegzuerklären oder fadenscheinig zu begründen. Sie versuchen, ganz ehrlich zu sich selbst zu sein. Deshalb nehmen Sie auch Kritik von anderen möglichst unvoreingenommen an und bemühen sich um souveräneres Verhalten.

Skala O: Der Vermeider

Sehr starke Ausprägung (Stufe 4)

Sie sind stark durch Vermeidung als Angstbewältigungsform gekennzeichnet. Vermeiden heißt zuallererst, sich nicht in die Nähe einer Gefahr zu begeben. Vermeiden ist also oft ein passiver Vorgang, der mit Verharren, Zögern, auch mit Vorsicht zusammenhängt.

Jede Vermeidung hat kurzfristig Entlastungscharakter. Längerfristig zeigen sich aber die Schattenseiten. So können keine Kompetenzen im Umgang mit den gefürchteten Umgebungsbedingungen aufgebaut werden, ebenso wenig kann sich der Betreffende an diese Bedingungen gewöhnen. Außerdem schwindet mit jeder Vermeidung mehr Zuversicht, um gut mit Herausforderungen fertig zu werden. Damit wächst die Wahrscheinlichkeit der Entwicklung einer Phobie.

Sehr schwache Ausprägung (Stufe 1)

Sie zeigen keine ausgeprägten Vermeidungstendenzen bei der Auseinandersetzung mit ängstigenden Reizen und Situationen. Sie sind bereit, angsterregende Bedingungen aufzusuchen und auszuhalten und haben dabei die Erfahrung gemacht, dass die Ängste dadurch abklingen und beherrschbar werden. Sie versuchen auch, Kompetenzen mit angstbesetzten Reizen und Situationen aufzubauen, um erfolgreichere Bewältigungsstrategien als die Vermeidung zu entwickeln. Phobien haben sich bei Ihnen nicht entwickelt, weil Sie ihnen sofort mutig entgegentreten und an ihrer Überwindung arbeiten.

Skala P: Der Ausreißer

Sehr starke Ausprägung (Stufe 4)

Sie sind der Typ Mensch, der unter Druck leicht alles hinschmeißt und das Weite sucht. Wenn Sie Ängste verspüren, flüchten Sie sozusagen aktiv und nach vorn. Sie lassen dann alles hinter sich, verlassen bestehende Bindungen an Partner, Beruf oder andere Dinge, die Sie bisher festlegten. Sie sind also oft auf dem Absprung zu neuen Horizonten, wollen alle Fesseln sprengen. Sicher hat diese Bewältigungsstrategie von Angst etwas Verführerisches, weil man die Angstobjekte und -situationen regelrecht verlässt, sie räumlich hinter sich lässt. Hieraus kann sich aber leicht eine allgemeine Bindungslosigkeit und Heimatlosigkeit entwickeln, zumal sich diese Ausreißermentalität auch in neuer Umgebung, bei einem neuen Partner, einem neuen Beruf wahrscheinlich wiederholen wird. Natürlich stößt diese Abwehrstrategie aufgrund ihrer sozialen Folgen oft auf massives Unverständnis der Mitmenschen, die davon direkt oder indirekt betroffen sind. Manche Anforderungen der Globalisierung in unserer modernen Welt kommen diesem Stil entgegen.

Sehr schwache Ausprägung (Stufe 1)

Sie sind kein Mensch, der unter dem Druck von Angst und Stress flüchtet, nach dem Motto »Bloß weg hier!«. Sie halten aus und stellen sich dem Problem. Sie sind bodenständig und heimatverbunden, bevorzugen feste Bindungen und sind mit Ihrem Umfeld verwurzelt. Angst führt bei Ihnen eher zur Festigung dieser Bindungen als zu ihrer Infragestellung und Überwindung. Sie fühlen sich nicht als getriebener Weltenbummler und leiden nicht unter Fernweh oder dem ständigen Drang, sich zu verändern. Nach Ihrem Gefühl kann Ihre Welt im Großen und Ganzen so bleiben, wie sie ist. Sie sind zufrieden damit.

Skala Q: Der Workaholic

Sehr starke Ausprägung (Stufe 4)

Sie neigen dazu, Angst, Unwohlsein und Depressivität durch Arbeitswut zu bekämpfen. Dies kann in eine chronische Arbeitssucht ausarten und zu völliger Überforderung führen. In gewisser Hinsicht ist dieses Verhalten dem Stil des Betäubers ähnlich. Diesem Abwehrstil merkt man die eigentliche Quelle, nämlich Angst, sehr wenig an. Arbeit ist ein hoher Wert in unserer Gesellschaft und man kann seine schwachen Seiten gut dahinter verstecken. Arbeit eignet sich als Angstkontrollmechanismus auch deshalb besonders gut, weil sie die Aufmerksamkeit nach außen richtet. Dennoch ist die von Angst getriebene Arbeit nicht von gleicher Produktivität wie die eigenmotivierte Arbeit.

Sehr schwache Ausprägung (Stufe 1)
Arbeitssucht als Folge unterschwelliger Ängste ist nicht Ihr Problem. Sie arbeiten, wenn es die Situation erfordert, oder wenn Sie echte Motivation zur Arbeit haben. Zeiten ohne Arbeit können Sie entspannt genießen und sich auch längere Phasen ohne Arbeit gut vorstellen. Wenn Sie einmal Ängste verspüren, liegt es Ihnen fern, zur Dämpfung und Beruhigung unbedingt etwas tun zu müssen und arbeitsähnliche Aktivitäten anzufangen. Chronische Überarbeitung kommt bei Ihnen selten vor, weil Sie deutlich merken, wann Sie wirklich Erholung, Urlaub oder Muße brauchen.

Skala R: Der Kontraphobiker
Sehr starke Ausprägung (Stufe 4)
Bei Ihnen findet sich in besonderem Maße ein Abwehrstil, den wir kontraphobisch nennen und der bedeutet, dass Sie versuchen, Angst durch ihr Gegenteil zu bekämpfen – durch Mut, Waghalsigkeit und Tollkühnheit. An sich ist dies keine schlechte Strategie, denn die Konfrontation mit Ängsten durch Aufsuchen der gefürchteten Objekte und Situationen ist ein Element erfolgreicher Therapien. Die Gefahr besteht allerdings, dass dieses Verhalten zu einem Pseudo-Mut gerät, nicht angemessen ist und von anderen als künstlich, übertrieben, prahlerisch oder der Situation unangemessen wahrgenommen wird. Man spürt, dass es sich nicht um echten Mut handelt, sondern um einen Mut mit einer treibenden Kraft im Hintergrund: der Angst.

Sehr schwache Ausprägung (Stufe 1)
Mut als kontraphobische Reaktionsbildung auf Angst kommt bei Ihnen so gut wie nicht vor. Wenn Sie mal mutig sind, dann nicht, weil Ihre Angst Sie dazu treibt, zum Beispiel um es sich oder anderen zu beweisen. Sie lehnen auch Tollkühnheit nur um ihrer selbst willen, zum Beispiel nur um Thrills und Kicks oder Angst-Lust zu erleben, ab. Sie neigen nicht dazu, Ihre Heldentaten und Abenteuererlebnisse herauszustellen, ebenso wenig reagieren Sie mit unvernünftigem Wagemut, wenn man Ihnen mal Angst oder Feigheit vorwirft. Bei mutigem Vorgehen setzen Sie lieber auf sinnvolle Zivilcourage als auf großsprecherisches Heldentum am falschen Platz.

Verarbeitungs- und Abwehrmechanismen von Angst

Angst ist das Gefühl, das Menschen am meisten fordert und am stärksten belastet. Es hat intensive Auswirkungen auf den gesamten Organismus und kann zu heftigen seelischen wie körperlichen Reaktionen führen.

Deswegen verfügt jeder Mensch über Mechanismen der Selbstregulierung, die die Auswirkungen dieses Affektes sinnvoll begrenzen. Solche schützenden Formen der Angstbegrenzung können aber selbst unangemessen und zu einer Bedrohung dessen werden, der geschützt werden soll. Dann geschieht das Gleiche wie beim Stress – der körperlichen Reaktion auf eine äußere Gefahr: Was ein Schutzmechanismus sein soll, wird bei zu häufiger und starker Mobilisierung zur Selbstschädigung und in letzter Konsequenz zum Killer. Ähnlich kann ein Abwehrstil gegen Angst selbst pathologisch und zu einem Krankheitsbild werden, während die zunächst zu kontrollierende Angst in den Hintergrund verdrängt wird.

Verarbeitungsmechanismen von Angst sind ausgesprochen vielfältig, wie sich an dem sehr differenzierten Fragebogen zeigt. Die Liste von bekannten und erforschten Abwehrstilen ist mit diesem Fragebogen aber bei weitem noch nicht erschöpft. Und hier soll auch nicht Versuch gemacht werden, noch weitere Abwehrstile vorzustellen und zu begründen. Wir haben nur die am stärksten verbreiteten Formen integriert und sie an der Wanderergruppe personifiziert.

Wichtig ist noch der Hinweis, dass die verschiedenen klinischen Angststörungen eine Affinität zu jeweils anderen Abwehrstilen zeigen. So neigen Personen mit spezifischen Phobien (s. S. 172) dazu – vermutlich aufgrund ihrer Wurzeln in primären Umweltängsten –, den Abwehrstil der Dramatisierung anzukoppeln (wie Bea). Der Sinn dieses dramatischen Ausdrucksstil liegt wohl vor allem im Herbeirufen von Hilfe aus der eigenen Gruppe, aber auch in der Warnung der Bezugsgruppe.

Auf der Fragebogenebene des vorgestellten Tests ist nicht klar entscheidbar, wie hoch die relativen Anteile der positiv-funktionalen und der dysfunktionalen Verarbeitungsstile sind. Diese Abschätzung erfordert weitere diagnostische Untersuchungen. Da die klinische Angst stark abgewehrt sein kann, ist auch die Diagnose von Angststörungen per se nicht unproblematisch. Die diagnostische Bestimmung eines Angstabwehrmechanismus setzt jedoch genau genommen voraus, dass ein Angstproblem als Hintergrund gut gesichert ist. In jedem Fall setzt die Erkenntnis und Überwindung einer bedrohlich gewordenen Angstabwehrstrategie voraus, dass die ursprünglich zugrunde liegende Angst zunächst erkannt und zugelassen wird, um sie dann therapeutisch anzugehen.

Verarbeitungsstile von Angst können die Einstellungen und Haltungen von Menschen sehr stark bestimmen. So genannte Lebenslügen beruhen ebenfalls zum größeren Teil auf solchen Mechanismen, die zunehmend den ganzen Lebensweg bestimmen können. Ein Beispiel: Die Auffassung, dass man »überzeugter Single« sei, kann auf einem nicht eingestandenen Abwehrstil der Selbstisolierung beruhen und zu einer selbstschädigenden Lebenslüge hochstilisiert werden, die durch populäre Darstellungen in den Medien ständig bestätigende Nahrung erhält.

An der Ausgestaltung der Verarbeitungsstile von Angst sind alle Persönlichkeitszüge beteiligt. Da diese Charakter- und Temperamentsmerkmale sehr individuell ausgeprägt sind, entwickeln verschiedene Persönlichkeiten auch dazu passende Abwehrmechanismen. Ein Kontaktierer beispielsweise wird normalerweise keine introvertierte Grundpersönlichkeit aufweisen, ein Selbstisolierer dagegen mit recht hoher Wahrscheinlichkeit.

Obwohl also die Persönlichkeit bei den Angstverarbeitungsmechanismen eine große Rolle spielt, heißt das nicht, dass diese Stile unveränderbar sind. Man muss jedoch damit rechnen, dass Abwehrmechanismen ein träges System sind. Es kann passieren, dass eine phobische Angst schnell und erfolgreich verhaltenstherapeutisch behandelt wurde, der langjährig aufgebaute Abwehrstil (zum Beispiel die Somatisierung) aber für längere Zeit beibehalten wird, sich also der veränderten Lage nicht gleich anpasst.

Dass Änderungen dennoch möglich sind, zeigen viele Beispiele; nicht zuletzt die der sechs Wanderer, die ihr Ziel erreichen: das Bergdorf Soglio und die Erkenntnis, dass ihr Leben nicht länger unter dem Diktat von einzwängenden Abwehrstrategien gegen ihre Ängste stehen soll.

Abwehrstrategien am Beispiel der Wandergruppe

Die sechs Personen, die zur Überwindung ihrer Angststörungen an der beschriebenen Wanderung teilnahmen, also Alexander, Annabel, Bea, Carola, Norman und Stefan, werden im folgenden mit ihrem jeweiligen Angstabwehrprofil beschrieben.

Die verschiedenen Angstbewältigungsstrategien der Teilnehmer könnten grundsätzlich sinnvolle Versuche der Selbstbehandlung sein, sie sind aber im vorliegenden Fall gescheitert und zwar so weitgehend, dass sie zu einer Verfestigung der Ängste geführt und weitere Lebensprobleme verursacht haben.

ANNABEL

Auch Annabel ist nicht durch einen Abwehrstil allein gekennzeichnet. Sicherlich ist sie zuallererst der Typ des *Vermeiders,* nicht nur gegenüber konkreten phobischen Angstreizen (Hunde, Dunkelheit), sondern auch im Hinblick auf die aktive Überwindung unbefriedigender zwischenmenschlicher Situationen (Partnerschaft) oder die Bewältigung kritischer Lebensphasen. Zu diesem Abwehrstil gehört auch das Aufschieben von Entscheidungen. *Vermeider* sind die klassische Gruppe von Angstpatienten, denen durch Verhaltenstherapie geholfen werden kann, indem man das konkrete vermeidende Verhalten unterbindet und dadurch eine Auseinandersetzung mit den phobisch besetzten Situationen und Objekten erzwingt. Bei Annabel sind die Vermeidungsreaktionen von expressiv-hilfesuchenden *(Dramatisierer)* und somatisierenden Tendenzen *(Symptombildner)* begleitet, ohne dass diese ganz im Vordergrund stehen.

Ein nur scheinbar ganz anderer Stil betrifft die Bewältigungsform des *Kontaktierers.* Annabel hat eine erotisch »anmachende« Bewältigungsform entwickelt, die vor allem ihre sozialen Ängste kompensiert. Ihre eigene Beziehung ist unbefriedigend, ohne dass es zu einer Bereinigung oder Auflösung der Partnerschaftssituation kommt. Sie möchte durch das Begehren fremder Männer Bestätigung erfahren (ohne wirklich sexuell interessiert zu sein) und flirtet und animiert, wo sie nur kann. Auf der Wanderung trifft dies den blassen Stefan, der dabei aufgrund seiner schüchternen Persönlichkeitsstruktur kaum weiß, wie ihm geschieht. Dieser kontaktierende Stil ist dem betäubenden verwandt (s. Alexander), weil hier starke, quasi süchtig machende polygame Beziehungswünsche die Oberhand gewinnen und als starke Reize die Ängste vorübergehend verdrängen. Der vermeidende und der kontaktierende Stil können, wie bei Annabel, insofern eine enge Verbindung eingehen, als durch die Anbindung des »neuen Verehrers« eine Beschützerrolle bei dem Betreffenden angestoßen wird, die das phobische Vermeiden unterstützt (»Hilf mir, wenn du mich liebst!«).

Annabels Profil

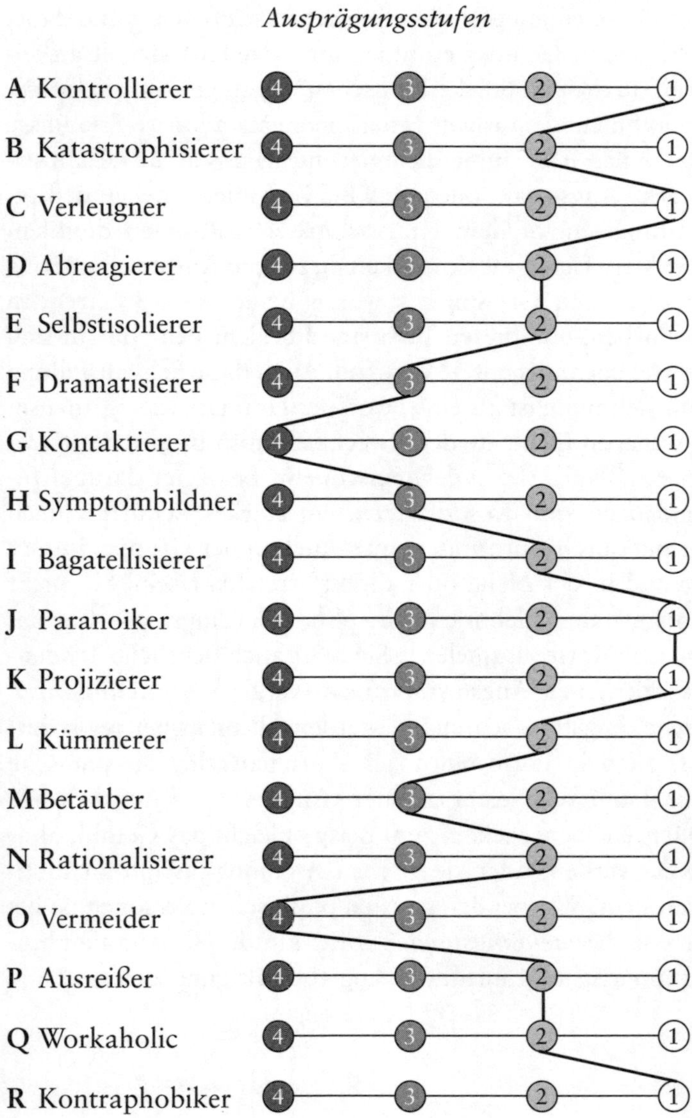

BEA

Bea verkörpert vor allem den Typ des *Dramatisierers,* der mit sehr großer Affektbeteiligung phobisch und panisch reagiert und dabei durch seine starke Gefühlsbetontheit intensive Hilfesignale an seine Umwelt aussendet. Solche Menschen zeigen gewaltige Überreaktionen auf nicht gefährliche Situationen; auch innere Erlebnisse (Körpergefühle, Albträume, Erinnerungen) lösen unverhältnismäßig starke Angstreaktionen aus. Bei Bea spielen neben den typischen Urängsten vor Gewitter, geschlossenen Räumen, dunklem Wasser, wilden Tieren etc. krankheitsbezogene Ängste eine große Rolle. Mutter und Großmutter waren beide mit 48 Jahren an Krebs gestorben, und diesen Tatbestand bezieht Bea voll auf sich und erwartet ebenfalls mit 48 den Tod. Auch diese Fehleinstellung ihrer Wahrnehmung ist als eine Form der Dramatisierung anzusehen, die daneben Elemente des Zweckpessimismus und des *Katastrophisierens* (vgl. Alexander) einschließt. Bea zeigt darüber hinaus Tendenzen zum *Kontaktieren,* ein starkes Bedürfnis nach Absicherung durch Autoritäten, aber auch in der Gruppe. Immer muss jemand in der Nähe oder direkt erreichbar sein. Sie sucht überall Schutz und Geborgenheit, ohne allerdings, wie Carola, »die erotische Karte zu spielen«. Sie zeigt auch deutliche Tendenzen zu körperlichen Angstsymptomen (vergl. *Symptombildner).* Körperliche Angsterscheinungen werden übersensibel registriert und verstärken in Form eines sich Aufschaukelns die panische Angst, die damit auch leicht zu einer »Angst vor der Angst« wird. Solche Menschen entwickeln zum Beispiel leicht das Gefühl, ohnmächtig zu werden, oder sie erleben Atemnot bis hin zu Erstickungsgefühlen. Wie bei den meisten phobischen Personen ist bei Bea auch eine *Vermeidungstendenz* offenkundig, sie tritt aber hinter das dramatische Moment der Angstbewältigung zurück.

Beas Profil

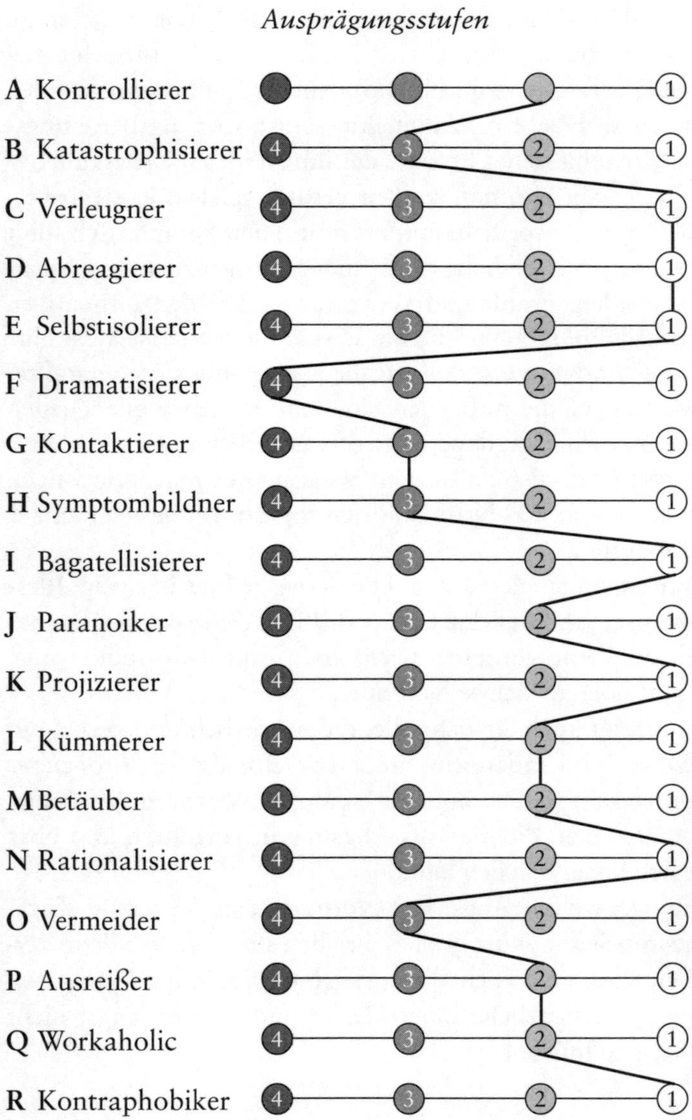
Ausprägungsstufen
A Kontrollierer
B Katastrophisierer
C Verleugner
D Abreagierer
E Selbstisolierer
F Dramatisierer
G Kontaktierer
H Symptombildner
I Bagatellisierer
J Paranoiker
K Projizierer
L Kümmerer
M Betäuber
N Rationalisierer
O Vermeider
P Ausreißer
Q Workaholic
R Kontraphobiker
4
3
2
1

NORMAN

Norman ist vor allem der Typus des *Ausreißers*. Er wehrt Angst so weit ab, dass sie ihm subjektiv nicht mehr bewusst ist (vergl. *Verleugner)*. Trotzdem verlässt er Situationen, die für seine tief vergrabenen Selbstwert- und Identitätsprobleme brenzlig werden könnten. Diese Flucht erscheint ihm selbst aber als Befreiungsschlag und angemessener Protest, der ihn zu neuen Ufern führt.

Angst wird von Norman so weit verdrängt, dass er sich oberflächlich betrachtet sogar besonders mutig und kämpferisch fühlt und teilweise auch verhält, oder anders ausgedrückt: Er spielt gern den Helden, prahlt und sucht ganz offen den ultimativen Kick *(Kontraphobiker)*. In diesem Zusammenhang ist auch eine *Betäubungs-* und *Kontaktsucht*strategie erkennbar. Sie charakterisiert Menschen, die auf jeder Hochzeit tanzen wollen, jeden Abend etwas vorhaben, dabei aber offensichtlich tiefgreifend bindungsgestört sind, also Angst vor Nähe und engen Beziehungen haben. Dazu passt, was Norman offen zugibt: Am besten kann er mit Prostituierten.

Norman ist ein Spieler, der im Leben riesige Einsätze wagt (deshalb immense Schulden hat), von diffusen Sehnsüchten immer wieder in die Ferne getrieben wird, aber nirgendwo seine Ruhe, eine Heimat oder zu sich selbst findet.

Norman zeigt auch Abwehrstile, die körperlich und verbal aggressiv wirken und andere einschüchtern *(Abreagierer, Projizierer und Bagatellisierer)*. Die anderen sind die Weicheier, an denen man sich austoben, die man als Angsthasen vorführen und über die man sich lustig machen kann.

Die unterschwellige Angst von Norman zeigt depressive Züge, so wie sie im »Sissi-Syndrom« beschrieben sind. Wie bei der österreichischen Kaiserin dienen alle hektisch wechselnden Aktivitäten nur dazu, die entsetzliche innere Leere und Existenzangst nicht mehr spüren zu müssen.

Normans Profil

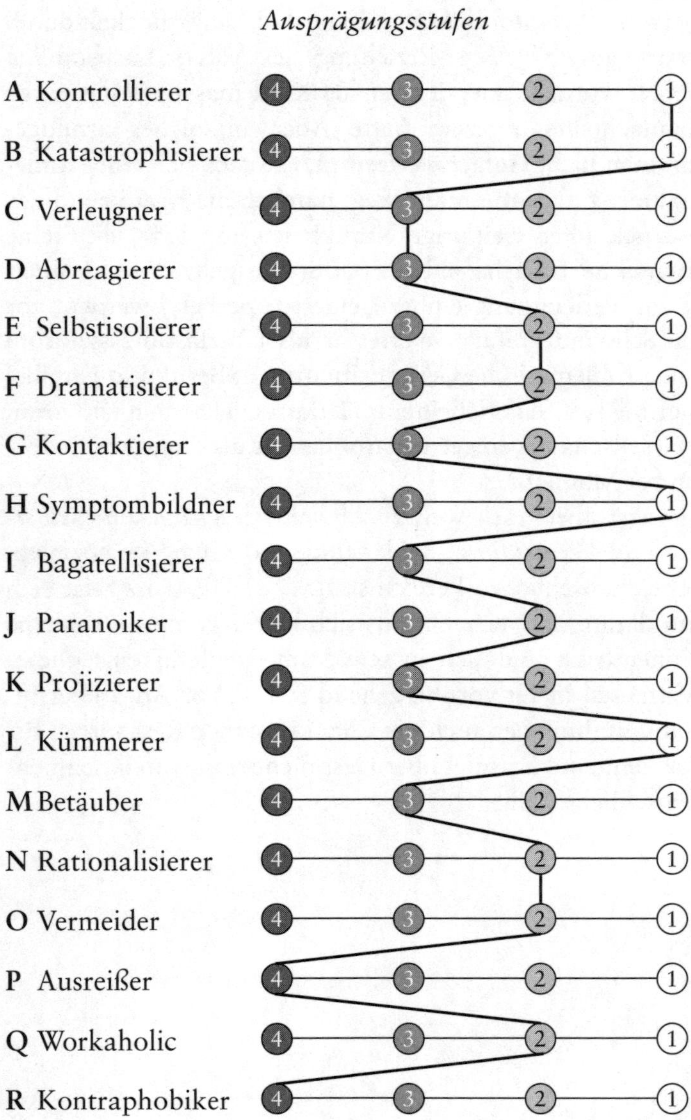

STEFAN

Stefan zeigt einen sehr häufigen Abwehrstil von Angst: die Somatisierung (vergl. *Symptombildner)*. Ihm ist die Ängstlichkeit durch die überstrenge Anti-Angst-Erziehung des Vaters buchstäblich ausgetrieben worden, nachdem er als Kind massive Ängste vor dem Weihnachtsmann gezeigt hatte. Aber ein solches Grundgefühl kann man nicht einfach vertreiben, es sucht sich einen anderen, sozial meist akzeptierteren Weg, nämlich die Krankheit bzw. den Ausdruck über vielfältige Krankheitssymptome, die keine klare organische Ursache haben. Bei Stefan geht dies mit einer Tendenz zur Verleugnung einher. Seine Körperbeschwerden, vor allem die Schwindelanfälle, wertet er als Überlastungssyndrom durch eine problematische Gesamtsituation in Beruf und Familie. Somatisierung bzw. das (scheinbare) Kranksein ist nach wie vor in unserer Gesellschaft weniger negativ besetzt als Angstzustände – vor allem bei Männern.

Stefan weist aber noch weitere Abwehrtendenzen auf: *Selbstisolierung* und *Vermeidung*. Beides findet vorrangig im sozialen, im zwischenmenschlichen Bereich statt. Diese Tendenz zeigt sich bei Stefan daran, dass er nicht aus sich herauskommt, Probleme in sich hineinfrisst und sich in sein Schneckenhaus einschließt. Dieses Verhalten bietet vorübergehend Schutz vor Angstüberflutungen, nimmt ihm aber auch die Chance, soziale Ressourcen für sich zu nutzen, zum Beispiel über Gespräche und Anteil nehmende mitmenschliche Nähe.

Stefans Profil

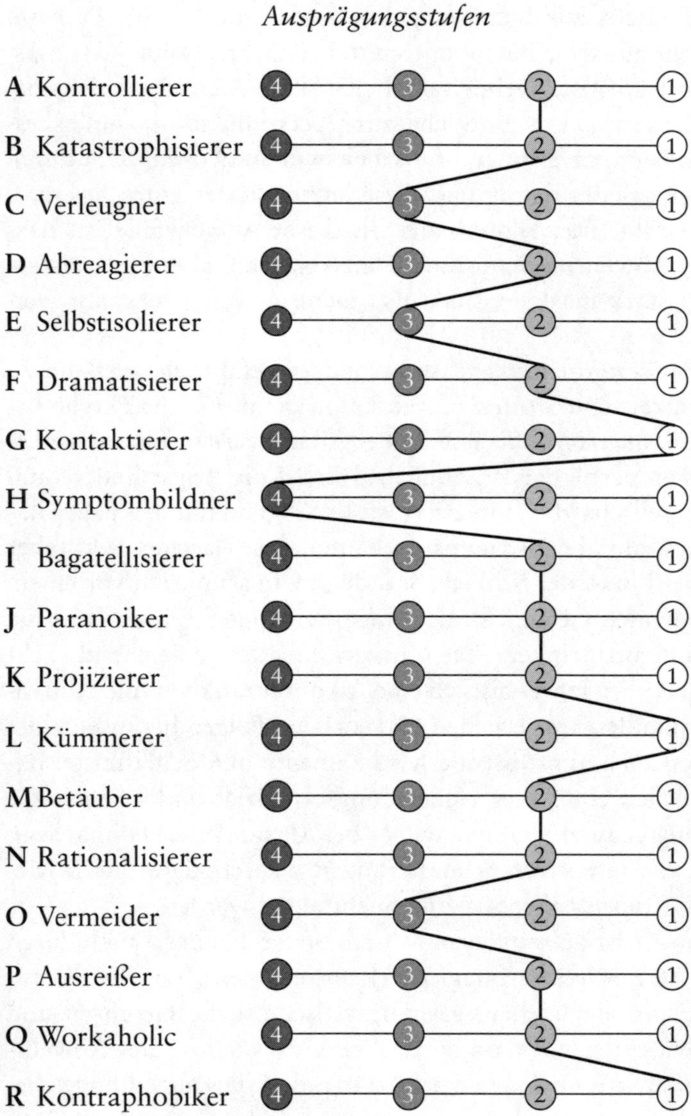

ALEXANDER
Alexander hat ein komplexes Angstabwehrprofil, bei dem seine starke Tendenz zur Betäubung im Vordergrund steht. Er kann nicht mehr auf seine Betäubungsmittel verzichten, ohne dass massive Angst auftritt. Vielfach sind sich diese Menschen nicht bewusst, dass ihr Hang zur Sucht, zur Überstimulation, zum exzessiven Konsum, aber auch ihre Arbeitswut (s. *Workaholic*) durch Ängste eingeleitet wurde und diese letzten Endes aufrecht erhält und verstärkt. Das Hinterlistige an dieser Abwehrfalle ist, dass zwar der Abwehrmechanismus schnell einsetzt, aber die Angstgefühle oft stark maskiert sind, also nicht als solche erkannt werden.

Die *Betäubungsstrategie* ist besonders gefährlich, weil sie zu Abhängigkeit von Stoffen führen kann, die direkt die Psyche beeinflussen. In erster Linie ist hier der Alkohol aufzuführen, weil er am ehesten verfügbar ist, zunächst direkt die Angst lindert und zudem gesellschaftlich integriert ist. Es fängt an mit den paar Gläsern Wein, um abends runterzuschalten, das Gläschen Sekt (eher bei Frauen) bzw. der Schluck Brandy am Tag, um sich vor einem entscheidenden Gespräch oder einem wichtigen Termin ein bisschen Mut anzutrinken. Die Entwicklung ist schleichend, geht manchmal über Jahre, bis sich eine Alkoholkrankheit und Abhängigkeit mit allen körperlichen und sozialen Folgen herausgebildet hat. Aber auch angstlösende Medikamente und Schlafmittel haben natürlich ein hohes Gefährdungspotenzial und können zur Betäubung genutzt werden. Wie es bei Alexander erkennbar war, können alle intensiven Stimulierungen insbesondere durch Medien und Konsum aller Art zum Suchtfaktor werden.

Alexander ist aber nicht nur durch Sucht, sondern auch durch zwei weitere Abwehrstrategien gekennzeichnet. Zunächst ist auf seinen Hang einzugehen, gesamtgesellschaftliche Gefahren und Fehlentwicklungen so zu überzeichnen, dass daraus der Abwehrstil des *Katastrophisierers* wird. So paradox dies auch klingt, diese globale Schwarzmalerei entlastet zunächst die individuelle Psyche, verschleiert aber auch die ganz individuelle Angstentstehung

Alexanders Profil

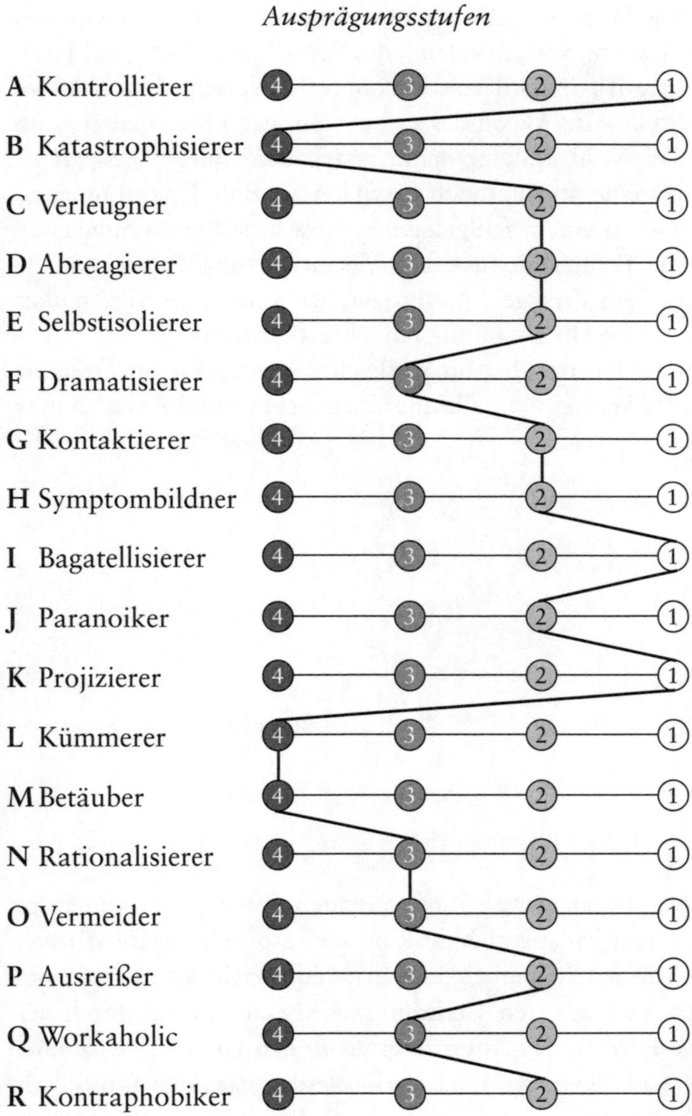

(verstärkt durch die Tendenz zum *Rationalisierer*) und verhindert die konkrete konstruktive Angstbewältigung: In dieser Gesellschaft habe das ja alles doch keinen Zweck, sie (die schrecklichen höheren Mächte) verhinderten jedes Bemühen im Hier und Jetzt.

Der dritte Abwehrstil von Alexander entspricht dem *Kümmerer*: Zweifellos ist Alexander ein gutmütiger »Kuschelbär«, der viel an das Wohl anderer denkt, stark auf andere bezogen ist. Aber selbst eine an sich hoch geschätzte soziale Charaktereigenschaft kann zu einem fehlgeleiteten Abwehrstil verkommen, der persönliche Entscheidungs- und Verantwortungsängste und die Furcht vor dem Versagen quasi sozial bemäntelt und ethisch überhöht – was ihre Überwindung natürlich erschwert.

Alexander hat darüber hinaus leichte Tendenzen zur *Dramatisierung und Vermeidung*, die allerdings bei Bea und Annabel massiver zutage treten.

CAROLA

Bei Carola liegen keine so gravierenden Zwangssymptome vor, dass man eine entsprechende klinische Störung diagnostizieren könnte. Auf der Persönlichkeitsebene entspricht sie aber weitgehend dem zwanghaften Charakter, der seine Ängste durch verschiedene Formen des Kontrollierens in den Griff zu bekommen versucht. Auf den ersten Blick wirkt dieser Charakter-Typus nicht ängstlich, sondern im Übermaß durch Beherrschung, Ordnung, Rituale und »vernünftige« Vorsichtsmaßnahmen bestimmt. Im

Carolas Profil

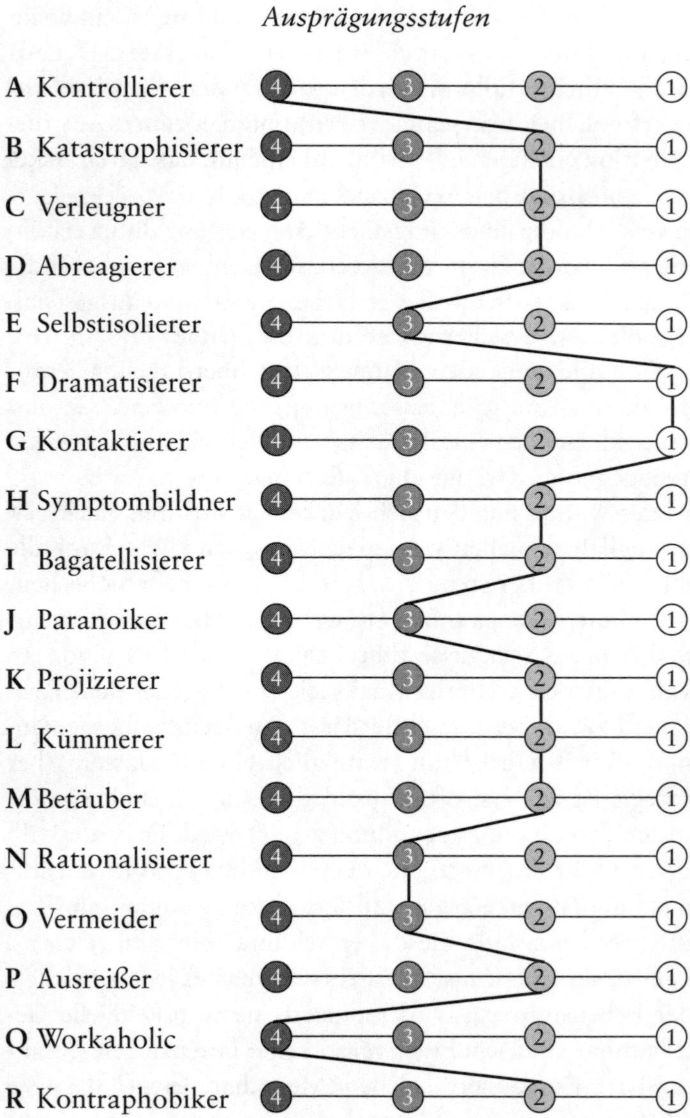

Angstabwehrprofil (Seite 235) hat Carola beim *Kontrollierer* den höchsten Wert. Gleichauf liegt der *Workaholic*. Dies ist ein typisches Muster, denn eine übertriebene Arbeitshaltung ist ein wichtiges Nebenmerkmal des zwanghaft-rigiden Charakters. Der Arbeit und der Pflichterfüllung werden viele andere Aspekte, vor allem die erfreulichen und genussvollen, untergeordnet. Aus dieser Kombination entsteht ein Persönlichkeitsbild, das durch Askese, Verzicht und Isolation gekennzeichnet ist.

Carola versucht, die innere ängstliche Anspannung durch erhöhte Planung und Kontrolle zu reduzieren. Ihr Denken kreist ständig um die Frage, ob sie auch an alles gedacht, jedes Risiko ausgeschaltet und für die nötige Sicherheit gesorgt hat. Dieses Prinzip wird auch auf die nahe stehenden Mitmenschen übertragen. Hieraus entstehen oft misstrauische Haltungen *(s. Paranoiker)*. Carolas Abwehrstil schließt auch eine Tendenz zum Wegerklären der Angst und Verteidigen ihrer Zwänge ein *(s. Rationalisierer)*.

Wie bei der Wanderung deutlich wurde, hat sie ihren Rucksack mit allen möglichen Sachen vollgepackt, um sich auch ja auf alle Eventualitäten vorzubereiten. Dies gibt ihr etwas mehr Sicherheit, reduziert die innere Anspannung ein wenig, ist aber eine Abwehrstrategie, die in die Sackgasse führt. Deutlich wird es schon an dem viel zu hohen Gewicht des Rucksacks, was wieder neue Risiken einführt bzw. unberücksichtigt lässt. Aus dem Sicherheitsinstrument Rucksack wird dann womöglich ein Kleinlaster. Aber diese Strategie ist auch insofern problematisch, als sie leicht zusammenbricht, wenn die Anspannung größer wird. Es ist deshalb plausibel, dass Carolas Profil auch eine deutlich erhöhte ängstliche Vermeidung *(Vermeider)* signalisiert. Dem zwanghaften Charakter entsprechend, fällt diese Vermeidung sehr weitreichend aus, das heißt, sie erfasst fast alle Lebensbereiche. Jede Unsicherheit in der Lebensführung wird reduziert, wenn potenzielle Gefahren erkennbar sind. Und wo wären keine potenziellen Gefahren erkennbar! Es passiert solchen Menschen leicht, dass sie buchstäblich das Leben aus ihrem Leben aussperren, was nicht selten zu Vereinsamung führt *(s. Selbstisolierer)*.

Hinweise und Danksagung

Fragebögen zu Angst, Depression und Persönlichkeit können Sie online ausfüllen unter http://www.prof-stark.de

Dort finden Sie auch weitere Informationen zu psychiatrischen Krankheitsbildern, Literatur und themenbezogene Links.

Die Autoren danken Herrn PD Dr. Burghard Andresen für die Erstellung des Fragebogens zu Angstabwehrstilen und die Auswertung der Abwehrstile der Wanderer. Weitere Informationen zu umfassenderen Persönlichkeitstestverfahren finden Sie beim Institut für Persönlichkeitsforschung und -bildung (Leitung PD Dr. Burghard Andresen), Ratzeburger Straße 5, 23847 Westerau.